U0555083

万圆大钞上的贫穷武士

福泽谕吉自传

（日）福泽谕吉 著
杨永良 译

文匯出版社

图书在版编目(CIP)数据

万圆大钞上的贫穷武士：福泽谕吉自传 /（日）福泽谕吉著；杨永良译 . — 上海：文汇出版社, 2018.1
ISBN 978-7-5496-2392-1

Ⅰ . ①万… Ⅱ . ①福…②杨… Ⅲ . ①福泽谕吉（Fukuzawa Yukichi 1834-1901）—自传 Ⅳ .
① K833.135.46

中国版本图书馆 CIP 数据核字（2017）第 281967 号

万圆大钞上的贫穷武士：福泽谕吉自传

著　　者 / 福泽谕吉
译　　者 / 杨永良
责任编辑 / 戴　铮
装帧设计 / 天之赋设计室

出版发行 / 文汇出版社
　　　　　上海市威海路 755 号
　　　　　（邮政编码：200041）

经　　销 / 全国新华书店
印　　制 / 北京季蜂印刷有限公司
版　　次 / 2018 年 1 月第 1 版
印　　次 / 2018 年 1 月第 1 次印刷
开　　本 / 710×1000　1/16
字　　数 / 212 千字
印　　张 / 17.5

书　　号 / ISBN 978-7-5496-2392-1
定　　价 / 45.00 元

日本万圆大钞上的福泽谕吉肖像

1984年11月，日本发行新钞，将原本旧钞上的圣德太子等政治人物改为福泽谕吉、新渡户稻造、夏目漱石三个文化名人，代表日本已进入"文化大国"。其中万圆大钞上的肖像就是福泽谕吉。

目 录
Contents

1 童年 / 001

2 游学长崎 / 018

3 大阪修业 / 033

4 绪方学堂的学风 / 050

5 至江户眼界大开 / 080

6 初游美国 / 089

7 周游欧洲列国 / 105

8 攘夷论 / 118

9 再度美国行 / 137

10 明治维新 / 146

11 暗杀疑云 / 182

12 杂记 / 192

13 维持生计 / 207

14 品性家风自成一格 / 231

15 老年余生 / 245

附录　福泽谕吉年表

1 童 年

> 我暗自偷笑："一群傻瓜！竟然对着我放的石头敲大鼓、敬神酒祭拜，太好笑了。"我从少年时代便一点都不畏惧神，而且也不认为应该感谢菩萨的保佑。卜筮灵异等一切都不相信，关于狐仙附身等事也都一笑置之。我虽然是个小孩，但精神方面却不受旧有习俗约束。

我的父亲是丰前中津奥平藩①的武士福泽百助，母亲是同藩的武士桥本滨右卫门的长女，名于顺。由于父亲的身份勉强可以晋见藩主，所以应该比足轻②还高数等，属于下级武士，相当于明治时代的判任官。他在藩内负责会计工作，在大阪的中津藩仓储批发处任职，所以我们全家搬到大阪。我们家的小孩都在大阪出生，兄弟姊妹共五人，哥哥是长子，接下来是三个女孩，我是老幺。我生于天保五年（一八三四）十二月十二日，当时父亲四十三岁、母亲三十一岁。天保七年六月，父亲不幸病逝，

---

① 今九州岛大分县中津市。
② 最下级的武士。

留下母亲一人与五个孩子。当时哥哥十一岁,我虚岁三岁。如此一来,我们无法待在大阪,五个兄弟姊妹只好随着母亲返回中津藩地。

◎ 手足无法适应中津风土

返回中津之后,我记得,我们兄弟姊妹五人无论如何都无法与中津人融洽相处。之所以无法融入他们的生活,并非有特别的理由,而是堂表兄弟姊妹太多了。既有堂兄弟姊妹,也有表兄弟姊妹,总共数十人。此外,附近的小孩也很多。

虽然有很多小孩,可是我们无法与他们打成一片,最大的原因是由于语言差异而觉得可笑。我们兄弟姊妹说大阪话,中津人觉得我们的语言很怪异,我们也觉得中津方言很好笑,彼此因而很少讲话。

其次,虽然母亲出生于中津,但是长久居住大阪,习惯大阪的风俗,不管是小孩的发型或穿着都依照大阪的方式。由于我们穿着原本的衣服,当然与中津的样式不同。除了穿着、语言不同之外,再没有其他原因。不过,小孩子总觉得害羞,自然而然不愿出外与别人游戏,兄弟姊妹只好自成一个孤立的团体游玩。

此外还有一个原因。家父原本是个学者,普通的汉学者。他在大阪的工作是负责与加岛屋、鸿池等大阪富商交际,并掌管藩债的事务。父亲对他的工作很不满意,他原本只想当个专心读书的学者,不想整天沾满铜臭味,偏偏他的工作是要拿着算盘数钱,还得负责谈判藩国债款延期等事。

从前的学者与今日的洋学者不同,他们看到钱就认为眼睛受到污染。这么纯粹的学者竟然去做这么纯粹的俗事,难怪他会忿忿不平。因此他在教育孩子上完全依照儒家传统。

◎ 儒家传统的教育

在大阪时，我年纪还小，尚不用学写字。当时哥哥大约十岁，姊姊七八岁，他们在仓储批发屋内习字读书。该处聘请一位教写字的老师，附近商人的小孩也来学习。当时教写字母是理所当然的，可是大阪是个商业城，所以老师也教九九乘法。当父亲听到兄姊在学"二二得四、二三得六"时，大发雷霆地说："教些莫名其妙的东西，小孩子学什么算术，真是岂有此理。我不让小孩子在这种地方学习，以后不知还会教些什么东西，立刻叫他们回来！"上述的事情是母亲告诉我的。

我可以推测，家父是个对任何事物都很严格的人。从父亲遗留的手书，便足以证明他是个彻底的汉儒。他特别崇拜京都古义学派的伊藤东涯（一六七〇～一七三六年），即使在别人看不到的地方也绝不做亏心事，所以他的作风自然而然地影响我们家人。一母五子，不与人交往，也绝少参加社会上的交际，不管是白天或晚上，只听母亲的教诲。父亲虽然去世了，却宛如活在我们身边一般。

我们居住在中津，语言、衣着与当地人不同，兄弟姊妹自然形成一个团体，在沉默之中，显现出自己的高尚气质。在我们眼里，中津人都是俗物，甚至具有血缘关系的堂表兄弟姊妹，在我们心里无形中也都低了一等。我们与中津的小孩交往，从不责备他们，一方面是因为我们寡不敌众，另一方面是因为根本无从指责。在我们内心，完全忽视他们的存在，换言之，打从心底瞧不起他们。

我至今还记得，年少时我在家中非常饶舌，整天蹦蹦跳跳极为活泼，然而我却不会爬树，也不会游泳。其原因大概是我们无法与同藩的子弟打成一片，一直处于孤立状态的缘故吧！

◎ 虽然家风不严但极为规矩

如前所述，我们与中津人的语言、风俗迥异，所以有时非常寂寞。虽然寂寞，但是我们的家风极为规矩。并非有严格的父亲在监督我们，可是我们母子和睦相处，兄弟姊妹从不吵架。不只如此，无论如何绝不做下流之事。没有人教导我们，母亲也绝不是唠叨的人，我们自然而然如此，这大概是父亲的遗风以及母亲感化的力量吧！

以乐器来说，我不曾想听三味线琴等音乐，更别说是弹奏了。也不曾想要看戏。每到夏天，中津即有地方戏演出。遇到庙会，地方戏照例演出七天。如果是由乡下演员演出，藩方会贴出布令：戏曲演出日，武士不准观赏，禁止涉足住吉神社石墙之外。这布令看起来非常严格，然而毕竟只是一个布令，因此下级武士只插一把小腰刀，用头巾遮着脸，大胆地破坏剧团的围篱进去看戏。如果有人责备他们，反而会被他们大声责骂，所以大家都不敢有所指责。商人工人都付钱去看戏，身为士农工商之首的武士却化装易容，大摇大摆地看霸王戏。在中下级武士当中，大概只有我们一家不看戏，我们绝对不去。只要公布了不准超过哪个界线，我们即不越雷池一步。母亲虽是妇道人家，她绝不在孩子面前谈到一句有关戏曲的事；哥哥也不曾说要看戏，我们全家都不提这件事；到了夏天，我们会去乘凉，如果那附近有戏曲演出，我们既不心动，也不会讨论演出什么戏曲，我们全家都对此漠不关心。

前面说过，父亲不甘于当个俗吏，其实他可以脱离中津藩到外面独立发展，可是他没有这么做。当时的局势使他无法自由进退，所以不论什么事他都忍气吞声、安贫乐道。我至今仍为父亲的遭遇感到同情而深觉遗憾。

◎ 长大之后要我当和尚

譬如，父亲生前曾说要我当和尚。如今我推测父亲当时的想法应当是这样的： 他认为福泽家由长子继承即可，然而我这个老五却出生了。我一出生就是个骨骼粗壮但肌肉消瘦的婴儿，产婆说："这小孩只要多喂乳，将来一定长得很好。"父亲听了很高兴，好几次都对母亲说："真是个好孩子，这小孩将来长到十、十一岁时，我会把他送到佛寺当和尚。"母亲每每提起此事，总是说："当时你父亲为什么会想让你当和尚，我实在想不通。如果他还活着，你大概已经是和尚了。"

我成年之后推测父亲说那句话的当时背景：中津藩在封建制度之下，就如同一切的东西皆整然有序地放置在箱子里一样，经过几百年都没有变动。生在大臣之家，即为大臣，生在兵卒家庭即为兵卒；子子孙孙，大臣永远为大臣，兵卒永远为兵卒，中间的阶级亦然，不管经过多少年，丝毫没有改变。我站在父亲的立场，可以推知，他看清了不管我们怎么努力也无法功成名就。而当和尚则不同，一个平凡鱼贩的儿子，也可以当上最高阶的僧官，诸如此类的事情还不少。我推测父亲大概是如此考虑，才会想让我当和尚。

◎ 门阀制度是父亲的敌人

一思及此，便为父亲感到遗憾。父亲四十五年的生涯都被封建制度给束缚了，终究一事无成，饮恨而逝。他担忧初生儿的未来，下定决心让儿子当和尚。我每次想到父亲心中的痛苦，以及亲情的浓郁，除了痛恨封建的门阀制度，也经常因同情父亲的苦衷而暗自啜泣。对我而言，门阀制度是父亲的敌人。

我并没有当和尚。没当和尚而居住在家，理应做学问，可是没有人可以指导我做学问。我虽有兄长，但哥哥只大我八岁，中间都是女孩，母亲也一人忙着家事。我们并非富裕的家庭，可以请佣人帮忙，母亲一人烧饭煮菜，还要照顾五个小孩，无暇顾及我们的教育，可说是放任我们发展。中津藩内，虽然也有小孩读《论语》、《大学》等书，但是并没有人奖励。特别是没有一个小孩爱念书，并非只有我不爱念书，可以说天下的小孩都讨厌念书。我当时很讨厌读书，所以不去学堂，整天游手好闲，既不习字，也不读书。

◎ 十四五岁立志读书

我虽然整天无所事事、游手好闲，可是到了十四五岁，附近的人都已经开始读书，只有我一个人不读书，自己也觉得羞愧。因此我开始立志求学，到乡下的私塾学习。由于十四五岁才开始学习，觉得极为腼腆。别人已经开始研读《诗经》或《书经》的内容了，我才开始念《孟子》的发音。

奇怪的是，当我参加那家私塾《蒙求》、《孟子》、《论语》的研读会时，或许是我具有少许文才天赋，竟然能够了解文章的含意。早上教我发音的老师，到了下午与我一起参加研读会时，我反而胜过老师。老师是一位只会读字而不甚了解文义的书生，所以在研读会上要赢他并不难。我曾换过两三次私塾，其中教我最多汉学的是白石老师。我在白石老师处学了四五年的汉学，古书的文义对我而言并不难，我的汉文程度突飞猛进。

◎ 熟读《左传》十一遍

在白石私塾所读的汉书如下：该处以经书为主，《论语》、《孟子》当然包括在内，所有的经义都要研读，特别是老师喜欢的《诗经》、《书经》学得最多。此外，老师传授《蒙求》、《世说新语》、《左传》、《战国策》、《老子》、《庄子》等书，我都专心听讲。之后我开始独自研读。史书方面，我读了《史记》、前后《汉书》、《晋书》、《五代史》、《元明史略》等。我最拿手的是《左传》，一般书生只读《左传》十五卷中的三、四卷，而我全部读完，前后大约读了十一次，比较有趣的地方就背诵下来。

由于专心向学，我总算勉强成为半个汉学者。我们属于龟井学派①，我的老师极为崇拜龟井南冥②，与其说他不大教我们作诗，还不如说他瞧不起诗歌要来得恰当。他批评广濑淡窗③是个半调子诗人④，连题诗都不会，也不会写汉文，真是个下三滥。老师如是说，弟子也如此认为，真是不可思议。他不仅批评广濑淡窗，对赖山阳（一七八〇～一八三二年）等汉学者也极不推崇，甚至轻视他们。他严厉地批评说："真是拙劣的文章。赖山阳等人写的东西若算是文章，那么天下没有人不会写文章。"老师这么教，我们也就对赖山阳心存轻蔑。不只是白石老师如此，家父亦如此。

父亲居住在大阪时，山阳先生住在京都，父亲理当和这位大儒学家

---

① 古文辞学派
② 一七四三～一八一四年，汉学者。
③ 一七八二～一八五六年，汉学者。
④ 原文是"俳谐师"，俳谐是日本的短诗，汉学者认为俳谐不入流，汉诗才是正统。

交往才是，可是他并没有这么做。有一位名叫野田笛浦的人是父亲的好友，野田先生是何许人我不清楚，可是家父避山阳先生而就野田笛浦，这大概是家父认为笛浦先生是一位传统典型的学者吧！龟井南冥等儒学家也不取朱子学，只立经义一说，所以龟井学派的人总是不喜欢山阳学派。

◎ 手艺精巧

以上是有关学问的事情。与藩中武士阶级的小孩相比，我的手艺相当灵巧。譬如，物品掉落井中，我会想办法将它捞起；橱子的锁打不开时，我会将铁钉等物弯曲用来开锁。这些我都觉得很有趣。此外，我对裱褙纸门也很在行，我们家的纸门当然是我裱褙的，有时还被雇到亲戚家里去裱褙。总之，不管做什么事，我的手艺都很精巧，而且做事认真，当然我自己也兴致勃勃。

随着年龄的增长，我的工作也增加了。本来我就是中下阶级的贫穷武士，所以样样自己来。我会做木屐带，竹皮屐剥落了我也自己缝，不仅是我自己的，连母亲、兄弟姊妹的都由我修理。有时还买榻榻米针来换榻榻米的表席，有时则削竹子制作桶箍。此外，修理门的破洞或屋顶的漏水也理所当然是我的事，而且是自己一个人做。接着更进一步，我开始做起副业，有时做木屐，有时做刀剑的配件。我不会磨刀，但会涂刀鞘、卷刀柄、其他金属的加工，虽然是乡下的技术，但也有模有样。现在我家里还有一支我用"虫眼涂法"涂的腰刀鞘，不过我并不满意。这些杂事都是我向附近兼差副业的武士学来的。

1·童 年

◎ 看到制作锯锉大吃一惊

制作金属工艺，锉刀是首要的工具，而且也是由手工打造而成的，我为了制作锉刀花费了相当多的苦心。一般的锉刀我也能够用钢铁制造，但是锯锉对我来说就相当难了。后来，我到江户时大吃一惊；我来到江户之后，在芝区田町，地点我至今仍记得很清楚，也就是进入江户之后大路右手边的房子，有一个小工匠在敲打锯锉的纹路。他将皮革置于锉刀底下，用錾刀雕刻，刀法利落纯熟。

我在那里伫足，边看边想："不愧是大城市，能够做出如此困难精巧的东西。我做梦都没想到！我从没想过要制作锯锉。江户的一个小孩竟然能够做得如此精巧，此地工艺进步得令人难以置信。"换言之，我来到江户的第一天就看到令我佩服的事物。

我从少年时代开始，除了读书之外，尽做些俗事，也尽想些俗事。即使上了年纪，仍对手工艺感兴趣，经常买些刨刀、凿子等，想制作、修理一些东西，这些也尽是俗物。我不具所谓的审美思想。我一生都极为煞风景，对衣着、家居等物都不执着，不论住什么房子，穿什么衣服都无所谓。上衣也好、内衣也罢，都不讲究，何况对流行的花纹式样更是漠不关心，可说是完全不解情趣。在器物欣赏方面，我最拿手的是鉴赏刀剑制作得精良与否，以及器物是否具品味与匀称等事。我虽居住在乡下，但经常制作手工艺品，自然而然培养出鉴赏的眼光。

◎ 光天化日拿着酒瓶上街

对世间的一切都不在乎是我与生俱来的个性。我对周遭的事情都无动于衷。藩国内的中下级武士欲买酒、油、酱油等民生用品时，由于没有属下，必须亲自到店家购买。然而当时的武士阶级，认为身为士农工商之首，上街买日常用品有失武士的身份，因此他们皆绑着头巾在晚上出门。

我最讨厌头巾了，打从出生起就没绑过头巾。我心想，买东西有什么不对？花钱买东西根本不须顾虑别人的看法。我买东西时，总是抛头露面。由于我是武士阶级，必须配带长短两支武士刀①。晚上就不用说了，即使白天，我也公然提着酒瓶去商家。血气方刚的我自鸣得意地想：钱是我家的钱，又不是偷来的；其他的武士绑着头巾，那种优越感反而欲盖弥彰，看起来真可笑。

当家里招待客人时，如果母亲吩咐我煮萝卜、牛蒡等东西招待客人，我会遵从她的吩咐，因为那是应该的。可是我最讨厌一大堆客人在家里喝酒喧闹，我心想：他们真是俗物，要喝酒的话赶紧喝完回家去吧！然而他们偏偏不回去，而且家里狭窄，我没地方可去。当客人喝酒时，我没办法，最后只好躲进棉被橱里睡觉。因此，只要有客人要来，我总在客人来之前工作，一到傍晚，由于自己也喜欢喝酒，所以迅速地喝酒、吃饭，然后躲进棉被橱。等客人回家之后，我才到平常睡觉的地方睡。

家兄年纪较大，朋友形形色色。有时我听他们谈论时势，自己根本无置喙的余地，只有被到处差遣的份。当时中津藩的学者最崇拜的人物是水户藩主，亦即烈公②，还有福井藩主春岳③。众学者都对水户藩主敬佩有加，尊他为水户大老，或隐居大人。由于这些学者都是谱代大名④的

---

① 佩刀与姓氏为武士的特权。
② 德川齐昭，一八〇〇～一八六〇年，谥号烈公，主张尊王攘夷与爱民的德治主义。
③ 松平庆永，一八二八～一八九〇年，号春岳，致力于藩政改革，奖励富国强兵。
④ 德川家康称霸日本之前的臣子。

部下，所以不敢直呼水户大老的名字，视他为天下首屈一指的人物。当时我受他们的影响，也如此认为。

还有江川太郎左卫门①，他也是幕府的旗本②，在中津很受敬重，大家在背地里仍以尊称称呼他，不敢直呼其名。有一次，我听哥哥他们说，江川太郎左卫门是晚近少见的英雄，即使在严冬也只穿一件有衬里的衣服而已。我听了心想，这有什么了不起，任何人都能做到。于是每天晚上我只穿着一件铺棉的睡袍睡觉，榻榻米上也不铺垫被。母亲看到这光景，屡屡训诫我："别傻了！你会感冒的。"可是我依旧我行我素，就这样过了一个冬天。当时我十五六岁，一切只是为了不服输，当然我当时身体也很健康。

在那个时代，说到学问就是指汉学，家兄当然也是只专攻汉学的人。不过他与其他汉学者的相异之处是，他受到九州岛大分县帆足万里③的影响，因此他也学习数学。帆足先生是个大儒，然而他喜欢数学。他曾说："枪炮与算盘是武士应该注重之物。如果认为算盘应该交给小吏、枪炮应该交给步兵掌管，那就大错特错了。"帆足先生的说法在中津广为流传，武士阶级中的有志之士欲学习数学者甚众。家兄效法前辈，算盘打得相当不错。这一点他与一般的儒者有点不同，但其他方面，他与纯粹的汉学者一样注重孝悌忠信。

◎ 兄弟问答

有一次，家兄问我："你以后想当什么？"我回答："首先，我想

---

① 一八〇一~一八五五年，西洋炮术家。
② 一八〇一~一八五五年，西洋炮术家。
③ 能晋见大将军的阶级。⑥ 一七七八~一八五一年，儒学家、荷兰学家。

当日本最有钱的大富翁，这样就可随心所欲花钱。"哥哥颇不以为然，还教训我一顿。因此我反问他："哥哥想做什么事？"他认真地回答："至死为止都是孝悌忠信。"我只说了一声："喔！是吗？"就不再说下去了。

总之，哥哥就是这样的人，不过他也有怪异之处。有一次他对我说："我是长子，目前继承父亲的家长地位，其实我很想去一户极难以相处的人家，当他们的养子。我一直希望能够服侍非常顽固、挑剔的养父母。我相信我们之间绝不会起风波。"他还说，养父母与养子的关系若不好，一定是养子不对。可是我持相反的意见，我说："当养子很不好，我最讨厌当养子了。谁会把一个不是父亲的人当作父亲来侍奉？"①我们的看法经常迥异，当时我约十六七岁。

母亲喜好做些怪异的事，她做的事情有些脱离社会常轨。譬如，她喜欢与下等社会的人来往，她不但与农工商阶级来往，连乞丐、贱民她都毫不避讳，既不轻视他们，也不讨厌他们，而且对他们也非常有礼貌。

在宗教方面，母亲似乎不像附近的老妇人那样虔诚。譬如，我们家信仰净土真宗②，可是母亲却不去听佛法，还常对我们说："我觉得到佛寺去拜阿弥陀佛实在很可笑，也觉得害羞，我做不到。"然而她每个月一定拿着米袋到佛寺扫墓，从不间断（现在这个米袋还保存得很好）。她虽然不拜阿弥陀佛，可是待和尚甚好。对我们所归依的佛寺和尚就不用说了，她连私塾中各地各宗派的书生和尚到我家玩时，都很高兴地款待他们，要请他们吃饭。从此处看来，她似乎并不讨厌佛法。总之，她具有一颗慈善的心。

---

① 福泽谕吉虽然一直与母亲、兄姊同住，但他从幼年时即是叔父中村术平的养子，改姓中村。
② 为亲鸾所创，信仰阿弥陀佛的他力本愿宗派。

◎ 替乞丐抓头虱

现在要介绍一则不洁净的奇谈。中津有一个女乞丐,既有点傻又有点疯,众人皆避之唯恐不及。她的名字(不知是否他人所取)叫阿结,每天在市区到处乞讨。这又臭又脏的女人,衣服穿得破破烂烂,头发宛如蓬草,而且可以看到头虱在头发上爬动。天气好的时候,母亲每见到她,就会对她说:"阿结,到这里来。"

母亲叫她到外面的庭院来,并令她坐在草地上。母亲自己则一副工作的打扮,开始替乞丐抓头虱,而我则被叫来帮忙。阿结的头发长满头虱,随便一抓就是一只。母亲将头虱放在庭院的石头上,她自己不敢用指甲掐死,所以叫我坐在身边,要我用石头打扁头虱,于是我拣来一块石头在旁边伺候。母亲每抓一只放在石头上,我就用力搥打;有时抓五十只,有时一百只,总之能抓多少就抓多少。

抓完之后,母亲和我都要拍拍衣服,用米糠洗手,还要给乞丐吃一碗饭以作为奖赏。这件事或许对母亲来说是种乐趣,可是我觉得肮脏得不得了,现在回想起来仍感到恶心。

◎ 踩踏神名字的木牌

我十二三岁左右时,有一次哥哥在地板上摆着一些用过的旧纸张,我从上面走了过去。哥哥大喝一声,叫我停住,然后大骂我一顿:"你没长眼睛吗?你瞧!这里写着什么?这里不是写着奥平大膳大夫吗?"他很生气,我说:"是吗?可是我不知道。"他又说:"即使你不知道,你总长眼睛吧!你踩踏主君的大名,居心何在?臣子之道何在?"他讲了一大堆道理，并且严厉地责骂我，我不得不道歉："我错了，请原谅。"我虽然敬礼赔不是，但心中却不以为然："究竟怎么一回事？又不是踩了主君的头，只踩了一张写了名字的纸，有什么大不了的？"

我极为不满，小小的心里想着，如果像哥哥所说的，在写着主君名字的纸上用脚踩踏是不好的事，那么踩在写着神名字的木牌上又会如何？于是我背地里去踩踏写着神名字的木牌，结果没事。我心想："好极了，没事！真有趣。下次我要拿到厕所去踩。"于是我更进一步，拿到厕所踩踏。那时，虽然我有点害怕会发生什么事，但结果也没事。我自认为发现了一件大事："看吧！哥哥说了一堆废话！"这件事，我不敢跟母亲说，也不敢跟姊姊说，她们一定会骂我，所以我一个人保守这个秘密。

◎ 窥伺稻荷神偶像

一两年之后，我的胆子更加大了起来，完全不相信老年人所说的神罚冥罚之类的事。我兴起一个伟大的念头，那就是去窥伺稻荷神[①]。我到养父中村术平家的稻荷神社，我想知道神龛中到底放些什么东西，打开一看，原来里面放着石头，我将那些石头丢掉，放进别的石头。我也到邻居下村家的稻荷神社去，打开神龛一看，原来神是个木牌，我将它丢掉，装做若无其事的样子。没多久便到了二月庙会的日子，众人竖起旗帜，敲大鼓，敬神酒，热闹非凡，我真想捧腹大笑。我暗自偷笑："一群傻瓜！竟然对着我放的石头敲大鼓、敬神酒祭拜，太好笑了。"我从少年时代便一点都不畏惧神，而且也不认为应该感谢菩萨的保佑。卜筮

---

① 稻荷神为日本民间信仰。根据调查数据显示，日本的企业几乎都会祭拜稻荷神。稻荷神的原意是"稻成"，亦即掌管稻子收获之神，也有人将之追溯到日本神话中的食物之神。不过这农耕之神到了后世却成为商业之神。

灵异等一切都不相信，关于狐仙附身等事也都一笑置之。我虽然是个小孩，但精神方面却不受旧有习俗约束。

有一天，从大阪来了一个怪异的女人。我们住在大阪时，有一个码头工人的头子名叫传法寺屋松右卫门，经常出入仓储批发处。而她就是传法寺屋松右卫门的女儿，年纪大约三十左右。她来到中津，说她能够差遣稻荷神，不管谁拿着祭神纸币木棒，她一祈祷作法，稻荷神就会附在那个人身上。她到我家来，不停地吹牛。那时我大约十五六岁，我说："真有趣，你作法让我看看。我拿着祭神纸币木棒，神币飘动起来一定很有趣。你开始作法吧！"她一直看着我，然后说："你是小孩子，没办法施行法力。"我才不理会，我说："你不是说任何人都可以吗？来吧！作法让我看看。"看她的窘态真有趣。

◎ 不满门阀

我从少年时期即居住于中津。我满腹牢骚是有原因的，原因是我不满当时中津藩的风气。当地武士阶级的门阀制度非常严谨，一成不变，不仅公事上如此，个人的交往上，甚至小孩的交往，都严守着身份贵贱的等级；上级武士的子弟对我们下级武士的子弟使用不同的语言，连小孩子的游戏都扯上门阀制度，难怪我会满腹牢骚。可是，我和上级武士的子弟到了学校，在读书讨论会上，每次都是我成绩较好。不仅学问如此，在体力方面我也不输他们。尽管如此，在朋友交往或小孩的游戏中都摆脱不了门阀制度，真是霸道。虽然我尚年幼，但仍感到忿忿不平。

◎ 因"尊鉴"两字挨骂

小孩的游戏尚且如此，遑论大人的交往，或是在藩政府任职的人，其贵贱的区分更加严格。我记得有一次，家兄写信给大臣，他在信封上写着学者风味的"某某大臣尊鉴"，结果被大骂一顿："尊鉴是什么意思？尊鉴不足以表示大臣身份的高贵，要改成'尊前'。"说完便把信件当面退回。我在旁边看到这个光景，非常生气，终于哭了出来。我始终想着：真无聊，谁还能待在这种地方？我无论如何一定要脱离中津藩。

我逐渐长大，虽然还年少，但对社会上的人情世故已经稍微了解。我的堂表兄弟之间也出现了一两位学者，书读得相当好。他们都是下级武士，有时他们与哥哥谈话时，会发泄心中的不满，提到中津藩风气欠佳等事情，我总是制止他们说："不要说了！说了又有什么用。只要你还在中津藩，这些空论又有什么帮助？你有什么不满，可以离开中津；你不想离开的话，就不要抱怨。"这就是我天生的个性。

◎ 喜怒不形于色

有一次，我在读汉文书籍，读到"喜怒不形于色"这一句，我顿时大彻大悟，认为这是金玉良言，下定决心要遵守这句名言。换言之，不管谁夸奖我，我只在表面上适度地回应，内心绝不欢喜；不管受到什么轻蔑，也绝不生气；不管发生什么事，绝不动怒。因此我不曾和朋友吵架，也没和人扭打或被人殴打。不仅少年时代如此，从少年时代到老年为止，我的手从没因为生气而触碰别人的身体。

不过，在二十多年前，我所创办的庆应义塾①的书生当中，有一人行为极为放荡。多年来我供给他饮食衣物，在各方面照顾他，可是他依旧行为不检。有一次他半夜喝醉了酒，大摇大摆地回来，我训诫他："你今天晚上不可以睡觉，罚你正襟危坐。"没多久，我过去看他，没想到他已经睡得鼾声如雷。我骂他："你这混蛋！"我抓住他的肩膀，把他拉起来，虽然他已经醒了，但我仍然用力摇晃他。

后来我反躬自省："我做错了。我一生不对别人使用暴力，今天晚上的事让我很后悔。"就好像和尚犯了戒律似的，至今仍不能释怀。

另一方面，我从少年时代开始就爱说话，比一般人饶舌，但不论做什么事情都很勤快，绝不输人。我不会和一般书生那样与人争论，就算与人争论，也不会为了一心求胜争得面红耳赤。如果有所争论，对方明显已经情绪激动，我就退一步让他平息下来。我绝不会认为"这小子尽说些傻话"而继续与他辩论。因此不管到何处，吃什么苦都无所谓。只是，我无法继续待在中津，我经常祈祷能够离开中津。终于，到长崎的日子已然来临。

---

① 庆应大学的前身。

2 游学长崎

不管是学文学也好，学武艺也罢，只要能够离开中津，我就心满意足了。我离开故乡时，一点都不觉得留恋。我心想："这种地方有什么好留恋的呢？我离开之后，永远不再回来。今天终于美梦成真了。"我记得当天，我回头朝背后吐了口水，毫不眷恋地离开中津。

之后，我去了长崎。时间是安政元年（一八五四年），亦即我二十一岁（实岁是十九岁三个月）之时。当时，中津藩不仅没有人看得懂洋文，连横写的洋文都没见过。在大城市里，一百年前就有所谓的洋学，而像中津这种乡下地方，就连洋文也没看过，原文书就更不用说了。然而当时正值东印度舰队司令长官佩里[①]到达日本，要求日本开国。即使在乡下也知道美国军舰来到江户，同时，大家都在谈论炮术，当时的炮术都是学荷兰流派。

---

① 译注：M. C. Perry，一七九四～一八五八年。

家兄说："要研究荷兰的炮术，必须读原文书。"我问："何谓原文书？"哥哥回答："所谓的原文书，就是荷兰出版的横写洋文书。虽然现在日本有介绍西洋事物的翻译书籍，但是要认真研究一件事情，一定要读原文的荷兰文书籍。不知道你对研读原文书是否有兴趣？"我在学习汉文的时候，在同年的朋友当中，我的成绩一向很好，在读书研讨会时，我一点都不觉得辛苦，所以对自己的学习能力也自然产生信心。我回答："只要别人读得来的东西，不管是横写文字，还是其他文字，我都有兴趣。"

我们兄弟商量之后，当时刚好哥哥要到长崎，我便顺道陪他同行。抵达长崎之后，我首次学习横写的西洋文字 abc。目前日本各地都可以看到横写的洋文，甚至酒瓶上的商标都有西洋字母，已经见怪不怪了。可是初学时相当困难，光是二十六个字母便足足花了三天才学会，可是到了后来，我觉得并没有那么难，渐渐变得容易了。其实我并不只是为了学荷兰学才到长崎，我到长崎的真正原因，仅只是我极度讨厌中津局促狭隘的乡下气息。因此不管是学文学也好，学武艺也罢，只要能够离开中津，我就心满意足了。

我离开故乡时，一点都不觉得留恋。我心想："这种地方有什么好留恋的呢？我离开之后，永远不再回来。今天终于美梦成真了。"我记得当天，我回头朝背后吐了口水，毫不眷恋地离开中津。

◎ 寄居寺院开始活动

我抵达长崎之后，一开始是投靠桶屋町的光永寺。之所以投靠那里，是因为有一个名叫奥平壹岐的人，他是中津藩大臣的儿子，他与光永寺的住持有亲戚关系。我透过奥平的介绍成为光永寺的食客，我在那里住了一段时期。当时，小出町有一个名叫山本物次郎的人，他是长崎当地的官吏，也是炮术家。由于奥平向他学习炮术，我再度透过奥平的介绍成为山本家的食客。我一生的活动即从此展开。我在山本家做过所有的工作，可以说天底下没有我没做过的事情。

山本老师的眼睛不好，无法读书，因此我为他朗读各大师所写的汉文书籍，包括各种时事论坛等。山本老师有一个十八九岁的独生子，虽然不很聪明，但书还是非读不可，所以老师要我负责教他汉文书籍。这是我的工作之一。山本家并不富有，生活开销却很大，而且负债。我帮他们办债款的延期，或申请新借款，有时还帮他们写借钱的信函。

山本家有一个婢女，也有一个男佣。但是那个男佣经常生病或请假，因此我得做那男佣的工作，有时还得提水。每天除了早晚固定的打扫之外，山本老师洗澡时，我必须帮他搓背、提热水。山本夫人喜欢养小猫、北京犬等动物，所以我也必须照顾猫、北京犬、大狗，以及其他的动物。上上下下所有事情都是我一个人打理，因此他们认为我是个好帮手。不但对他们家帮助甚大，而且有干劲、品德高超、工作卖力。由于以上的原因，我渐渐受到山本家族的疼爱，甚至老师问我要不要当他的养子。如前所述，我乃中津藩的武士，从小即成为叔父家的养子。我向老师说明我的身世背景，老师得知之后，每每对我说："既然如此，更应该当我家的养子，我可以好好地栽培你。"

当时坊间的炮术家，其所拥有的钞本乃密传的藏书，要将该书借与人时，必取相当的报酬。如有人想抄写，必须付抄写费，这抄写费即成为山本家的外快。这些炮术书，不管是要借阅或抄写，由于老师眼睛不好，所以都是我经手办理。因此我成为炮术家的总务，所有的事务都由我办理。当时诸藩国的西洋学家，譬如宇和岛藩、五岛藩、左贺藩、水户藩等西洋学家来到长崎时，有人想去长崎港内的出岛町荷兰商馆，有人想看铸大炮图，这些都是由山本家负责的，但实际是由我经手。

我本来是个门外汉，不曾看过枪炮射击，但是对翻阅图片则极为拿手。我能迅速地翻阅图片写说明。各藩国的人来访，我都能独当一面，宛如学过十年的炮术，俨然是个伟大的炮术家。总之，里里外外都由我打点，处理一切事务。

话说当初介绍我到山本家当食客的人就是奥平壹歧，到了后来，壹歧和我主客易位，我好像变成他的主人似的，想起来真令人莞尔。壹歧原本是汉学者中的才子，但是度量狭小。他虽然出身小藩，但起码也是大臣的儿子，所以极为任性。我来长崎的目的，主要是学习读原文书，也就是到荷兰学派医生的家里，或是到荷兰文翻译员的家中，专心一意地读原文书。

我虽然是到了长崎才第一次接触原文书，但是经过五十天、一百天之后，逐渐了解原文书的内容。而奥平壹歧是个养尊处优的少爷，是个公子哥儿，根本无法读缜密的原文书。我逐渐地有所成就，而这也就成为和主公不和的开端。总括来说，奥平绝非擅于权谋诈术的坏人，他只是一个权臣的任性少爷，没有智慧，也没有度量。当时要是他好好地笼络收买我，我很可能成为他忠诚的部下，可是他却嫉妒我，真是个傻瓜。他比我年长十岁，却一副小孩子气。他运用计谋想把我弄回中津，这是我的一大灾难。

◎ 遭人算计　长崎难居

事情的经过如下。奥平壹歧的生父名叫与兵卫，他是中津藩的元老，我们都尊称他为大老。家父虽于二十年前去世，然而家兄长大之后继承父业，也同样到大阪任职，中津只留母亲一人，没有其他的亲人。姊姊也都已出嫁，最亲近的年轻一辈当中，只有我的表哥藤本元岱一人，他是个医生。表哥相当懂事，也是熟读诗书的学者。

不料，在中津的那个大老却做出令人不齿的行为。他那旅居长崎的儿子壹歧与他密谋欲算计我。有一天，这名大老叫藤本表哥到他官邸，大老说："你把谕吉叫回来，那家伙在长崎只会妨碍我儿子求学，你赶快把他叫回来！不过，你要骗他说他母亲生病了。"由于是大老亲自下令，表哥根本无法拒绝，只好回答："遵命！"他将此事告诉家母之后写了两封信，一封信写道："令堂罹病，请速回。"另一封则写："其实，大老要我如此这般，我无法拒绝，只好寄出那封信，你不要担心令堂的健康。"他将事情的原委一五一十地写在信上，我看完之后，勃然大怒。

竟然做出这种卑鄙无耻的勾当。他们父子俩耍阴谋，佯称家母生病，手段真是阴险之至。起先我心想："我豁出去了！我要找他算账！"但是后来又想："不行！不可以这样，现在跟那个大老吵开了，我一定输，不战即败。我不跟他斗！与其跟他争吵，不如考虑自身的安危。"

经过一段时间之后，我佯装一副垂头丧气的模样对奥平壹歧说："中津来信，告知家母生病。家母身体一向很好，我觉得非常意外！不知现在病情如何，我住那么远，只能干焦急。"我装出愁眉苦脸的样子说道。

奥平也露出惊讶的脸色说："哎呀！你一定忧心如焚，我看你还是早点回国去吧！等令堂病愈之后，我一定会安排你再到长崎来。"虽然他表面上安慰我，但是心中一定想着，我的计谋得逞了。我接着说："就遵照您的指示，我会立刻回国。您有没有事情要我向大老转达？我回国之后，一定会去拜访大老。如果您有东西托我带回去，我也可以转交您的家人。"

当天我向他告别之后，隔天早上再到他的住处。奥平拿出一封信，要我送到他家里，并吩咐我向他父亲转达一些话。另外，他还交给我一封信，要我转交给名叫大桥六助的舅舅。他说："你把这封信带到六助那里，这样你很快就能再到长崎来。"那封信他故意不加封，很明显地是要我看内容，然而我对他的阴谋了解得一清二楚。我彬彬有礼地向他告别，回到住处之后，我把那封信拿出来，里面写道："谕吉由于母亲生病，向我报告务必回国一趟。我尊重他的意思让他回去，不过目前他还在求学，希望你安排让他再来长崎。"我看了之后，更加火冒三丈，在心里骂着："这混蛋！王八蛋！"我也不敢让山本老师家里知道这件事，如果真相大白，奥平一定会恼羞成怒，届时我将大祸临头。因此我仅说母亲生病，必须向老师告辞还乡。

◎ 立志前往江户发展

正好那时有一位名叫铁屋总兵卫的中津商人来到长崎。他说要回中津，于是我和他约定一起同行，然而其实我完全无意返回中津。我认为江户才是男子汉该去的地方，所以决定直接到江户去。但是这件事必须找人商量，而当时有一位荷兰学的书生从江户来，他名叫冈部同直。冈部是医生的儿子，个性极为风趣，而且看起来相当可靠。

我向冈部说明内情："因为如此这般，所以我无法待在长崎。我忍无可忍，想直接到江户，可是在江户没有熟人，也摸不清方向。你家在江户，听说令尊是开业医生，我能不能充当你家的食客？我虽然不是医生，但会搓药丸、打杂。请你务必帮助我。"

或许冈部同情我的遭遇，他也为我抱不平，因此很快就答应我的要求。他说："没问题，你到江户去吧！家父在日本桥桧物町开业，我帮你写一封介绍信。"他写完之后，把信交给我。我很高兴地拿着那封信说："这件事如果让别人知道，我就必须返回中津，你绝对不可以告诉奥平或山本老师，也不可以让其他人知道，你要守口如瓶，绝对不可泄漏秘密。我现在要到下关，从那里搭船到大阪，大约十天、十五天就能到达。你计算日程，等我到达大阪之后，你就对奥平说中村（福泽谕吉当时改姓中村）一开始就不想回中津，他说要到江户去，已经离开长崎了。这对奥平而言，也是一种讽刺，让我来挖苦他。"说完，我们捧腹大笑。我们推心置腹，完成密约。

接着我开始写信给中津的"大老"，我必须把奥平的吩咐及其他事情交代清楚。我用慎重礼貌的文体写道："我从长崎出发，本打算回中津。但是到了谏早时，突然想改道至江户，因此我现在即往江户出发。令公子壹岐托我转达一些话，其要点如此这般。他要我转交给您的信也附上。"此外，奥平要我转交大桥六助的信，我也要托人带给他。我另外写了一封信附在该信上："他故意不上封，实在是可笑的行为。虽然如此幼稚，我还是将此信转达与你。这可谓自作自受，他企图叫我回去，表面上又佯装同情我、帮助我的样子，真是卑鄙到极点。我不返回中津，要直接到江户去，请你自己看他写给你的信。"我准备好之后，与铁屋总兵卫一起从长崎出发前往谏早，这当中约有七里的路程。

◎ 于谏早与铁屋别离

我们于傍晚到达谏早，当时是二月中旬，晚上月亮极为明亮。我对铁屋总兵卫说："我从长崎出发时，本打算返回中津，但现在临时改变心意，不想回去了。请你把我的衣物箱连同你的行李一起带回去，我只带一两件换洗的衣服就够了。我现在要到下关，经由大阪到江户去。"总兵卫大吃一惊说："你想清楚了吗？你年纪那么小，从小养尊处优，又不惯于旅行,自己一个人怎么去?""哪有这回事!你没听说过有志者事竟成。自己一个人从长崎到江户有什么困难?""可是我回到中津,要怎么向令堂交代?""你不用担心,我死不了的。你转告我母亲,只要跟她说我到江户去,她就明白了。"

铁屋听了说不出话来。我又说:"我现在打算到下关,可是对下关不熟。你游走四方,对下关的港边旅馆熟吗?""有一间旅馆我很熟,叫做船场屋寿久卫门。你只要到那里就没问题。"我之所以故意问铁屋旅馆的事情,其实是因为我阮囊羞涩,钱袋空空如也。家里给了我一分钱,此外,我还卖了一本名为《译键》的荷兰字典,凑到二分二朱①。单单这些钱是无法搭船到大阪的,所以我才问港边旅馆的名字。

我与铁屋离别之后,从谏早搭"圆木船"渡过有明海。我花了五百八十文钱搭船,隔天早晨到达佐贺。船上一路风平浪静。于早晨抵达佐贺之后,开始步行。我既没有人带路,又身无一物,连经过的村名及住宿的地点都不知道,只一路往东走。我沿路问人小仓怎么走。我通过筑前,行经太宰府附近,三天之后抵达小仓。

◎ 伪造书信获得照顾

这三天的旅程甚为艰辛。我一个人旅行,特别是在别人的眼中只是一个年纪轻轻、不知来历的穷武士,旅馆的人怕万一我生病赖着不走,或是在旅馆内蛮横闹事,所以都不大愿意让我投宿。因此我已经无法选择旅馆的好坏,只要能栖身就好。我不断地走着,想尽办法住了两晚,第三天抵达小仓。

---

① 一分等于四分之一两,一朱等于四分之一分。

在旅途中，我写了一封信，亦即伪造铁屋总兵卫写的信。我用正式、严肃的文体写道："这一位是中津家臣中村某某的公子，鄙人经常出入其府上。本人保证他是正人君子，尚请兄台多多海涵照顾。"我签上铁屋总兵卫的名字，并写上"下关船场屋寿久右卫门勋启"，之后将信封好，准备翌日渡海至下关时拿出此信。可是到达小仓时，却仓皇失措，因为到处都找不到住宿的地方。好不容易找到一家可以住宿的旅馆，那家旅馆却显得有点脏。客房内有人与我同住。到了半夜，我的枕边传来小便的声音，原来是中风的老人在尿瓶中小便。我猜想他不是客人，而是旅馆家中的病人。我竟然与病人同寝，怪不得房间脏得一塌糊涂。

我渡海至下关，找到"船场屋"，将预先写好的伪造信件拿出来。"船场屋"似乎与铁屋交情很好，看完信，立刻安排我住宿，并百般照顾我。到大阪的船费要一分二朱钱，此外，还须付一天若干文钱的伙食费。我仅仅付了船费，便只剩两三百文钱，根本没有办法付伙食费。因此我告诉"船场屋"到了大阪的中津仓储批发处再付伙食费，"船场屋"也答应了。我虽然做了坏事，但这完全是拜伪造信件之赐。

◎ 渡海至马关

从小仓搭船至下关①时，发生了一件极为恐怖的事。当船开至海中时，突然兴起狂风巨浪。船老大惊慌呼叫，他叫我拉住船缆，并指示我这样做那样做。我说："好！没问题！"我拉住船缆将船桅拉起来，我觉得很有趣，一直帮助他。最后船很顺利地抵达下关。到达旅馆后，我说："今天船不知怎么了？遇到这么大的风浪，可说是有惊无险，我的衣服

---

① "马关"为"下关"的雅称，因"下关"古称"赤马关"。

都被淋湿了。"旅馆的老板娘说："你太幸运了！那个人并不是船老大，他其实是个农夫。现在正值农闲时期，他是兼副业的。农夫做与农业无关的事，每次稍有风浪，就会出差错。"我听了这番话，吓得脸色发白。怪不得他拜托我帮忙。

◎ 马关搭船

我从船场屋寿久右卫门处搭上船，由于是阴历二月，船上尽是赴京都大阪地方观光赏花的乘客。船上的乘客形形色色，有窝囊的小老板，也有秃头的老爷；有京都大阪地区的茶艺馆女郎，也有下关的妓女，此外还有和尚、农夫，以及应有尽有的动物。一群人挤在狭小的船中喝酒赌博。有人为了芝麻小事大声吆喝，有人却细声细语，众人皆自得其乐，唯有我沉默不语，好像遗世独立似的。

船开到了安艺的宫岛，可是我去宫岛也没什么事，只因既然来了，就上岛浏览一番。其他人因为是朋友的关系，相偕去喝酒。我虽然也极想喝酒，可是身上没钱，只好在宫岛浏览。回到船上后，只顾埋头吃饭，船老大想必也讨厌这样的客人，我至今还记得，当时他用很奇怪的眼光看我。在到达宫岛之前，我也是无可奈何地参观了岩国的锦带桥。船从宫岛启航之后，下个目的地就是赞岐的金刀比罗宫。船在多度津靠岸，据说距离金刀比罗宫有三里路。我虽非不想去，但是口袋空空如也，所以无法去。其他的人皆下船，唯独我一人留守。住宿一晚后，一伙人醉醺醺地、兴高采烈地回来。我一肚子怨气，但又有什么办法呢？

◎ 明石登陆

在这种不愉快的气氛中，总算于第十五天抵达播州明石。在早晨八点钟左右，船老大宣布明天若是顺风便启航。可是我想到与这群人为伍将没完没了，所以我问到大阪还有几里路？回答是："十五里。"我说："好！那么我就从这里走到大阪。我的船费，到了大阪后，请向中津的仓储批发处请款。我的行李放在船上托你们带去。"船老大不答应，他说："不行！结完账才可以走。"问题是我钱袋空空如也。

当时，我有一件印花布的衣服，以及一件茧绸的衣服，我用大包袱巾包着。我说："这里有两件衣服，用这两件衣服可以抵得上伙食费吧！我虽然还有书籍，可是不管用。你把这两件衣服卖掉，应该可以抵得上伙食费。我把长刀与短刀抵押在你这里也没关系，可我是个武士，不能不携带武士刀。你的船抵达大阪，随时都可以到中津仓储批发处请款。"然而船老大仍旧坚持不肯，他说："我虽然知道中津仓储批发处，可是我不认识你。无论如何，你必须搭船去。关于伙食费，我们已经约定了，你可以到了大阪再付，你要延迟几天都没关系，但是你不可以中途下船。"

我越拜托越低声下气。不管我说什么理由，船老大都不接受。船老大越来越强硬，嗓门也大了起来。想吵架也不行，正感困惑时，同船中有一位看起来像是下关的商人走出来，他说："我来负责。"接着他对船老大说："你何必那么刻薄不通人情。他不是用衣服来抵押伙食费吗？这位年轻人是个武士，我看他应该不会欺骗你。如果他骗你，就由我来付钱。你上岸吧！"船老大听了之后觉得放心，也不再坚持。我向下关的商人深深地道谢，然后下船。我觉得好像在地狱遇到活菩萨似的，不禁在心中向这位商人顶礼膜拜。

从明石到大阪这之间的十五里路，我无法投宿。因为我的钱袋里只剩六七十文钱，不到一百文钱根本无法住宿一晚，只好不断地走路。途中，我在一个不知名的地方停下来，道路的左边有一间茶店，我在那里喝了两杯酒，一杯十四文钱。我还叫了一盘卤大笋，共吃了四五碗饭。接着我又不停地走，走到现在的神户附近，当时我究竟走什么路线全都忘了。到大阪附近时，渡过数条现在已成铁路的河川，幸好我是武士，所以渡船费全免。

太阳一下山，四处便漆黑一片，如果路上没人就无法问路。然而，半夜走在凄凉的地方，遇到可疑的人物反而觉得恐怖。那时我所佩带的刀子，短刀是"佑定"名刀，锐利又坚固，而长刀则显得纤细，似乎不太中用，心中暗觉不安。其实在大阪附近，不可能有那么多的杀人事件，因此不应该如此畏缩。只是当时我孤单一人，周遭又漆黑一片，不禁心生胆怯，竟想动用起武士刀来。后来回想起来，觉得动用武士刀反而危险。

我在问路时，凭着幼年时的记忆，中津仓储批发处在大阪堂岛玉江桥，因此我逢人就问大阪的玉江桥如何走，大约过了晚上十点，我终于抵达中津仓储批发处，与家兄久别重逢。当时我只觉得两脚酸痛不已。

◎ 抵达大阪

抵达大阪之后，不仅与家兄久别重逢，仓储批发处的里里外外，很多人从我幼小时就认识我。我三岁时返回中津，二十二岁再至大阪，因此我出生时即认识我的人甚众。据说我的脸形与幼儿时甚为相似，认识我的人当中有一位是我的奶妈，她是搬运工人的妻子；还有一位是从中津陪同家兄来到大阪的庄稼汉，他名叫武八，极为纯朴，早年也曾在我们大阪的家中帮佣，照顾过我。我到大阪的第二天，他随同我到堂岛三丁目、四丁目时说："你出生时，我半夜到这条巷子的产婆那里接你。这产婆现在还很健康。后来你慢慢长大，那时港边为了替佛寺筹款，举办相扑表演，我每天都抱着你去看相扑练习。那产婆的家在那里，港边的相扑练习场在这里。"他用手指着说道。我因为怀旧之情而心生难过，不禁热泪盈眶。

我到大阪之后，全是怀着这样的感情，完全不像在行旅中，可以说是回到真正的故乡，心中充满喜悦。家兄问我："你为什么突然到大阪来？"我照实跟他说。他回答："若是我不在大阪，那还有话说。照你的旅程来看，你从长崎来应该会顺道经过中津，可是你却没去探望母亲。如果我不在大阪那就另当别论，今天我们在此相遇，若让你到江户去，可说是兄弟共谋。那我怎么对得起母亲呢？母亲或许不会怪我，可是我总觉得耿耿于怀。你与其去江户，不如在大阪学荷兰学，大阪应该也有荷兰学的老师。"我在家兄处寻找老师，结果打听到一位名叫绪方的老师。

◎ 游学长崎二三轶事

我对于粗鄙之事具有独特的才能。在长崎期间，我成为山本家的食客兼学生，由于努力向学，对荷兰学也大概能够掌握个方向。另一方面，我帮忙老师家中的家事，上上下下的工作全由我一人处理，我不曾说我不会做，或是不想做。在京都、大阪附近的大地震时，我刚教完老师的儿子读汉文书籍的发音，在井边提水。我肩挑一大桶水，当我踏出一步时，突然天摇地动，我的脚打滑，差点摔死。

长崎有一家佛寺，名为光永寺，隶属于东本愿寺，其下尚拥有三家佛寺。光永寺在长崎是有名的大佛寺，该寺的住持和尚据说已经亡故，他曾到京都，飞黄腾达地返回长崎。当时我受雇为陪同和尚至长崎衙门拜会寒暄的随从，该和尚穿着极长的衣服，他在衙门口下轿后，我跟在他后面，提起他的衣摆，静静地跟在他后面，那模样真令人喷饭。一到过年，我即陪同这名和尚至大施主家里拜年，和尚在房里喝酒，我在门口等着。此时，家属也拿出煮年糕等食物请我吃，我毫不客套、心存感谢地享用。

我还曾在"节分"①时拿过当地居民的施舍。依照长崎的风俗，"节分"当晚，和尚要吹着法螺，高喊类似经文的言词。这相当于东京"除厄运"的习俗。和尚为居民除厄运，在施主门口站立，即有人会施舍金钱或白米。当时山本老师家的隔壁有一位名叫衫山松三郎（衫山德三郎的兄长）的年轻人，他极为风趣。他怂恿我说："我们今夜去除厄运！"我当然同意。他不知道从哪里借来法螺，我们两人蒙着面出门，衫山吹法螺，我则负责念经文。我不懂经文，胡乱地高喊着少年时背诵的《蒙求》及《千字文》："王戎简要天地玄黄……"结果圆满成功，领了不少钱和白米。我们用那钱买年糕和野鸭子烹煮，大快朵颐一番。

◎ 师生易位

刚到长崎初次学习洋文时，认识一位萨摩藩的医学生，名叫松崎鼎甫。当时的萨摩藩主崇尚西方文物，因此藩中的医生特别注重荷兰学。松崎也奉命至长崎学习荷兰学，他在长崎租屋而居。我拜托他教我荷兰

---

① 立春的前一天。

学，他应允了。我至他的住处，他写了abc，并用日文字在上面注音，我第一次看到这种文字，当场瞠目结舌。我心想这也能算是文字吗？我为了记住这二十几个字母花了不少时间，然而一分耕耘一分收获，我逐渐了解荷兰文的单字。

我观察松崎老师的面相与应对举止，认为他绝非聪明绝顶的才子。因此，我暗忖："他的才能有限，要是今天读的是汉文书，我一定是比他高数段的老师。不管是汉文也好，荷兰文也罢，同样都是读字音了解文义，因此我不用那么怕他。我一定要努力学习，改天换我教他荷兰文。"所谓初生之犊不畏虎，我当时血气方刚，才会有这种天大的野心。

话说我从长崎到大阪之后，由于在长崎念过一年的荷兰文，所以在绪方老师处亦进步神速，两三年之间，已在八九十个同学中崭露头角。而且人生的际遇真不可思议，后来松崎从九州岛来到大阪，进入绪方学堂时，我比他高了好几级。在荷兰文研讨会时，我当下级生的指导员，当时松崎也参加该研讨会，只经过三四年的时间，师生已经易位。我那如同白日梦的企图心竟然得以实现。当然，此事不足为人道也，同时也不应该向他人说，所以我守口如瓶。然而我当时真是喜出望外，经常独自饮酒，不觉喜上眉梢，乐不可支。

因此，军人的彪炳功勋、政治家的飞黄腾达、有钱人的囤积财富，对他们而言，都是一生痴狂追求的目标，乍看似乎俗不可耐，若更加以深思，则益见其傻气，但是他们绝非我们的笑柄。那些批评他们的学者，虽然振振有词，言之成理，其实自己也逃脱不了世俗的痴傻与贪念。

3 大阪修业

> 日本全国皆隶属汉学的世界，西洋的学问究竟是行不通的。在那乌烟瘴气的时代，只有东印度舰队司令长佩里至日本的消息撼动人心，大家公认只有炮术必须向西方学习。这件事可说是为西学开了一条血路，也因此我才能用学习炮术的名义顺利申请出藩国。

既然大哥如此建议，我也不能反抗，只好留在大阪，于安政二年（一八五五）三月入绪方老师的学堂。在此之前，我居住长崎时，当然也学过荷兰学。学习的地点有：名为楢林的日荷口译官员邸、同姓楢林的医生邸，以及一位名叫石川樱所的荷兰学派医师。石川在长崎开业，门面恢宏气派，是长崎首屈一指的大医师，不轻易收门徒，因此我只好在其玄关处向配药师学习。如上所述，只要有人愿意教一些荷兰学，我立刻就到该处学习，可谓学无定所。由于没有透过特定人士的介绍在固定地方密集学习，因此，至大阪入绪方学堂方为荷兰学正式修业之始。于绪方学堂，我才能循序渐进地学习荷兰书籍，而且我的学业突飞猛进。

绪方学堂中，虽然书生众多，但是我自认为是其中的佼佼者。

◎ 兄弟皆罹病

安政二年结束了，安政三年三月，春天来临。本应迎接新春的喜气，却遭逢厄运。于大阪仓储批发处的家兄罹患风湿，病情相当严重，手脚皆不听使唤。眼看着要痊愈了，病情又恶化，在起起伏伏之中，他的右手终不听使唤，只能靠左手写字。

安政三年二月，来自加贺国的岸直辅，他是我在绪方学堂的同窗，也是曾经照顾过我的学长，他罹患了严重的伤寒。他是我的恩人，我必须看护他。此外，还有一位来自加贺国的铃木仪六，与岸直辅有同国之谊，所以我与铃木两人昼夜轮流，交替看护。我们照顾了大约三个星期左右，虽竭尽心力，终究回天乏术，他撒手人寰。因岸直辅是加贺国人，又信仰净土真宗，所以我与铃木两人商量，决定将他火化，再将骨灰送回他的老家。我们将他的遗骸运到大阪的千日火葬场火化，并将骨灰送回加贺国。

事情总算告一个段落。我从千日回来的三四天之后，身体感到不适。我判断不是普通的感冒，因身体发烧，而且非常痛苦。由于我的同学都是医生，我请一位同学帮我看病。诊断之后，认为是伤寒，并说是被岸直辅传染的。这事传到了绪方老师的耳里。当时我卧病在堂岛仓储批发处的连栋屋内，不料，老师至此探望，并对我说是伤寒没错，这病不可大意，一定要接受治疗。

◎ 师恩比山高

我至今仍然无法忘记绪方老师的关爱之情。他说："我一定会帮你看病。虽然会帮你诊断，可是我无法亲自为你开处方，因为我会犹豫不决究竟开什么药方才好；开了药方之后，若觉得不佳，还要重新开，到最后恐怕连自己在治疗什么病都不清楚。这本是人之常情。我会帮你看病，至于药方，我会请别的医生帮你开。但愿你能了解我的想法。"于是，老师请他的朋友——梶木町一位叫内藤数马的医生开处方，并在内藤家拿药。老师只是每天来观察我的病情，并指示疗养的方法。

今日的学校或学堂，由于人数众多，老师无法照顾每个学生，师生的关系也形同公事一般。往昔的学堂里，师生如同父子。绪方老师为我看病，却无法为我开处方，就如同为自己家的小孩诊断而犹豫不决一般。他的所作所为，都与对自己的小孩完全没有两样。我想到了后世，时代逐渐进步，这种师生之情大概会杳无踪迹吧！

我在绪方学堂时的心情，与现今日本国内的学堂生相较，可谓大相径庭。我自认为是绪方家的一员，而且周遭的条件使我别无选择地认同它。现在言归正传，我的疾病由如同生父般的绪方老师照顾，以及内藤数马医师的调药，尽管接受最好的治疗，但是我沉疴难起，危如累卵。患病之后，经过四五天，开始不省人事，如此经过了一星期左右，几乎陷入昏迷状态。幸好最后得以痊愈，虽然身体仍属衰弱，但是我还年轻，平常生龙活虎，所以恢复得甚快。

到了四月，我开始可以到外面走动。此时家兄罹患风湿，我则是大病初愈，两人可谓坐困愁城。

◎ 手足同返中津

当时刚好家兄任期届满，也就是当初约定在大阪任职满两年后必须回中津国，至安政三年（一八五六）的夏天，正好满两年。而我大病初愈，即使留在大阪，也无法读书，所以决定回国。我们兄弟二人于当年的五六月，一起搭船返回中津。我身体日益康复，而家兄的风湿虽然仍未痊愈，但并非什么要紧的病。

同年八月，我说："我要再去大阪。"当时已非病后调养期，我的身体可谓否极泰来，恢复往日康健的体魄。我抵达大阪后，借用中津仓储批发处的连栋空屋，独居自炊。我用土锅煮饭，每天早上至傍晚则到绪方学堂上学。

◎ 家兄去世　难返大阪

但祸不单行。九月十日左右，中津国来信："九月三日令兄去世，速回！"我接到此信，真如晴天霹雳，只好尽速返乡。我匆匆忙忙整理行李搭上船只，此次一路顺风，迅速抵达中津港。回到家时，丧礼早已结束，连一切相关事务都已经办妥。我本是叔父的养子，如今生父家的一家之主去世，尽管还有女儿，但是女儿不能继承户长的地位，因此由弟弟继承。亲戚认为这是理所当然的事，经由他们商量之后，擅自决定我为福泽家的一家之主。他们并不等我回国后让我参与讨论，而是擅自决定，然后通知我："你已是福泽家的一家之主了。"

既然继承了户长，家兄即如同父亲，所以我必须服五十日的丧服。而且继承户长的地位，也必须担任相当的公职，我因此奉命担任藩国内中下级武士所适任的职位。然而我的心在九霄云外，根本无心恋栈。我完全没有想过要待在中津，然而按照藩国的规定，则必须担任公职，无法抗命。

担任公职之后，我谨言慎行，不管上位的人怎么说，我总是回答："是！遵命！"我在心里虽然已经决定克服一切困难，再到大阪求学，可是周围的气氛却浇了我一头冷水。藩国内一般的说法姑且不论，连我的亲戚都极度讨厌西方的文物，使我完全没有开口表达心声的机会。

我寻个机会特意到叔父那里，然后制造一些话题，顺便透露再次赴大阪求学的心声。不料叔父以泰山压顶之势狠狠地教训我："你的话成何体统？令兄去世之后，既然你继承了户长地位，就应当尽忠职守，服务公职。搞什么荷兰的学问，你的头脑到底清不清楚！"我记得他在教训我的时候，瞪着我说了一句："你的情形就如同软脚力士虚张声势。"我猜想这句话是不自量力的意思吧！

其实我并无意求叔父赞成我的意见，只是我朝思暮想，自然而然地说出了口。既然说出了口，在那小小的地方，每个人也就都知道这件事。我家附近的人都在我背后指指点点。有一位婆婆名叫八重，比我母亲稍微年长，她住在我家对面，我仍清楚地记得她的模样。有一天，她到我家来，说："我听说谕吉又要到大阪去了，阿顺（家母）！你该不会让他去吧！你要是让他再到大阪，岂不是脑筋有问题？"总之一般人的看法皆如此。当时我的处境，就如同流行歌曲中的一段歌词："我所能依靠的，只是岸边的一条废弃小舟。"

◎ 与母亲商量

我暗自思量："如此下去不是办法，目前唯一的希望就是母亲。只要母亲答应，那么不管任何人反对我都不怕。"于是我仔细地跟母亲分析："妈，目前我所学的荷兰学是这种东西，我从长崎到大阪去，现在才学到这种进度。我的想法是，希望能够完成学业，以便对将来的事业有所帮助。我在中津藩，无论如何都不能出人头地，只能庸庸碌碌地过一生。我绝不想将我的前途断送在此地。我离开之后，你一定会感到孤单寂寞，可我还是希望你能让我离开。我出生的时候，爸说要让我当和尚，现在希望你就当我是去做小和尚了。"

我想过，要是我离开了，家里只剩母亲与亡兄的女儿，换言之，只剩一个三岁女娃和五十几岁的老母，她们一定感到孤立无援。然而，当我说："家里只剩下你们两人，我想到大阪去。"母亲当机立断地说："好！""既然妈这么说，我再也没什么好顾虑的了。""你放心，你哥哥虽然死了，但这是命中注定，不能怨天尤人。你现在外出，说不定会客死他乡，但是生死有命，你可以到你想去的地方。"于是我们母子俩详细计划，准备外游他乡事宜。

◎ 典卖家产还债

既然要出游，就得将借贷关系处理好。所谓的借贷关系，就是在家兄生病或值勤时所欠下的约四十两的债务。在那个时代，这四十两钱对我们家而言是个天文数字。如果放置不管，将会不可收拾，无论如何必须解决。怎么办呢？只有一个办法——把所有的家产卖掉。

我心想只好把家里的一切东西都卖掉，唯一让我稍微感到安心的是，家父是个学者，他拥有的藏书在藩国中名列前茅，其总藏书约一千五百册，其中包含不少稀世珍本。以我的名字"谕吉"的"谕"字为例，天保五年（一八三四）十二月十二日晚上，这是我出生的时日，家父就在这一天买到了他盼望多年的汉文书——清朝的《上谕条例》①，共六七十册。母亲说父亲喜出望外，而且当晚又生得男孩，因此就从书名的"上谕"取出谕字为我命名。

即使是这么珍贵的汉文书，我还是与母亲商量之后，将所有的藏书及家物全部典卖。比较值钱的东西有：赖山阳的对开挂轴卖二分钱，大雅堂的柳下人物挂轴卖二两二分，虽然也有荻生徂徕②与伊藤东涯③的书法，但都不值钱。其他都是杂七杂八的东西，我只记得大雅堂与赖山阳。武士刀是二尺五寸的天正佑定名刀，配件完整，卖了四两。

其次是藏书。中津人没有人买，因为没有一个武士能够拿出几十两钱。我有一位汉学老师，即白石老师，他在藩国中发表评论，被赶出中津藩，因而成为臼杵藩的儒学者。我认为拜托白石老师应该有办法把藏书卖掉，所以特意到臼杵去。我向老师说明之后，经过老师的斡旋，将所有的藏书以十五两的价钱全部卖给臼杵藩。如此，一口气就获得十五两。此外，将所有的东西，如盘子、饭碗、汤碗、大小陶瓷器全部卖掉，好不容易凑齐四十两。用这四十两钱把债务全数还清。

家父的藏书之中，有一套《易经集注》十三册，乃是大儒伊藤东涯亲笔加入详细眉批的珍本。此套书系家父生前在大阪收购而来，他特别珍爱这套书。在家父所写的藏书目录当中，他特别注明："东涯大儒所加眉批《易经》十三册，乃天下稀有之书，子子孙孙应典藏之。"家父的语气宛如立遗嘱似的，因此我不忍心卖掉这套书。我心想，这套书绝对不卖，我要保存下来。因此这十三本书，至今仍收藏在我家里。

此外，仍保存在我家的尚有两个清朝汤碗。那是因为我在拍卖杂物

---

① 《上谕条例》，清朝乾隆治世的编年体法令集，共六十四册。现藏于庆应大学。
② 一六六六~一七二八，儒学者。
③ 一六七〇~一七三六，儒学者。

时，收购旧物品的商店只愿出三分钱，这三分钱是中津国纸币的单位，若换算为幕府钱币，只值十八文钱。这未免太瞧不起人了，十八文钱有没有都一样，因此我决定不卖了。这两个汤碗，经过四十几年仍旧保存完好，不过现在我却用它来洗毛笔，世事变化真值得玩味。

◎ 偷抄筑城兵书

言归正传。这次因家传噩耗，回到中津。在中津居住期间，我完成了一件事情。因为当时奥平壹岐从长崎回来，当然我必须去问候他。有一天我到他家拜访，我们久别重逢，天文地理无所不谈。奥平拿出一本原文书，他说："这本书是我从长崎拿回来的荷兰新版筑城兵书。"我在大阪求学的绪方学堂是个医学堂，除了医学与物理学的书籍，从没看过那种原文书，所以我承认那是一本极为珍贵的书籍。当时正好美国的东印度舰队司令长官佩里到达日本，日本全国都对海防军备议论纷纷，因此我看到那本筑城兵书自然感到非常珍贵，想要一睹为快。可是我一开口向他借，他立刻回绝。

后来，在谈话之中，奥平透露："这本原文书我买得很便宜，只花了二十三两。"对我这种两袖清风的穷书生而言，这句话只让我闻风丧胆。我绝对买不起这本书，而且他也无意借我，所以我只好望着原文书感叹自己的贫穷。突然，我脑海中闪现一个计谋。我不经意地说："这本原文书实在太了不起了。要把这本书读完，绝不是短时间内可以做到的。但愿我能够有机会翻阅这本书里面的图片和目录，不知道您肯不肯借我四五天？"没想到他回答："好，我借你。"真是天助我也。

我把那本书带回家里，立刻准备好鹅毛笔、墨水、纸张，开始动手抄那本原文书。那本书大约有两百多页，我抄书的时候小心翼翼，唯恐被别人看到,当然更不敢告诉人家抄书的事情。我躲在家中深处,谢绝访客,夙夜匪懈,埋头抄书。

当时我在藩国中担任公职,必须看守城门。我两三天轮一次,一次一昼夜。轮到我看守城门时,白天暂停抄书,晚上则偷偷地拿出来抄写,一直抄到天露曙光为止,经常整天都不睡觉。另一方面,我心中忐忑不安,我拼命地抄书,可是隔墙有耳,我想,说不定风声已经走漏,现在奥平就要来叫我还书。万一事情败露,不是单单还原文书就能解决的,藩国的大老必然震怒,一思及此,我不禁打冷颤。虽然我生平未曾偷过别人的东西,但是我猜想,当小偷大概就是这种心情。终于抄完一本书,连书中的两张图也一并抄写下来,总算大功告成。

虽然大功告成,但是必须找人帮我校对。当我正在为找不到校对人才发愁时,突然想到中津有一个人会念读荷兰文。他是藤野启山医师,与我们家关系颇深。家父在大阪时,启山是个学医的书生,寄居在我家,母亲经常照顾他的起居。我坚信藤野是一个可以信赖的人,所以到他家拜托他:"我跟你说个大秘密。因为如此这般,我抄写了奥平的原文书,可是没有人帮我校对,你能不能帮我看原文书,由我来念抄写的稿子,我们看看稿子是否正确无误。我本想白天做,但是怕泄漏天机,所以只好晚上到你这里来。我知道你一定会很辛苦,但我还是想请你帮忙。"藤野当场爽快地答应,之后我到他家三四晚,便完成校对。

我如同拿到和氏璧似的,欣喜若狂。原文书我保管得很好,奥平绝对不会发现此事。我来到奥平壹岐的家,若无其事地说:"真是感激不尽,我生平第一次看到这种兵书。这种舶来的新原文书,如果能够翻译成日文,一定对海防家有益。这么好的书,像我这种穷书生是绝对买不起的。谢谢你。现在我将原书归还。"真是神不知鬼不觉,我暗自窃喜。我不记得花几天的时间抄写此书,只知道前后约二十几天,而原文书的主人一点都没察觉。我吸取了那本宝书的精髓,就如同窃贼进入藏宝库一般。

◎ 向医生学习炮术

当时母亲经常唠叨:"你到底在干什么?每天都通宵达旦,岂不是都没睡觉吗?究竟怎么回事?万一感冒了怎么办?读书也不可以认真过头。"我回答:"妈,这没什么,我只是在抄书而已,我身体很好,不会因为这样就出什么问题。你放心吧!我不会让你操心的。"

正当我准备到大阪去时,发生了一件可笑的事情。这次离开中津藩,必须向藩方提出申请书。结果发生了一件想笑都笑不出来的事情。以前我不是户长,离开藩国时不需要提出申请,便可以自由进出。而现在既然是一家之主,就得提出申请书。由于我事先已经和母亲商量了,因此没有必要与叔父、婶婶商量。

我一提出想要学习荷兰学的申请书,与我交情深厚的当局人士提供我内部消息说:"你不可以这样写,中津藩没有学习荷兰学的先例。"我问:"那到底要怎么写?"他回答:"你可以这么写,你只要写'学习炮术'就可以通过。""可是,大家都知道绪方是一位开业医生,到医生那里学习炮术,这不是与一般社会的认知不符吗?这样子行得通吗?""不,因为没有学习荷兰学的先例,所以只好这么写。尽管与事实不符也没关系,你还是必须写学习炮术才行得通。"我听完之后说:"既然这样,我就照您的指示。"

我在申请书上写道:"余欲至大阪绪方洪庵处学习炮术……"结果审查通过,获准前往大阪。从这件事即可看出当时处理事情的方法。这不仅是中津藩如此,日本全国皆隶属汉学的世界,西洋的学问究竟是行不通的。在那乌烟瘴气的时代，只有东印度舰队司令长佩里至日本的消息撼动人心，大家公认只有炮术必须向西方学习。这件事可说是为西学开了一条血路，也因此我才能用学习炮术的名义顺利申请出藩国。

◎ 母亲生病

获准出藩国之后，正准备搭船到大阪时，不料母亲突然生病，使我顿时坐困愁城。我东奔西跑，找了好多医生，经过诊断之后，原来是寄生虫作怪。我问医生哪一种药物对治疗寄生虫最有效？那时还没有山道宁（santonin），所以医生说西门希纳（Semen cinae）是最有效的药。这种药价钱极高，在乡下的药店不容易买到。中津藩只有一家药店卖这种药，因为是母亲生病，由不得考虑药价的高低。由于我刚还清债务，手边只剩微不足道的钱。我筹出一文钱左右，买了西门希纳给母亲服用。

我不知道这药是否有效，乡下医生的话本来就不可信，只能听天由命，不分昼夜地专心看护母亲。幸好似乎不是什么大病，经过两星期左右，便痊愈了。于是我定下赴大阪的日期。出发时，为我惜别并祈祷旅途平安的只有母亲与姊姊。亲朋好友不但不来送别，连关心问候也全无，好像我是个逃犯似的。家兄去世没多久，家财已散尽，既无家私，亦无现金，可谓一贫如洗。家里门可罗雀，不见访客，寂寂寥寥，冷冷清清，仿佛古刹似的。在这种情况下，我留下老母与幼小的侄女而去。即使是心怀壮志、嶔崎磊落的书生，对此情景也不禁感到羞涩与落魄。

◎ 成为绪方恩师的食客

在船上一路平安，顺利抵达大阪。虽然人已抵达，但身无长物，不知如何求学。我绞尽脑汁,但想不出什么方法来。我想,只好到老师那里,把我的情形照实禀告。我抵达大阪是当年的十一月。我来到绪方老师家,开门见山地说:"因为家兄去世,经过这般遭遇,现在再回大阪。"我把老师当作亲生的父亲,对他毫无隐瞒,把家里欠债的情形、典卖家产的经过,一五一十向老师报告。我甚至还把抄写原文书的事情也毫无保留地说出来,我说:"我偷偷抄了这本筑城兵书,也带到大阪来了。"

老师莞尔一笑,说:"唉!短短一段时间,你做了一件坏事,不过也可以说是一件好事。那些事就别说了!你看起来气色比从前好多了。""是的。今年春天,老师无微不至地照顾我。当时的情形,我已经不记得了。我现在虽然仍是病后之身,但已经恢复了往日的健康。""那太好了。刚才听你报告的一切经过,我了解你无法缴交学费,这点我可以帮你。不过要是别的学生认为我偏袒你就不好了。这样好了,那本原文书很有趣,就当作我吩咐你翻译那本原文书。我们就这么说定吧!"

之后,我成为绪方学堂的食客学生。在医生家里,除了调药医生之外,没有所谓的食客学生。我不具医生身份,只以翻译的名义成为医院的食客学生,这完全是老师与师母的大恩大德。其实老师并没有要求我一定得翻译不可,他只是随口说说而已。不过,我真的把那本原文书全部翻译了出来。

◎ 努力向学染上酗酒恶习

我之前并没有住宿在绪方学堂,每天从仓储批发处通学。从安政三年(一八五六)十一月开始,我住进学堂,成为学堂住宿生。这是我的书生生活,以及其他活动的开始。

绪方学堂是个日新月异的学堂,在里面就读的书生全是奋发有为的人物，可是从另一方面看来，也可说是血气方刚的青壮年，几乎全是落拓不羁、放浪形骸的书生。因此，绪方学堂便成了各方好汉聚集的巢穴，而我跳进此一虎穴，跟着一伙人放浪形骸。然而我与其他人有点不同，兹叙述如下。

首先谈我的缺点。我生性嗜酒，这是我最大的缺点。我长大之后，虽然知道这是个恶习，但是这恶习已经根深蒂固，没办法根除。这个缺点我不敢隐瞒，必须开诚布公。将自己的恶习公诸于世虽然是自我诋损，但若隐瞒真相，则不能成为可信的自传，因此我先来谈自幼年以来的酗酒史。

我酗酒的恶习，并非随着年龄的增长而逐渐喝上瘾的，可以说是打从我出生懂事以来就天生喜欢喝酒。我记得年幼的时候，母亲帮我剃发，她依照江户时代的发型，从额头剃到头中央。当她剃到凹进去的地方时，我就喊痛反抗。这时母亲会对我说："如果你让我剃的话，就让你喝酒。"我记得为了可以喝酒，我忍痛不哭，乖乖让母亲剃完。这是我天生的恶习，实在惭愧。后来我年纪渐长，至成年为止，没有不法的行为，自认品性端正。但是我嗜酒如命，一看到酒，可以说几乎变成一个忘记廉耻的窝囊废。

我到长崎时，虚岁二十一，实岁才十九，虽未成年，但已是个豪饮之人，每天都痛饮一番。但是为了达成我的宿愿"努力求学"，我告诉自己，无论如何都不可喝酒。我在长崎一年的时间，为了禁酒，视自己如同死了一般。例如，在山本老师家当食客时，只要有大宴会，想偷喝的话也能到手，而且只要有钱，上街就有酒喝。我经常想，有一天我会原形毕露，然而我却忍了一年，滴酒不沾，始终没有人知道我会喝酒。翌年春天，我离开长崎，到达谏早时，我才大喝特喝。之后经过一段相当长的时间，也就是文久六年（一八六一）冬天，我随遣欧使节团赴欧洲时，船只曾在长崎港停靠两天。我利用那两天的时间造访山本老师，感谢他昔日的恩惠，并向他报告我要远赴欧洲的始末。那时我才首次表明我会喝酒，我说从前我佯装不会喝酒，其实是个豪饮之人。我记得当天我喝了不少酒，老师与师母吓得目瞪口呆。

◎ 出淤泥而不染

如上所述，我从年幼时即喜欢喝酒，为了酒做了不少坏事，也好几次影响了健康。可是从另一方面来看，我可是品格端正。不管是在少年时代，我与放浪形骸的书生厮混，还是成家立业之后，与社会人士交际，我可以夸口，我是属于洁身自爱的人。在滚滚红尘的社会中，显得太过严肃拘谨，看起来有点像个怪人。然而，其实我对风花雪月的事情知之甚详，因为当别人热中于谈论下流的话题时，我都洗耳恭听，铭记在心，因此无所不知，无所不晓。

譬如，我不会下围棋，可以说一点也不会。然而学堂的书生一开始下围棋，我就口若悬河地评论说："唉呀！这着黑子下错了。这下铁定被堵死。你要是再大意的话，这盘棋就结束了。你怎么这么傻？连这个都不知道！"我经常这么随便说说。业余的书生下围棋，有人在旁边插嘴指导，本来就不用负任何责任。我仔细观察双方的脸色，马上就知道哪一边会输，于是我夸奖胜方下的棋，批评输方棋艺不好，这种方法通常不会有误。因此我看起来像个围棋高手，若是有人说："福泽，你来下一盘吧！"我就高傲地拒绝："开玩笑，我跟你们下，简直就是在浪费时间，我没空。"我这么一说，更被认为棋艺高超。我骗了他们大约一年，有一次不小心，终于露出马脚，结果被大家骂得焦头烂额。

花街柳巷的事情也是如此，经我察言观色之后，大部分的事情都了如指掌。虽然了如指掌，但是我却如同顽石般坚决不为所动。我的个性可以说是近朱而不赤，出淤泥而不染。我自己也觉得不可思议，大概是家风特别所致。从幼年起，就是我们兄弟姊妹五人相依为命，不与外人交游，只接受母亲的管教。在我的成长过程中，我们在家里，任何时候都不曾听过下流的事情。我们家风玉洁冰清，与同藩国的其他家庭大相径庭。我离家之后，与他人交往，仍然固守家风。这绝非我特别严格要求自己，只是认为应当如此而已。

因此，我在绪方学堂期间，从未涉足色情茶艺馆之类的地方。虽然如此，如前所述，我绝非装模作样、避之唯恐不及，也不是道貌岸然、愤世嫉俗的人。众人在谈论风花雪月之事，或色情茶艺馆的事情时，我也与同窗书生一起高谈阔论。有时我还嘲笑他们："你们这些人土头土脑，到茶艺馆还被风尘女甩掉，实在见不得人。我只是不屑去，要是有一天我鼓起勇气上茶艺馆，不用说，一定被美女包围，铁定比你们高明一百倍。哼！一群呆头鹅，既然不受女人欢迎，不去也罢。你们根本不是风流的料。一群乡下人到大城市来学风花雪月的 abc，这种朽木粪墙的材料，我看一辈子都学不成。"

我虽然这般高谈阔论，但是洁身自爱，因此没有人敢看轻我。社会上德高望重的学者，通常是愤世嫉俗，老是认为世风日下，人心不古，看不惯别人的所作所为。而我一点都不会轻视别人的言行，也不会感到愤怒或担心。我与他们一起喧哗，反而觉得有趣。

◎ 教训书生

有云："酒话连篇。"此处再介绍一则与酒有关的话题。

我在安政二年（一八五五）春天，首次离开长崎，进入绪方学堂的当天，有一个学堂中的书生一见到我就说："你从哪里来？""我从长崎来。"书生又说："原来从长崎来。以后我们会朝夕相处，无所不谈。现在我们先去喝杯酒吧！"我回答："我们才第一次见面，或许我出言不逊，我本来就喜欢喝酒，而且是个豪饮之人。我很感谢你邀我喝酒，也想跟你去喝酒，而且越快越好。不过，我先声明，我没有钱。说实话，我刚从长崎来，连在学堂求学的学费都还没着落，更甭说酒钱了。这件事我必须先说在前头，我非常感谢你邀我喝酒，我一定陪你去。"

那书生听我这么一说，就说："哪有这回事？喝酒本来就要花钱的，我不相信你没这点钱。"我回答："说没钱就没钱，既然你邀我喝酒，我当然想去。"结果我们谈不拢，那天就此结束。第二天，我从仓储批发处到学堂上学，又遇到那书生，我故意催他："昨天的谈话无疾而终。我今天还想喝酒，你带我去好吗？我酒瘾发作。"他说："你识相点。"我们就此分手。

经过三个月之后，我已经了解学堂的规矩，也认得每个人的脸，记得每个人的名字，每天循规蹈矩地在学堂求学。有一天，我逮到机会找来那书生，我对他说："你还记得吧，我刚从长崎来时，第一天你对我说什么？你对我说，我们去喝酒吧！我看清你的企图，你以为新生多少都有一点钱，你邀我出去，我就会请你喝酒。你不用说我也知道你在想什么。那时，我怎么回答？我说，我虽然想喝酒，但是没有钱。我让你碰了钉子。第二天我邀你喝酒时，你就说不出话来了。你说是不是？恕我说句大话，我福泽谕吉不是那么好惹的，当时我想，要是你仍纠缠不休，我就一拳把你打倒，然后把你拖到老师那里。大概我的想法写在脸上，你感到畏惧，当场弃甲而逃。我觉得很不甘心，有你这种人在学堂，就如同一颗老鼠屎坏了一锅粥。你这种人只会败坏学堂的风气。以后，你要是对新生再说那种话，那我就不客气，立刻把你抓到老师面前，让老师来评评理。你要记得我的话！"我狠狠地教训了他一顿。

◎ 当学堂长指导研读

之后，我的学问稍有进展，前辈学长也学成归国，因学堂中无大将，我遂成为学堂长。我虽然成为学堂长，但是并没有什么权力。我的职务是，当学堂书生一起研读艰深的原文书时，由我担任研讨会长。其余场合，我与同窗书生交往时，并没有阶级之分。

我这学堂长也和以前一样读书求学，但是我并不只有读书而已。我喜欢调皮捣蛋，这胡闹书生当然不可能想要用仁义道德来感化人，我不曾想过如此严肃的事情。我也不会像个老古董，认为应该矫正学堂风气，以使书生尊师重道，心怀师恩等等。

不过，我本来就绝不欺负弱者，不贪非己之物，不向别人借钱，即使仅是一百文钱也不借。我自认嶔崎磊落，俯仰无愧，倜傥而不群。我虽与别人喧闹打成一片，然而现在回想起来，我当时有一种年少的狂妄，我希望同窗书生全都与我一样，而且我也想将他们改造成与我一样。我的想法里，不会去强调仁义、道德、报答师恩等崇高的美德。话说回来，像我如此狂妄不羁，对学堂而言，自然会产生正负两方的影响。如果对学堂有正面的影响，那纯粹是偶然，绝不是我的功劳。

4 绪方学堂的学风

> 绪方学堂的风气可谓欲将中国的学问扫除一空。我们没有人会去听儒者讲解经史,看到汉学书生,也只是觉得可笑。特别是遇到汉医书生,我们不仅嘲笑他们,而且口出恶言辱骂。

听起来似乎是我当上绪方学堂长之后,由于我作威作福,学堂的风气即自然而然地改善了。可是从另一方面来看,因为我爱喝酒,也可能紊乱了学堂风气。

虽然我当了学堂长,可仍是个穷书生。说到我个人的情形,在故乡的母亲与侄女,两人都靠从中津藩支领的少许津贴口。我当上学堂长之后,所享受的正式待遇是接受老师家的饮食。此外,有新生入门时,据学堂规矩,他们除了向老师缴纳束修之外,同时也必须缴二朱钱给学堂长。换言之,一个月有三个新生的话,学堂长就有一分二朱的收入,有五个人的话,就有二分二朱钱。因此,我身边有不少零用钱,但大都用来喝酒。

我的衣服是母亲由家乡寄来的，是手织的木棉质料，因此我不用担心衣着，只要手边有一点钱就想喝酒。由于我有这个恶习，同窗书生中有不少人因我的怂恿而喝起酒来。而且我喝酒的方法也极为粗俗，丝毫没有情趣。钱少的时候，就到酒店买三五杯酒，在学堂独饮。口袋比较饱满时，即拿一两朱钱到料理茶屋去。这是我最高的享受，而且容易办到。我最常光顾的是鸡肉店，而更方便的是牛肉店。

当时大阪的牛肉火锅店只有两家。一家在难波桥的南边，一家在新町的妓女户旁侧。这两家是最低级的饮食店，因此在那里进出的人也尽是些牛鬼蛇神。那里的主顾不是满身刺青的无赖汉，即是绪方学堂的学生。火锅中的牛肉也是来路不明。我们也不在乎是屠宰的牛，还是病死的牛，一人份一百五十文钱，包括牛肉、酒、米饭，足以让我们大饱口福一番。只是那里的牛肉既硬且臭。

◎ 学堂书生裸体

当时武士是士农工商之首，所以大家都佩带象征特权阶级的两支长短武士刀。然而在绪方学堂，住宿书生五六十人当中，除了我之外，其他人都将武士刀拿到当铺抵押。若是有人没拿去当铺，则几乎变成共有物。尽管如此，大家并没有觉得不方便。其原因是，我们只有去仓储批发处等正式场所，才佩带两把武士刀，平常则仅象征性地插着一把短刀。我因为没有走当铺的习惯，所以随身携带两把长短刀，除此之外，我还在学堂中放置两三把武士刀。

大阪是个暖和的地方，因此冬天不致寒冷难熬。但是一到炎热的夏天，学堂的书生都一丝不挂，连内衣、丁字裤都不穿。当然在吃饭或研讨会时，大家总还会有所顾虑地披件衣物蔽体。大多数人都是光着身子只披一件单薄的和式披风,看起来不伦不类,现代的人看到此光景,一定失笑喷饭。

吃饭时,餐厅太过拥挤,连站的地方都没有,根本无法坐着吃。餐厅是木板地板,大家穿着和式室内拖鞋站着吃。我曾经叫他们各自分开吃,但没多久又恢复原状。因饭锅摆在那里,所以大家将米饭盛在饭碗里就地狼吞虎咽,宛如百鬼争食。这样的情况,伙食费当然便宜。各道菜的价格如下: 葱与蕃薯炖煮十六文钱、豆腐汤五十文钱、蚬汤三十八文钱。可想而知,每天端出的菜色是一成不变的。

◎ 裸体奇谈

有一则关于学堂书生裸体的趣谈。某个夏天的傍晚,我们五六人当中有人拿了酒来。其中有一个人异想天开,建议一伙爬到屋顶旁的晾衣台喝酒,众人无异议通过。正当大家欲爬上屋顶喝酒时,发现晾衣台上有三四个女佣于该处乘凉。她们在那里碍手碍脚,真令人头痛!要是我们在那里喝酒,她们一定会回去打小报告。正当我们不知所措时,长州来的松冈勇记自告奋勇要将那群女人赶走。

松冈是个精力充沛、活泼外向的人。他一说完就光着身子大摇大摆地走向晾衣台,跟她们打招呼:"阿松小姐、阿竹小姐,今天怎么这么热啊!"说完,他大字摊开,仰卧在晾衣台上。婢女们看到这光景,紧蹙眉头,纷纷退避三舍。她们一离开,松冈就在晾衣台上用荷兰话说:"大功告成!"大家从宿舍拿出酒来,在晾衣台上一边乘凉,一边开怀畅饮。

再说一则我的大糗事。有一天晚上,我睡在二楼,楼下有人叫我:"福泽先生!福泽先生!"我于傍晚喝了酒,才刚刚入睡,我心想,这个女佣真烦人，这么晚还来扰人清梦。虽然懒得起床，又不得不起床。我光着身子跳起来，冲下楼梯说："什么事？"出人意料之外，那人不是女佣而是师母。我进退维谷，光着身子坐在地板上，也无法鞠躬敬礼，真想挖个洞钻进去。师母大概同情我的窘状，一言不发地向屋后走去。

隔天早晨，我连"昨晚失礼之处，敬请原谅"这样的话也不敢向师母说，最后我还是没去道歉，这件糗事就此落幕。这件事深印在我的脑海里，一生无法忘记。前几年我到大阪，顺道拜访绪方家，我站在楼梯下面，想起四十几年前的往事，仍羞愧得无地自容。

◎ 脏乱为伍　虱蚤横生

学堂的风气可以说是毫无秩序，又脏又乱。这种无秩序、不拘小节的心态发展到极点，即已经不在乎世间所谓的清洁或不清洁了。譬如，学堂里本来不应该有水桶、汤碗、盘子等物，可是绪方学堂的书生，却在学堂里摆设土炉、锅子，而且经常煮东西吃。换言之，大家把书桌旁的空间当作一般家庭的厨房。

当然，我们的厨房用具不够齐全。因此，木制的洗脸盆，或金属的水盆都变成厨房用具。夏天若有人拿面线来，我们便将面线拿到屋后的厨房烹煮。煮好之后将面条冷却，然后把面条放进洗脸盆做成凉面。沾凉面的汤，则是用调药所偷来的砂糖调配成的。此外，不管洗菜也好，煮菜也好，洗脸盆是唯一的器具，我们都不觉得脏。

还有更甚者。虱子是学堂的长住动物，没有一个人能够幸免。我们一脱光衣服，起码可以捉到五只至十只。一到初春，天气变得稍微暖和，虱子有时会爬到和式披风的领子出来抛头露面。有一位书生如是说："我们的虱子和大阪的烤地瓜一样，冬天是盛产期，到了春夏则逐渐减少。

夏天的两三个月，虱子退休，跳蚤接棒。到了九月左右，新的地瓜一上市，我们的虱子也跟着出现，令人啼笑皆非。"

我发明了一种灭虱的方法。从前洗衣婆婆都是用热水烫死虱子，但这种方法太过陈腐。我夸口要将虱子一举歼灭。于是我在严冬的霜夜，将内衣铺在晾衣台上，结果虱子与虱卵全都冻死。其实这不是我的新发明，我曾经听说过这种方法，只是如法炮制一番。

◎ 杀猪趣闻

在这种风气下，学堂中文质彬彬的书生自然凤毛鳞爪。也因为如此，在节庆或迎神赛会的夜晚，我们一定出去凑热闹。往来的人群中，特别是年轻的少女一看到我们就说："书生来了！"好像看到污秽的贱民似的，避之唯恐不及。往来的人群把我们看成与贱民同等，说起来可谓其来有自。

有一次，我们经常光顾的难波桥的牛肉火锅店老板买了一只猪。他虽然开牛肉火锅店，可是胆子却很小，不敢杀猪，因此他找上绪方学堂的书生。我们对老板说："可以！我们帮你杀，代价是什么？你愿意给我们什么？""你们说呢？""猪头给我们！""没问题！"于是我们代他杀猪。

学堂的书生不愧是生理学家，知道先闷死动物便容易屠宰。幸好那家牛肉火锅店就在河边，我们把猪牵到河岸，将四只脚绑起来，然后压到水里闷死，一会儿工夫就屠宰完毕。老板把猪头当作酬劳送我们。我们到厨房借来柴刀，先做解剖学的研究，仔细观察脑、眼睛等器官，等血肉模糊之后再烹煮食用。当时屠宰业都是贱民的专利，所以在牛肉火锅店老板的眼里，我们大概与贱民无异吧！

◎ 解剖熊的插曲

还有一件相关的轶事。道修町的药材店宣传着在京都的郊外抓到一只熊。药材店通过某医生的介绍，向绪方学堂说："为了从事学术研究，希望能够参观解剖这只熊，不知贵学堂能否派人前来解剖？"当时绪方学堂的书生正热中解剖工作，大家兴致勃勃，立刻整装出发。

我不是医生，所以没加入这个行列，而学堂的书生共有七八人前往。他们开始解剖，一边说明这是心脏、这是肺、这是肝……解剖到一半，药材店的老板与医生突然说要告辞。

后来，学堂的书生看清了事情的真相，原来药材行知道，如果拜托绪方学堂的书生解剖，即能完整地取出熊胆。因此他们假装是要看解剖，等到取出熊胆后就立刻告辞。

书生们岂能原谅这种行为，经过大家开会讨论后，一致通过前去找药材行理论。我们讨论如何分派任务。学堂中有一位口若悬河、滔滔不绝的难缠书生，叫做田中发太郎（现在改名为田中新吾，住在加贺今泽），由他负责出面谈判。我则负责草拟谈判的书信。我将原稿拟妥后，交由来自信州饭山的沼田艺平誊写。沼田写得一手菱湖体①的好字。

我们还分配好谁负责当传话的使者、谁负责恐吓，每个人都不是容易对付的角色，当中也有人佯装要诉诸武力、耍流氓。而且我们也做好沙盘推演，如果对方来找碴，由谁应付。总之，在我们六七条好汉的合作下，抗议、理论、口诛笔伐均无懈可击。

负责谈判的田中发太郎，平常都是光着身子一丝不挂，然而谈判那

---

① 江户时代中期的书法家卷菱湖（一七六七～一八三三年）的书体。

一天，却穿着正式的武士服，身上还插着腰刀。谈判时，他缓急刚柔并用，指摘他们的作为使我们学医的人脸上无光。在他的唇枪舌剑之下，对方的医生也束手无策，只好鞠躬道歉。鞠躬道歉还不够，还拿出五升酒和鸡肉、鱼肉等礼物赔罪。我们这才原谅他们，返回学堂畅饮一番。

◎ 看戏糗事

学堂的书生也有马失前蹄的时候。在闹区道顿堀的戏院，若有衙门捕快前往观赏，即会被带到上等席免费观赏，另外还有茶点糕饼招待。绪方学堂的书生得知此事，经常模仿衙门捕快，插着长短武士刀，头戴高帽式头巾（看了令人心里发毛），大摇大摆地进去看戏。

俗话说，夜路走多了，总会碰到鬼。有一天，真的捕快也去看戏。学堂书生百口莫辩，又是诈欺，又是冒充捕快。当时进退维谷，只能任人恐吓。还好他们和玉造区的捕快有点熟，立刻去那里痛哭流涕，请求私下解决。当时，他们右手拿酒，左手提菜，总共花了约三分钱。这诈欺事件是以住京都南方的高桥顺益[①]为首，我本来就不看戏，而且觉得不放心，曾经劝他们："这样不好吧！不怕一万只怕万一。"可是他们说："怕什么？桥到船头自然直。"他们厚着脸皮乔装成捕快，终于事情败露，不但让人笑不出来，还让我们捏了一把冷汗。

◎ 假装吵架

我们胡闹的程度，现代人无法想象。当时没有今日的警察局，所以

[①] 一八三二~一八六五年，宫津藩的藩医，福泽谕吉的好友和媒人。

几乎可以为所欲为。

大阪的商人本来就极为胆小。若是在江户吵架，看热闹的人群立刻一涌而上，吵架也就不可收拾了，而大阪却没有凑热闹的人。

我们经常在夏天吃完晚饭后，出外闲逛。我们事先说好在市区假装吵架。我们佯装怒火冲天，大声咆哮，互相扭打在一起（当然不会打疼对方）。附近的商家一看到我们打起架来，立刻收拾店面，紧闭门窗，变得寂静一片。

我们所谓的吵架，即是如此，没有别的意思。其方法是，我们两三个人一组，在最热闹的地方碰头起冲突。所谓最热闹的地方，即是在风化区的附近，例如新町九轩一带就是我们常闹事的地方。然而，若固定在一个地方闹事，迟早会事情败露，所以事先决定今晚在道顿堀或是在顺庆町。信州的沼田艺平等人即是吵架闹事的高手。

◎ 学剧中人物胡闹找碴

还有一件轶闻。有一次，我和一位从九留米来的学长，名叫松下元芳的医生，我们到名为御灵的神社夜市闲逛。我们站在盆栽摊贩前光问价钱不买，盆栽摊的老板打量着我们，把我们当作小偷，他说："你们两位，不要做坏事。"老板竟敢看轻我们，绝对不可原谅。

我们学歌舞伎里的胡闹人物"弁天小僧"跟他大吵起来。我嘶吼着："把这家伙干掉！不要跟他讲理，直接把他干掉！"松下在旁边佯装劝架："你让他保住老命嘛！""不！别啰嗦了，一拳打死他！你不要拦我。"我们一搭一唱，四周围满了看热闹的人潮。我觉得越发有趣，更是得理不饶人。

此时，御灵区红豆汤店的捣年糕师傅进来仲裁说："请你原谅他吧！"

我说:"好吧,看在你的面子上,我放过他。不过,明天晚上要是在这边摆摊子,我会干掉他。既然你来说情,今晚就原谅他吧!"隔天晚上我们再去瞧个究竟,只有盆栽店的摊子没摆出来,真是个言而有信的人。当时没有今日的警察局,所以我们可以胡闹,但我们绝不做坏事。我们顶多只是做找盆栽店碴之类的事,不会真的做坏事。

◎ 被当作扒手

我曾经吓得惊慌失色,这次也是在御灵一带发生的。当地有个庙会,市区的年轻人约有一两百人参加,他们头上挂着灯笼,在街上游行,并高声吆喝着。我们三四个书生也来参观,而我当时不知为什么,大概是喝酒的缘故,举止有欠正常。我用根木棍把他们头上的灯笼打下来。其中有一个年轻人高喊:"扒手!扒手!"

依照大阪的习俗,抓到扒手,可以不分青红皂白地打死,然后丢进河里。我吓得屁滚尿流。此时唯有三十六计走为上策,我赤着脚往堂岛方向逃去。当时我佩带一支腰刀,若是被他们追上,只好面对他们,准备拿刀子与他们拼命。我若砍了人,那可就不可收拾。我完全不想伤人,所以只顾拼命地跑。我跑到堂岛五丁目,冲进奥平的仓储批发处,才大大地喘了一口气。

◎ 不信神佛

在大阪的东北方有一座桥叫葭屋桥,桥前的地区叫做筑地。从前该地的住户都不是正经人家,也可以说是送往迎来的私娼寮集中地,其脏乱的程度不言而喻。

在筑地的入口转角处,有一间不知是供奉地藏菩萨还是金比罗神的神坛,神坛香火鼎盛,前来朝拜的人相当多。神坛上挂着各种各样的祈愿板,有的画着男女合拜图,有的在祈愿板上贴着信封,也有人把发髻剪下绑在那里。

我白天到那里观察之后,晚上就去把信封或绑着发髻的祈愿板拉下来带回家。我打开信封,里面写着五花八门的祈愿文,我看得津津有味:"哈哈,这张是赌徒想要戒赌、那张想要戒酒、这张是海上遇难得救的感谢状、那张是沉迷女色的忏悔文、另外一张则是妙龄姑娘担心些荒唐的事情……"我越看越有趣,无聊时就拿来欣赏一番。总之,人家恭敬虔诚的祈愿文,却被我给糟蹋了,真是阿弥陀佛,罪过罪过。他们遇到我这种不信佛不信神的荷兰学书生,只可说是倒霉万分。

◎ 伪造风尘女的信

再谈一件学堂中的奇谈。当时绪方学堂的书生大抵是医生的子弟,因此依照江户时代医生的习俗,他们不是剃光头,就是留全发,不像一般武士从额头剃到头中央。他们从各藩国到大阪这都会区后,即尝试留起一般武士的发型。他们的样子就如同现今的净土真宗和尚把头发稍微留长一点,然后再剃掉额头的部分。这些光头医生留着武士头,腰间插着刀,得意洋洋地摆姿势。

有一个从江户来的书生,姓手冢[①],是德川将军家的藩医子弟,所以他可以穿着他父亲从德川家拜领的德川葵纹家徽衣服。他的发型是学堂中流行的武士发型,腰间插着一把长刀,看起来神采飘逸,雄姿英发,

---

① 指手冢良庵,名漫画家手冢治虫的曾祖父,于一八五五年入绪方学堂。

然而他的行为却不大检点。

于是有一天我对手冢说:"你若是认真念书的话,我每天都会替你讲解功课。总之,首先你不要再到花街柳巷去。"手冢面露悔改之色说:"那个地方我现在不想去了,以后绝对不去!""既然如此,我一定指导你功课。可我还是不信任你,你写个字据吧!""好!说写就写!"于是他在字据上写: 如此这般……今后我一定用功读书,如果违约,我会心甘情愿地理光头。

那张字据放在我身边,我也按照约定每天特别帮他复习。在写了字据之后,手冢一心向学,使我觉得很无趣。当然这完全是我不对,人家拼命用功,我却觉得不好玩,我的心地也太坏了。总之,我觉得无趣,因此我偷偷找两三个人商量:"手冢常去冶游的那个女郎叫什么名字?""这很容易查。她叫做某某。""好!那我来写信。"

我模仿风尘女写信,在文句中夹杂俗语方言、错别字,并揣测她可能说的话。我推测她一定曾经要求手冢送礼物,譬如送麝香之类的东西。因此我写:"你不是答应送我麝香吗?"我写些必须推测才明白的句子,然后署名"某某人寄,手总先生收"。可是我的笔迹一下子就会被认出来,因此我请长州的松冈勇记用当时流行的书法模仿女人的笔迹誊写,然后交给玄关负责传信的书生说:"你把这封信交给手冢,说是从新地①寄来的。你要是泄漏秘密的话,小心挨揍!"我稍稍恐吓他。

于是,传信书生将那封信拿给手冢:"我们学堂中没有手总先生,我猜大概是要写给你的。"与我一起伪造文书的共犯,躲在门后偷看剧情的发展。手冢拿着信仔细端详。我们不知那女郎究竟有没有要求手冢送麝香,不过"手总"这两字是出自高桥顺益的杰作,因为"手冢"的

---

① 风化区。

大阪发音就是"手总"。手冢看了信之后,竟然眼泪夺眶而出。唉!我们真是罪孽深重。

手冢两三天没动静,可是最后仍然忍不住去找他的相好。共犯们高兴得大叫:"计谋得逞!"手冢隔天早晨若无其事地回来,我们也都若无其事地走到他身边。我拿着一把剪刀,一手揪着他。手冢惊慌失色地说:"你干什么?"我说:"没干什么,只是想把你剃光头。剃光头之后,要花两三年的时间才能留成现在这么潇洒的发型。你念阿弥陀佛吧!"我抓住他的发髻,故意让剪刀咔嚓咔嚓地响,没想到手冢真的合起双掌准备挨刀。此时,共犯当中有一个出来当和事佬:"福泽,你还是手下留情吧!""有什么好抱怨的,是他自己说要剃光头的。"我们一搭一唱,假和事佬装作掌握谈判优势。最后,手冢没剃光头,但是买了酒和鸡请客。在我们畅饮之间,有人还调侃地说:"拜托拜托,你再去冶游一次,我们就有酒喝。"我们虽然胡闹,却意外地成了谏言。

◎ 好捉弄迷信的人

我们同窗当中有种种趣闻。来自肥后的山田谦辅是迷信的集大成者。他绝不说与"死"(日文发音为 si)相似的音。当时歌舞伎红星市川团十郎的父亲海老藏在道顿堀演出。山田提到戏剧时说:"我们去看海老藏演的'发'剧。"由此可见其迷信之一斑。

山田谦辅是一个顶天立地的大丈夫,然而荷兰学的书生却看不惯他的迷信。我们在聊天时,经常愚弄他。有一次他反驳:"福泽,你那么倔强不信邪,好,你想想看;大年初一一早,你去拜年,究竟喜欢遇到丧事还是喜欢看到象征吉祥的鹤?"我回答:"这不须考虑。死人不能吃,所以当然鹤比较好。不过,要是那只鹤不让我吃,那就和死人没有两样。"我们就是这样抬杠、开玩笑。

有一次，我跟长与专斋①商量，准备好好地捉弄山田一番。我们趁山田不在时，将他的砚台用纸包起来，做成牌位。长与专斋写得一手好书法，他在上面写上山田的法名"某某院某某居士牌位"，并将它置于书桌上。我们还在他的饭碗里放进香灰，插上香，放在牌位前供奉。山田回来一看，其表情已非笔墨所能形容，只见脸色铁青、暴跳如雷。我们吓得噤若寒蝉，还好他不是脾气暴躁的人，否则一定挥刀把我们砍成两段。

◎ 谎称吃了河豚

还有一次让我们感到畏惧的是谎称吃河豚。我在大阪的时候，胆大不畏中毒，不管是河豚肉也好，或是更危险的河豚肝也好，我都照吃不误。

有一次我对艺州仁方的书生三刀元宽说："我买了一条酱味噌的鲷鱼，你要吃吗？"他很高兴地吃了，说："谢谢你，果然好吃。"过了两个小时之后，我对他说："唉！你太可怜了。你刚才吃的不是鲷鱼，而是我从中津仓储拿来的酱味噌河豚。你是医生，应该明白食物消化的时间，现在吃呕吐药也没有用，看看你有没有办法把河豚的毒吐出来。"只见他坐立不安，愤怒不已，还摆出要修理我的样子。后来我也认为玩笑开得过头而替他担心，万一出差错的话，将不可收拾。

---

① 一八三八～一九〇二年。肥前大村武士，于长崎学习荷兰医学，后来参加岩仓使节团考察各国医疗制度。历任内务省首代卫生局长、贵族院议员、宫中顾问官。

◎ 偷料理店的东西

前面说过，我们曾被盆栽店的老板怀疑是小偷，其实我们被怀疑也是理所当然的，因为绪方学堂的学生真的偷过店里的东西。这里所谓偷店里的东西，并不是偷和服店的布匹那么高级的东西，而是在料理店喝酒时，顺手牵羊将小酒瓶或小盘子等物带回家。

同窗书生互相比较谁的本领高，因此在送别会等大宴会时战果最为辉煌。其中有将团扇放在背部带回家的，也有将大盘子藏在怀中的，或是将小汤碗的盖子放进袖子里的。又有人说："你们都是小场面，看我的辉煌战果。"他打开手巾，里面包着十个小盘子。现在回想起来，料理店一定知道我们的勾当，故意睁一只眼闭一只眼，然后将我们偷的东西算进账单里。因为我们每次必偷，所以早列入他们的惯窃黑名单里。

◎ 从难波桥丢掷小盘子

再谈一个与小盘子有关的奇谈。有一年夏天的某日，晚上过了十点以后，突然想喝酒。其中有一个人说："啊！好想喝酒。"立刻便有四五个人说："我也想喝。"然而学堂已经关门，我们出不去，于是恐吓看门的值班人员，强迫他开门。

我们到一家叫做"锅岛之滨"的河边芦苇小屋喝酒。当时每到夏夜，就有很多人来到河边，把脚泡在水里消暑，河边也出现很多饮食摊贩。我们叫了难喝的芋头章鱼汤，还点便宜的酒喝，回家时照例顺手牵羊将五六个小盘子摸走。

那时已经过了深夜十二点，我们走到难波桥上，河面上的饮食船上传来三味线的嘈杂声。"真扫兴！我们好不容易凑了一百五十文钱来喝酒，这些家伙把我们的酒兴都给破坏了。可恶！我们就是遇到这种人才会倒霉。"一说完，我就把身上的两三个小盘子朝饮食船投去。投下最后一个时，三味线的声音戛然停止。我们匆忙逃跑，因此不知有没有人受伤。

奇怪的是，一个月后真相大白。某日，学堂的一个书生到北边的"新地"冶游，有一个艺妓对他说："这世界上就是有这么坏心眼的人，一个月前，我和恩客在难波桥下乘船纳凉，突然有人从桥上丢下小盘子，刚好丢中我的三味线，把共鸣箱的皮都打穿了。好险，幸好没有受伤，真是不幸中的大幸。那四五个家伙不知是哪里人，丢完小盘子后就往南边一直跑去。世界上竟然有这么可恶的家伙。"我们听了之后，明明知道真凶远在天边近在眼前，但说出来反而会引起麻烦，所以当时我们也没向那个同窗书生透露事情的真相。

◎ 从戒酒到抽烟

酗酒的恶习对我一生造成莫大的损害，这损害一直影响至今。我知道在绪方学堂一边求学一边喝酒绝对有害，我深感内疚，于是一鼓作气，断然戒酒。然而我并没有成为学堂中受人称赞的楷模，反而成为天大的笑柄："你们瞧！福泽从昨天开始戒酒，笑死人了，哈哈，叫人笑掉大牙。你们说他能戒几天呢？我看维持不了十天。他只是五分钟热度，明天就又会开始喝酒。"

虽然每个人都嘲笑我，可是我发挥坚强的意志力，忍耐了约十五天。好友高桥顺益亲切地对我说："你的忍耐力真了不起，能够维持这么久，真让人望尘莫及。不过一个人的习惯，即使是坏习惯，也不可以一下子改过来。所谓江山易改,本性难移。所以呢,既然你决定禁酒,不如抽点烟解闷。人总是要有个乐趣。"

可是我最讨厌抽烟了。我经常批评抽烟的同窗书生:"抽烟有百害而无一利,竟然还有人抽。别的不提,烟又臭、又脏,让人受不了。不要在我身边抽烟。"从前批评别人,现在自己要开始抽烟,总觉得无法自圆其说,心中有愧。不过,我觉得高桥的理论还有点道理,因此我说:"那么我就尝试看看吧!"

大家一听说我要抽烟,学堂大为轰动。有人送我烟,有人借我烟斗,甚至也有人特意买来味道极淡的烟送我。他们对我这么亲切,我知道不是出于好意,而是因我平时尽说些抽烟的坏话,所以他们想办法让我也加入抽烟的行列,好嘲笑我一番。而我因为拼命戒酒,只好抽起我平常最讨厌的烟。十天、十五天之后,我逐渐习惯烟的味道。本来又臭又辛辣的烟味,变得既不臭又不辛辣,味道逐渐转好。一个月之后,我已经变成一个如假包换的抽烟人了。

话说回来,我无法忘记喝酒的乐趣。虽然明知自己卑鄙无耻,然而一旦浅尝一杯就受不了诱惑。再一杯吧!这是最后一杯!我卯足全力控制自己,但一听到酒瓶内还有声音就无法忍受,最后终于喝下三小瓶酒。第二天又喝下五小瓶,可以说恢复了往日的恶习。可是抽烟这件事并没有回到从前的好习惯,已经上了瘾,可以说是赔了夫人又折兵。我曾立下大志,决心戒酒,结果当了一个月的冤大头,最后既抽烟又喝酒,直到六十余岁的今日,酒已经自然而然戒掉了,但烟瘾仍在。从生理卫生而言,这完全是自我伤害,没有辩解的余地。

◎ 桃山归来　奋勇救火

学堂中大都是穷书生，到料理店吃鲜鱼的机会自然很少。到了晚上，天神桥与天满桥的桥边鱼市场开始上市。说穿了，都是一些人家买剩的鱼，非常便宜。买回来之后，我们把鱼放在洗手盆中洗干净，用损坏的桌子当切菜板，拿小刀来切鱼。因为我的手比较灵巧，所以每次都由我洗鱼。

时值三月桃花盛开，大阪城东边有一个地区名为"桃山"，一伙人都说想到该处赏花。我们没钱在那边的饮食店用餐，因此照往例，前一天晚上买些人家拣剩的鱼，以及冰豆腐、青菜等。我们一大早起床，匆匆忙忙地做菜，然后放在便当盒里。我们又买酒，一伙共十四五人，各自带着便当到桃山。

正当我们开怀畅饮，酒酣耳热时，无意中发现西边，也就是大阪的南方，发生大火灾。太阳正要下山，时间已经过了七点。糟了！那一天长与专斋恰巧到道顿堀看戏。对我们赏花的一群人而言，大阪的火灾与我们无关紧要。然而长与在那里看戏，万一被烧死了怎么办？我们必须将长与救出来。

从桃山到大阪约二三里路，我们一路奔跑，跑到道顿堀时，那里早就被烧得片瓦不留。该处的三间戏院也都被烧掉了，火苗渐渐往北方燃烧。我们虽然担心长与的下落，但是根本无从找起。没多久，天色已暗，我们只好放弃寻找长与。

有人建议："我们去看火灾。"大家相偕前往火灾现场。火灾现场中，大家急着搬运行李，一片凌乱。我们主动帮忙搬运行李，有的背大包袱，有的扛家具，大家卯足全力救灾。当时的大阪，房子着火时，就用绳子绑住柱子，将房子拉垮。有人要我们帮忙拉绳子，我们义不容辞地帮忙。之后主人请我们吃饭团，又拿酒请我们，我们觉得很有趣。

我们在那里大吃大喝，直到八点左右，一伙人才回到学堂。可是火苗仍未熄灭，于是我们再度上阵。

当时大阪的火灾显得相当无关紧要。灾区周围人群聚集喧哗，可是现场却出奇地安静，几乎不见人影。因此只要吆喝一声冲进现场，即宛如进入无人之境。火灾现场只有消防队员以及绪方学堂的学生，我们纵横火海大显身手。

绪方学堂书生的胡闹情形由上可知，然而我们之间的情谊可谓深厚，绝无争执的事情发生。当然，我们会有议论，在各种话题上会有所争议，但绝不吵架。特别是我因个性上的关系，从来没有真正与朋友争吵过。即使是有争议，也仅止于有趣的争议。

譬如，发生为主君报仇的赤穗城义士问题，我们便开始辩论四十七名义士究竟是"义士"还是"不义之士"。我说："怎么说都可以，在口头上可以说是义，也可以说是不义。你说他们是义士，我就说是不义之士。你说他们是不义之士，我就说他们是义士。来吧！尽管放马过来！"我有时与人敌对，有时加入对方的阵营，不断辩论，不管输赢，我都觉得其乐无穷。我们经常高谈阔论，不过都是这种无害的辩论，不会激烈到争得面红耳赤。

◎ 手不释卷　废寝忘食

前面说过，我们不管在学堂或外面，既会胡闹也会争议，因此大家或许会误以为我们都没在做学问，整天只是喧闹个不停。不过，这是误解，一提到做学问，当时全日本没有一个地方比得上绪方学堂。

兹举一例如下：我在安政三年（一八五六）三月罹患伤寒，最后幸得痊愈。卧病时，用布将座垫包起来当枕头。及恢复健康，我想改用普通的枕头。当时我与家兄同住中津仓储批发处，家兄有一部属，我托该部属替我拿普通的枕头来，可是他遍寻不着。我突然想起，我在仓储批发处居住一年左右，从没用过枕头。

其原因是，我读书不分昼夜，一天二十四小时随时都可以读书。天黑了我也不睡觉，只是不断地读。读累了，即趴在书桌上睡觉，或把摆饰台的边缘当枕头睡。一年当中，我不曾铺棉被摆枕头睡觉。那时我才发现："怪不得没有枕头，因为我不曾在枕头上睡觉。"从此事即可知我奋发向学的情形。并非我一个人特别用功，同窗书生大抵如此，我们可以说是读到废寝忘食的地步。

住进绪方学堂之后，我对自己读书的方法记忆犹新。傍晚的吃饭时间，如果有酒的话，我就喝酒，然后在初更睡觉。一觉睡醒后，约在现在所说的十点钟左右起床，我提起精神念书，直到天露曙光，厨房传来煮饭的声音，才再度就寝。这一觉睡到早饭煮好时，起床后立即到浴室洗澡，洗完澡才吃早餐。早餐之后，又继续念书。

我在绪方学堂，大致过着这样的读书生活，不在乎是否合乎健康法则。绪方学堂是个医生的学堂，本应非常注重健康，然而大家不知是有意还是无意，都没有人提到健康或卫生的观念。尽管如此，我们身体皆尚属健康。其原因或在于我们的身体原本就健康；另一方面，或许大家认为，太过注重卫生健康，身体反而会变得羸弱。

◎ 研读荷兰文的方法

现在介绍绪方学堂读书的方法。刚进入绪方学堂的书生，对荷兰文可说是完全蒙昧无知。对完全不懂荷兰文的人究竟要如何教？当时在江户翻刻的荷兰文法书有两本，一本叫《卡蓝马提卡》①，另一本叫《瑟因塔吉斯》②。对初学者，首先教《卡蓝马提卡》，除了教发音之外，还解释文法及文义。教完《卡蓝马提卡》之后，再教《瑟因塔吉斯》，也是采取同样的教学方式。学完这两本文法书之后，才开始进入研读发表会。

所谓的研读发表会，就是每十人或十五人一组，大家轮流读原文书，并解释文义。而每组有一组长，负责引导研读发表会，他听取每位组员发表之后，依照其成绩合格与否划上白圈或黑圈。若学会发音，读完两本文法书，并通过研读发表会，则开始进入独力研究的阶段。如果对研读发表会所使用的原文书中有不了解之处，依照规定，即使是一字半句也不准问别人，同时也没有人为了夸大自己的实力而私下问人。

绪方学堂的藏书除了物理学与医学书籍之外无他，而且总共不超过十本。因为是从荷兰运来的原文书，因此每个种类仅有一本。读完文法书的学生，即必须抄写原文书。每人各自抄写，于每月六斋日举行研读发表会。然而根本无法让十几个人同时抄写，因此用抽签方式决定抄写的顺序。当时没有洋纸，全都是日本棉纸，我们将纸磨平之后用小楷抄写。可是写在棉纸上面墨迹会晕开使得字迹不清，因此我们在纸上涂上明矾胶水，并用鹅毛笔抄写。

我们自己制作鹅毛笔。当时大阪的药材店贩卖不知是鹤还是雁的羽毛。那羽毛切成三寸长，只剩羽轴，价格相当便宜，据说是用来钓鲤鱼用的。我们买来之后，用磨利的小刀将羽轴削成钢笔尖的形状即可书写。我们使用的墨水当然不是西洋墨水。日本木工的墨线斗是将棉花或毛毡

---

① Grammatica, of Nederduische Spraakkunst《荷兰文典前编》。
② Syntaxis, of Woordvoeging der Nederduitsche Taal《荷兰文典后编成句论》。

浸在磨好的墨汁里面来使用，而我们抄写原文书的墨水，则是将磨好的墨汁直接倒进墨线斗中，就如同今日西洋的墨水般储存起来。

学堂中的每个书生都必须抄书，因此每个人都擅于抄书，也抄得很工整。我们抄写的方法是，一个人念原文书，另一人则边听边抄写，几乎不曾抄错字；亦即两人合作，一人念，另一人抄。还有一种方法是，自己边看原文书边抄写，抄完之后交给另一人抄，如此轮流抄写。研读发表会一天的分量，大约要准备抄三张纸，至多四五张。

◎ 独力研究　埋头苦读

我们抄好物理书与医学书之后，在研读发表会上既没有人为我们讲解，也没有人念给我们听。学堂的书生认为，私底下偷偷教人或问人都是一种耻辱，因此学堂里无一人犯此忌。我们独自藉由翻阅文法书与字典来解读文义。学堂中只有一本字典，即《德夫》的手钞本字典。

《德夫》是大部头的字典，纸张的材质是日本棉纸，全书约三千张。作者制作这本字典，殚精极思、呕心沥血，亦曾轰动一时。这本字典乃是往日居住在长崎出岛的荷兰商馆长德夫[①]将荷法字典《哈玛》翻译而成。在荷兰学圈内，这本字典被尊崇为宝典，由日本人抄写成数部。绪方学堂中只有一部，因此每每三四人围着《德夫》读书。

当我们学问更加精进时，还可查一部名为《韦兰德》的荷兰原文字典。这部字典分为六册，全用荷兰文解释。当我们查了《德夫》仍不明了时，即翻阅《韦兰德》。不过初学者即使查了《韦兰德》也无法理解，所以仅查《德夫》字典。研读发表会时，我们会选定在每月有"一"、

---

① Hendrik Doeff，一七七七～一八三五年。

"六"的日子（如十一日、二十一日、十六日等），或是有"三"、"八"的日子。

研读发表会的前一晚，再怎么懒惰的书生也会彻夜不眠。通常都是五至十人坐在名为"德夫"的房里，亦即摆设字典的房间，默默翻阅着字典读书。隔天早晨即是研读发表会。我们抽签决定发表的顺序，并划定每人发表的范围。小组长拿着原文书，其他的人按照顺序解释自己研读的范围。如果第一个人无法解释，就由第二个人接续，第二个人也不知文义时，即由第三个解释，能够正确解释文义的人划上白圈，解释错误的人划上黑圈，若是能够将自己负责的范围流畅、正确地解释，则划上白色的三角形。这三角形是比白圈优秀三倍的符号。

学堂中分为七八个等级，如果持续位居每个等级的第一名三个月，即可升级。书生阅读发表会以外的书籍时，上级生经常对下级生讲解，下级生有疑难之处，上级生会替他解答，大家感情水乳交融，情同手足。然而研读发表会时，则完全凭自己的实力，没有人会暗中教导，因此对学堂书生而言，研读发表会等于每月举行六次考试一般。

当我们升上高级班之后，几乎把学堂中所有的原文书都读遍了，此时求学生涯也暂告一个段落。我们为了要向更高难度的文章挑战，特意收集一些不具实用性的原文书的序言或序文，由最高级的书生联合举行研读发表会，或是请绪方老师讲课。我也曾听过绪方老师讲课，在课堂中，我深感老师为学缜密而豪放，是荷兰学界的重镇，是名副其实的泰斗。我对老师的学问钦佩有加，每次听讲结束回到学堂，数位好友聚在一起，总会谈论："今天老师上的课，全是真知灼见，我们与老师相比，真是相形见绌，顿时成为无识之徒。"

我们上街喝酒或胡闹，通常是在研读发表会的当晚或翌日，因为距离下次发表会还有四五天，我们即利用此空档时间出游。前面提过，一接近发表会，等于一个月六次的考试，因此我们都埋头苦读。读书的才能固然因人而异，然而绪方学堂中，不读书而能混毕业的绝无仅有，我们都培养真正的实力，几乎所有的学堂书生都达到能够阅读原文书的程度。

◎ 抄书的生活

顺便谈谈有关《德夫》字典的事情。当时诸藩国的主君经常会要求我们帮他抄写一部，因此抄写《德夫》字典成为书生的饭碗。当时的抄写费用是以一张日本纸十行二十字为标准来计算。而《德夫》字典一张约三十行洋文，我们抄写一张洋文是十六文钱，抄写日文的批注为八文钱。与一般的钞本比起来价格算是很不错。一张十六文钱，若抄写十张，以当时铜钱的进位方式计算，则为一百六十四文钱；批注为其半价，亦即八十文钱。我们有人抄写批注，有人抄写洋文，一本字典总共三千张，因此价钱也相当可观，对我们的衣食帮助良多。以现在的金钱来看，觉得价钱并不高，然而以当时而言则不可小觑。

譬如，当时白米一石三分二朱钱，酒一升一百六十四文钱至二百文钱，书生住宿费及学费平均一天不超过一百文钱。如果一天抄十张《德夫》字典，即有一百六十四文钱，付学杂费绰绰有余。在一般的学堂当中，绝无仅靠抄书即可生活者。能够靠抄书过日子的，仅限于荷兰学的书生，这可说是我们的专利。

有一件事可证明此事。江户不愧是各藩国主君旅居之地，该处不仅托荷兰学书生抄写《德夫》字典，还抄写其他的原文书，因此价格自然高涨，与大阪比起来，价格十分昂贵。绪方学堂中，有一位加贺金泽出身的铃木仪六是从江户前来大阪修业的书生。他至江户时身无分文，然而经过辛勤地抄写原文书之后，不仅能够口过日子，还存下一笔钱。他忍耐了一两年，存了约二十两。他以那二十两钱到大阪绪方学堂求学，最后完成学业返回金泽。他完全靠抄写荷兰原文书完成学业。铃木的想法是，抄书赚钱要在江户，若想求得真正的学问，则要到大阪。因此他存钱到大阪求学。

◎ 尝试实验　臭气冲天

当时不像今日具有工业技术的基础。日本国内没有蒸汽火车，化学实验的仪器也不完整。不仅不完整，连最基本的东西都没有。尽管如此，我们对机械原理或化学原理大致熟悉。我们尝试实验，参照原文书的图片制作实验仪器，花费了不少苦心。

我住在长崎时，听说只要有盐酸与锌，即能够在铁片上镀锡。当时日本只知道用松脂在铜器上镀锡，因此在青铜的锅子上镀锡乃是修补金属器具师傅的工作。由于我们知道只要有盐酸与锌即能在铁片上镀锡，因此绪方学堂的书生想办法制造盐酸与锌。当时到药店也买不到盐酸，只好自己看着书本制造盐酸。制好盐酸之后，我们接着将锌溶在盐酸里，尝试在铁片上镀锡，结果我们的成果让金属修补师傅看得目瞪口呆。

我们也尝试制作碘。在翻阅各种书籍之后，到天满果菜市场买来海草类的蔬菜。首先我们将海草放在浅土锅中煎煮，结果煮成焦黑而告失败。

之后我们的野心变得更大了起来，我们想制造氯化氨。这氯化氨一定需要盐酸与氨，这两样东西药店都没卖。我们制造氨的方法是从骨头中提炼。然而买骨头要花钱，我们只好到玳瑁店去找玳瑁的代用物——马蹄。我们知道玳瑁店会将削马蹄留下来的马蹄屑免费送人。当初我们还考虑是否要谎称是当肥料用，没想到我们一到了店里，老板即免费送我们。

我们带了一大堆马蹄屑回来，将它放进小酒瓶内，酒瓶外面涂上泥土。我们再买土制的瓮充当火炉，在底下起火。我们在土瓮中放进三四个酒瓶，瓶口接着陶瓷器的管子伸出土瓮外。我们不断煽火，管子的尖端一滴一滴地流出液体，终于制造出氨。

虽然极为顺利地取得氨，但是其臭无比，非笔墨所能形容。我们将马蹄屑放在酒瓶中蒸烤，其臭味可想而知，何况我们是在绪方学堂深处的狭窄庭院里提炼的，所以臭得令人受不了，连一向胡闹的书生也举手投降。傍晚时到公共澡堂洗澡，狗闻到我们衣服上的臭味，不断狂吠。即使我们光着身体做实验，别人也一定会讨厌我们身上的臭味。

当然，由于我们热中实验，一心一意想制造氯化氨，也就不在乎臭味，只是不断地做实验。然而周遭的人不断提出抗议，连女佣男佣都说觉得恶心吃不下饭。在抗议声中，我们终于有了成果，但是得到的不是结晶而是粉末。我们无法制作完全的氯化氨，再加上周围的抗议，只得暂停实验。

然而有一部分坚忍不拔的书生仍不死心，他们认为中止实验有辱学者的名誉。我与来自久留米的松下元芳、鹤田仙庵等人半途而废，可是有两三个人仍然坚持继续实验。有一位来自赞岐的医生名叫中村恭安，他在淀川租来一艘最破的船，雇个船夫，在船上放置火炉做前述的臭气冲天的实验。然而风一吹，那臭味即飘到陆上，岸边立刻涌来人群抗议。为了躲避抗议，他便移动船只，在河面上来回行驶，从上游的天神桥、天满桥开到下游的玉江桥边，上上下下地避人耳目。

我们除了做化学实验之外，还经常解剖猫狗，甚至死刑犯的尸体，此外还做制药的实验。单看外表，我们似乎放浪形骸、胡作非为，但其实我们在学堂里读书研究，而且还实事求是地做实验求证。

关于制药，我们留下一则趣闻。有一次我们想制作硫酸，经过千辛万苦之后，制作出不纯的黑色硫酸。我们还必须将它精制成透明的硫酸，于是当天便将它摆在碗里放在木架上。鹤田仙庵自己忘了这回事，有一次他不小心打翻碗，硫酸从他头上浇下来，他的身体有几处灼伤了，整件棉袄都烧破了。

因为制药需要酒瓶，而我们学堂边刚好有一家名为米藤的酒店，我们是米藤的主顾，于是经常叫酒店送酒过来，酒喝完了便留下酒瓶。留下的酒瓶皆用来制药，没还酒店。酒店也觉得奇怪，暗中问学堂的仆人，他们这才知道最近书生们醉翁之意不在酒而在酒瓶。酒店老板闻之大惊，从此再也不送酒过来，我们顿时陷入愁城。

◎ 抄录黑田公的原文书

筑前国的主君黑田美浓[①]，是当今黑田长成侯爵的祖父，绪方洪庵老师受聘于黑田家。不过绪方老师既不到筑前国去，也不到黑田的江户出差所，只是在大阪担任黑田家的御医。是故，黑田至江户觐见幕府大将军，或者从江户返国经过大阪时，绪方老师一定至中岛的筑前行馆问候致意。

有一年，大约在安政三、四年（一八五六、一八五七）时，筑前主君再度经过大阪，老师按往例至中岛的行馆问候。绪方老师一回家，立刻叫我过去。我一到老师家，老师随即拿出一本原文书给我，他说："今天我到筑前行馆，黑田主君说他最近买到这本书，我向他借了回来。"

[①] 一八一一～一八八七年，福冈第十一代藩主，奖励西学与教育。

我一看，是一本叫《万得倍特》②的原文书，乃由最新出版的英文书翻译成荷兰文的物理学，书中尽是新的知识，特别是电学那一部分极为详尽。

我们在大阪所学的有关电学的知识，是从荷兰的学校教科书中看到的，但教科书中仅提到一点常识。而这本新的舶来物理书，是以英国大师法拉第的电学说为基础写成的，其中包括电池的构造。这本书的内容已非新奇所能形容，只大略一看，便叫人瞠目结舌。

我对老师说："这本书真是无价之宝，我们能够借多久呢？""黑田主君打算在大阪住两晚，在他出发前应该不会拿回去。""那么，我就拿给学堂的书生看一看。"我说完便拿到学堂去："你们瞧，这本原文书多珍贵！"学堂的书生蜂拥而至，围绕着那本书。我与两三个高级生讨论之后，决定将这本书抄录下来。我说："我们在这边观看这本书一点都没有用，不如立即动笔抄写。可是这本大部头的书超过一千页，我们无法抄完，倒不如只抄末段的电学部分。来吧！大家准备好文房四宝。"

但是我们遇到了困难，如果将这本黑田公的藏书分成几部分的话，那么动员三五十人抄写，应该很快就能完成，可是这样会损毁这本原文书。不过，绪方学堂的书生不愧是抄写原文书的高手，我们指定一人念出原文，另一个人则负责抄写，当他写累了，立刻换手。换下来的人，不分昼夜都要立即去睡觉。如此，可谓一天二十四小时，无时无刻都充分利用，省下了睡觉、吃饭、抽烟的时间。

在三天两夜之间，不仅抄完电学部分，而且还完成校对的工作，并把图片都抄录下来。我们总共抄了一百五六十张，虽然还想抄写其他的部分，但已没时间了。我们抄了这些理当值得感谢了，因为绪方老师说，

---

① 指 Pieter Van der Burg 著的《自然科学基本原理入门》，一八五二～一八五四年出版。

黑田公花了八十两才买到这本书。这对我们这些穷书生来说，只有目瞪口呆的份，由于我们根本买不起，也就没有购买此书的野心。

黑田公出发的当晚，我抚摸着那本原文书，依依不舍地物归原主，好像要向双亲告别似的。之后，绪方学堂的电学焕然一新，我敢夸口，已达到当时全日本的最高水平。直至今日，我对电学仍具有基本的概念，这完全是拜抄那本原文书之赐。我曾数次询问当今的黑田公那本原文书的下落，可是他说因事务繁忙，该书下落不明。我听了只有扼腕叹息。

◎ 大阪书生本色

如上所述，绪方的书生刻苦求学，不知倦怠。当时只有江户的书生特意到大阪求学，没有人特意从大阪到江户求学。若是到江户去，只是为了当老师而去。然而并非日本全国的一时之选全部集中于大阪，也不是全国的迟钝书生都集中于江户。两地之所以有此差异，其原因颇费思量。虽然我们以身为大阪的书生为傲，但那并非人才有异，而是两地情势不同所致。

江户是全日本最早开放外国文物的地区，而且又是幕府所在地，诸藩国主君的行馆也集中在江户，因此各方皆急于吸收西洋的新技术。也因为如此，只要稍微懂一点洋书即有人雇用，也有人从事翻译赚钱，总之江户的书生较容易维持生计。其中较幸运的往往被藩主赏识提拔，一夕之间从穷书生一变为奉领数百石俸禄的武士。

而大阪是个商人的世界，没有主君的行馆，因此没有人委托研究炮术，也没有人委托查阅原文书。因此绪方学堂的书生即使经过数年的苦读成为伟大的学者，对实际的工作仍旧没有帮助，亦即与衣食无缘。既然无缘，刻意追求也没用。

我无法说明为何苦读既不是为自己的前途着想，也不图求取功名。不仅不求取功名，人家一提到荷兰学书生，总是恶言多于美言，我们也只好自暴自弃，与世俗的名利划分界线，不分昼夜，苦读艰深的原文书。虽说前途飘摇未定，然而我们却乐在其中。

其理由在于，日本全国只有我们能够看懂西方日新月异的书籍。即使我们箪食瓢饮，曲肱而枕，是个捉襟见肘的穷书生，可是我们的智力思想，远远超过王公贵族，自信有资格睥睨之。越难的书对我们越有吸引力，我们已经到了苦中作乐、苦即是乐的境界。我们的情形可以这么譬喻：我们不知此药物有何功效，只知除我们之外，无人能够服下这么苦的药物。我们也不问病在何处，只要是苦药，我们即鼓起勇气吞下。

◎ 敌视汉学

如有人真的要问我们苦学的目的为何，我们也无法给予肯定的回答，只能说大概是为了辩论吧！

绪方学堂是培养医生的学堂，不热中谈论政治，至于外界经常讨论的应该开国或是闭关自守，当然我们是主张开国，可是也没有人为此争论。我们的当前大敌是汉医，因为讨厌汉医，自然波及儒者，绪方学堂的风气可谓欲将中国的学问扫除一空。我们没有人会去听儒者讲解经史，看到汉学书生，也只是觉得可笑。特别是遇到汉医书生，我们不仅嘲笑他们，而且口出恶言辱骂。

绪方学堂附近，在中岛的地方，有一位名为华冈积轩的汉医大师，其学堂的书生看起来几乎全是出身富裕家庭，服装也穿得很体面，与我们荷兰学书生大相径庭。每当我们遇到他们，不但不打招呼，还互相瞪眼而去。之后，我们一定七嘴八舌地说："你瞧他们的样子，光是衣服漂亮有什么用？金玉其外，败絮其中。他们尽听些空洞的讲课，那个指甲黑黑的就是他们的学堂长。这些人学的是积了两千年尘垢的伤寒论，学成归国后，一定药到命除，你说可怕不可怕。等着瞧，我们一定把他们干掉，叫他们停止呼吸。"我们光说不练，只是辱骂汉医不学无术，一吐荷兰学书生的傲气。

◎ 无求向学　宁静致远

总之，当时绪方学堂的书生，十之七八都只是毫无目的地苦学。因为没有目的反而幸福，也因为如此，我们比江户的书生更加用功。当今的书生一边求学一边思考自己的前途，我认为这样是不能求得真正的学问的。话说回来，只是浮泛地看书也是不对的。虽然不对，但若只考虑自己的前途，考虑要如何才能出人头地，要如何才能赚钱、住豪华的房子，要如何才能吃美食、穿漂亮的衣服，如果心里只想这些而奋力读书，我认为是不能求得真正的学问的。学子求学，首要在于淡泊明志，宁静致远。

5 至江户眼界大开

> 我当时已经知道世界上最通行的语言是英语,所以我在横滨听到的语言一定是英语。现在我国正缔结条约,逐渐开放门户。因此,以后一定需要学习英语。作为一个西洋学者,若是不知英语是行不通的。从横滨回来的第二天,我就下定决心要学习英语。

我离开大阪至江户,是在安政五年(一八五八)二十五岁那年。因为那一年江户的奥平行馆征调我前往教授荷兰学。江户的行馆有一个叫冈见彦三的人,他喜爱荷兰学,是个地位甚高的上级武士。他想在江户的藩邸开设荷兰学的学堂,经过筹划之后,他招徕书生,负责研读原文书事宜。

原本他聘请松木弘安、杉亨二两位学者担任教职。然而奥平家知道我在大阪学习荷兰学,冈见认为没有必要聘请其他藩国的学者当教师,于是征调我前来。

当时旅居江户行馆的大臣当中,奥平壹岐也是其中之一。我和奥平壹岐的关系维持得相当不错，这点令我感到骄傲。我们两人本应情感交恶，水火不容，然而我不曾与他正面冲突。他嫉妒我，想捉弄我，骗我回中津。

当年我要离开长崎时，他命令我："你回中津，把这封信交给某某人，并向某某人转达我的话。"我佯装洗耳恭听，实则在内心骂道："混蛋，我才不回国，我要去江户。"后来他也知道我愤然离开长崎去了大阪。

尽管如此，以后我每次遇到他，总是对他毕恭毕敬，不但不曾抱怨，反而还假装感谢他对我的恩惠。我还曾偷抄了他一本珍贵的原文书。对方不对，而我也做错事。不过，我不曾把他欺骗我的事情告诉别人，也不形于色，只把他当作国家大老尊敬。这次冈见征调我至江户，大臣无异议通过，可谓十分幸运。说实话，我的罪过比奥平壹岐还深。

◎ 三人同行前往江户

从大阪至江户时，我认为应该先返回中津向母亲道别，因此我整装回国。回到中津时，霍乱正流行，我家附近都是病人，一个接一个撒手归西。我搭船到大阪，短暂停留，然后赴江户。

依照中津藩的规矩，以我的身份，若因公务出差，可携带一名部属前往，因此我也请领了一名部属的补助金。我虽然不需部属，但已申请了旅费。

我左思右想，想出一个好方法。我到绪方学堂问道："有谁要到江户？我带他去，这里有旅费。"冈本周吉[①]立刻说："你带我去！""我

---

① 一八三七~一八七七年，广岛人，后改名古川节藏，是日本视觉障碍者教育事业的先驱。

带你去没问题,可是你要帮我煮饭。到了江户,有米吃也有房子住,也能借到锅子。我没带部属同行,所以没有人帮我煮饭,你能帮我煮饭烧菜吗?""煮饭不是大不了的事情,我来煮!""好!跟我到江户去!"

我的行李托同藩的人帮我运送,与我同行的是冈本,以及绪方学堂的一名书生,名叫原田磊藏。我们一路都靠步行,途中没遇到因水流湍急禁止渡河等意外,于十月中旬顺利到达江户,当时正是微寒的小春时节。我们首先到位于木挽町汐留的奥平行馆,奥平行馆的负责人说,铁炮洲有一间避难行馆,要我们住在该处。于是我和冈本住进避难行馆,两人在此自炊过活,同行至江户的原田磊藏则住在下谷练坪小路的大医师大槻俊斋的住处。

在江户有几位知己好友,因此我过得很惬意。

◎ 至江户担任老师

我住在铁炮洲的奥平避难行馆,中津藩的子弟三三五五地来学荷兰学,藩外的子弟也有五六人。前面说过,大阪的书生不是为了学习荷兰学至江户,而是为了教授荷兰学至江户,我们都有这种自负。

我到江户来,一方面想了解江户荷兰学社会的风貌。有一天我去拜访岛村鼎甫。岛村亦是绪方门下的医生,他至江户从事翻译荷兰原文书等工作。我和他很熟,经常至他府上谈文论道。那一天我到他家时,他正在翻译生理学的书籍,他拿出那本原文书说,这篇文章的这段话,看了好几次都没能看懂。我看了一下,果然是极为难懂的一段。我问岛村:"你问过其他的朋友吗?"他回答:"我和四五个好友讨论过,可是仍然不解。"我说:"好!那我来挑战看看!"我认真看了之后,确实非常难懂。经过约半个小时的静静思考,我终于看懂了。

我说：“这段文章就是这个意思，你认为如何？要是了解事物的道理，就没有什么难的。”我们两人都喜上眉梢。那一段是论及光线与视力关系的文章，如果点燃两支蜡烛，随着光线的变化，影子会如何变化，内容相当深奥。这段文章现在应该可以在岛村所翻译的生理学入门中找到。经过这件事，我对自己更具信心，认为江户的学者没有什么好畏惧的。

有时候我会拿书中疑难之处请教诸前辈，暗中探测其实力。我选一些在大阪时大家经常误解或是可能会误解的地方，佯装不解前去请益。我每次请教，那些自称为学者的人每每都曲解文意，我因而志得意满。我用欺瞒的方式考验别人的实力，在道德上是不可原谅的罪恶，然而我当时年轻气盛，无法自制。

我在大阪时，同窗书生皆看不起江户学者，认为他们微不足道。可是我怕那只是我们自己凭空想象而骄矜自满，说不定因此而马失前蹄，这才想试试江户学者的实力。我明知这是不道德的行为，却还偏偏去测试他们的实力。

◎ 立志拜师学英文

我大致能掌握荷兰学的状况，因此疑惧一空，可是又产生了新的忧虑。我到江户的第二年，也就是安政六年（一八五九），幕府公布了允许与俄、法、英、荷、美五国自由贸易的条约，横滨才刚刚对外开放门户，因此我到横滨观光。

当时的横滨，外国人才零零星星地来到，没挖地基的简陋房子也在各处兴建起来。外国人就住在那简陋的房子里，并开起店来。我到了外国人的商店，可是语言完全不通。我说的话对方听不懂，对方说的话我也听不懂。我既看不懂商店的招牌，连瓶子上的标签也看不懂。换言之，我眼睛所看到的文字没有一个看得懂。我也不知道那是英文还是法文。

我在外国人居住地四处徘徊，找到一家德国人开的商店。那个老板名叫科尼兹夫，虽是德国人，但是懂荷兰语、荷兰文。他不大听得懂我的话，可是我写荷兰文即可沟通。我们聊了一些，我还买了一点东西回江户。我走得很辛苦，而且行馆有门禁。我在前一天晚上十二点出发，当天晚上十二点回来，整整走了一昼夜。

◎ 至小石川拜师

从横滨回来，不光脚酸，而且心灰意冷，怅然若失。这几年来，我疯狂似的研读荷兰文书籍，结果一切努力付诸流水，连商店的招牌都看不懂。我窅然若失，一切的辛苦都成了枉然。然而我在心里呐喊，绝对不可心灰意冷，横滨外商使用的语言、文字一定是英语或法语。

我当时已经知道世界上最通行的语言是英语，所以我在横滨听到的语言一定是英语。现在我国正缔结条约，逐渐开放门户。因此，以后一定需要学习英语。作为一个西洋学者，若是不知英语是行不通的。从横滨回来的第二天，我就下定决心要学习英语。

我虽然一度失魂落魄，但是立刻奋发图强，决定排除万难学习英语。我不知道英语从何学起，在江户没有教授英语的地方。我到处打听之后，得知当时为了缔结条约，有一个长崎的口译员名叫森山多吉郎被幕府聘至江户。我打听到森山通晓英语，因此打算到他家学习。

森山住在小石川的水道町，我立刻到他家请求他教我英语，森山说："最近公务十分繁忙，不过你既然想学，我还是教你吧！这样子好了，你在我每天上班前一早就来。"那时我住在铁炮洲，到他家约有两里多的路程，我每天一大早就到他家。可是他说："我现在就要去上班了，你明天早上过来。"我隔天早上到他家，他又说："现在家里有客人，没办法。"他拨不出时间教我，这并非他要冷落我，而是当时正值缔结条约的时期，他真的没空教我。

他又说："你每天早上过来，我都无法教你，很过意不去。你能不能晚上来？"我说好，于是我每到傍晚就去他家。那条路就是现在神田桥一桥外的高等商业①学校附近，原名护持院原。那里有着高大的松树以及其他的杂林，地点极为偏僻凄凉，好像随时都会出现强盗似的。我从小石川回家时，已是晚上十一二点，经过该地时，真是毛骨悚然。

这晚上的课也和白天一样，不是今晚有客人，就是外交部临时有事，他必须出门。我来来往往约两三个月，他都没空教我，我知道这样下去学不到什么东西。而且森山老师并非十分通晓英文，他的程度只是刚学会发音而已。我只好死了这条心。

◎ 进入幕府洋学校

我至横滨时，曾在德人商店买了两本薄薄的荷兰英语对译会话书，我独自研读，可是没有辞典。如果有英荷辞典，我就能够无师自通。我想买辞典，可是横滨没辞典卖。

那时九段下有一所名为"蕃书调所"的幕府洋学校②，我听说那里有各种各样的辞典。我非借到辞典不可，而为了借辞典，必须办理入学手续。然而藩国的武士如果没有许可书则无法进入幕府的学校，亦即必须

---

① 一桥大学的前身。
② 一八五八年幕府所创设的西学研究机构，即东京大学的前身。

先向行馆秘书处提出申请书，在上面盖个大印，才准入学。于是我到中津藩行馆的秘书处请求盖大印，然后穿着正式的武士服到"蕃书调所"申请入学。

当时"蕃书调所"的校长是参与编纂日本民法的名法学家箕作麟祥的祖父箕作阮甫，我获准入学，换言之，可以借到辞典了。我立刻办手续借了一本英荷辞典，拿到通学学生的阅览室翻阅。之后我从怀里拿出包袱方巾将辞典包起来，准备带回家阅读，可是管理员说不行，只准在这边翻阅，不准带回家。我垂头丧气，因为我不可能每天从铁炮洲到九段下来查字典。我好不容易才获准入学，然仅一天即铩羽而归。

我绞尽脑汁左思右想。这期间有一个商人正要前往横滨，我托他帮我打听是否有英荷辞典。他回来告诉我有一部英荷并附发音的辞典全二册，名为《荷托普》①，虽然是小辞典，但要花五两钱。我向藩政府申请，买下那本辞典。我深信，只要有这本辞典就不需要老师，我可以一个人研究。我每天拿着那本辞典，不分昼夜苦读。有时我还将英文书翻译成荷兰文，希望能够早一点学会英文。

◎ 寻找一起学英文伙伴

我虽然立志学好英文，但是没有同学。我因不懂英文而懊恼，其他的荷兰学者也一定为此烦恼。从前所学的都付诸流水。我想找朋友商量，可是并不容易。因为当时的荷兰学者，包括我在内，大家都认为数年来的苦心都成幻影，要完全舍弃荷兰文而改学英文，必须将从前尝过的苦头再重新经历一次，想起来真令人痛心。这就好像花三五年学习游泳，

---

① John Holtrop: English and Dutch Dictionary

好不容易才学会，结果要他不要游泳改学爬树一样。从前的努力都成空，取舍之间真是令人感到为难。

于是我去找荷兰学的朋友神田孝平，与他商量学习英文事宜。神田说："我很早就想过，而且也学了。虽然学了，但是抓不到要领，不知从何学起。再过几年，我一定会开始学英文，但是现在我没办法。你还很有活力，该好好学英语，你若是抓到方向，我也会开始学习。只是，现在一切都得靠自己，我没办法。"

之后我去找番町的村田藏六①，我同样邀他学习英语，结果他根本不想学。他的说法与神田迥异，他说："不要做徒劳无功的事情！我不读英文书。没有必要。为什么要那么辛苦地读英文书呢？我们所需要的书，荷兰人皆有翻译本，只要读那些翻译书籍就够了。"我劝他："虽然你说得没错，但是荷兰人并不会将所有的书全翻译出来。前些日子我去了横滨，结果呆若木鸡。我看这情形，荷兰学根本不管用，一定非念英文不可。"然而村田仍不同意我的说法，逞强地说："我不学，绝对不学。要学的话，你学。有必要的话，我读荷兰人的翻译就够了。"

我对他死了心，只好去找小石川的原田敬策。原田非常热心地说："没问题！我要学到底，谁也拦不住我。"我附和地说："好，英雄所见略同。我们一定坚持到底。"我们两人可谓气味相投。

终于到学习英文书的时刻了。有一个小孩从长崎来，他懂英语，我们叫他教我们发音。当时有人因海难飘流到海外后返国。他们长久旅居外国，现在因为日本门户开放而搭船返国。每当有飘流民因海难等因素飘流到外国的人。抵达江户，我们便至其旅馆找他学习。对我们而言，

---

① 后来改名为大村益次郎，同为绪方学堂出身。明治政府成立后，任兵部大辅，对日本兵制的现代化有贡献。

当时学习英文最困难的是发音。我们并非学习其文义，只学习拼字与发音，为此四处找人学习，管他是小孩还是飘流民。

起先我尝试将英文翻成荷兰文，一字一字地查字典，将它改写成荷兰文。改成完整的荷兰文之后，文章的意思也就很容易了解了。对我而言，要正确地发英文发音刚开始比较困难，但是后来也没什么障碍。换言之，当初我们要舍弃荷兰文改学英文时，以为真的要将荷兰文完全抛弃，几年的苦学成为泡影，接着又要进入一生第二度的苦学阶段，然而这种想法是错误的。我们学了英文之后始知，不管荷兰文还是英文，其实都是横写的洋文，其文法也大致相同，能够阅读荷兰文书籍，自然也对阅读英文书籍有所帮助，绝不是徒劳无功的。当初我以为英文与荷兰文的关系就如同游泳与爬树般不同，其实这种想法只是一时的迷惑罢了。

6 初游美国

> 我们被招待到大饭店,饭店地上铺着地毯。所谓的地毯,对日本人而言是相当奢侈的东西,亦即日本人是以一寸四方为单位买来当钱包或烟草袋的珍贵物品,美国人却把它铺在十个榻榻米大的地方,而且穿着鞋子在上面走,让我们看得目瞪口呆。

◎ 咸临丸

我至江户的第二年,亦即安政六年(一八五九)冬天,德川幕府决定派遣军舰至美国,这是日本开天辟地未曾有的大事。那是一艘小军舰,只具一百马力的蒸汽,此蒸汽机名为修普马辛。这艘船仅在进出港口时使用蒸汽,航行中则必须借助风力行驶,名为咸临丸,乃两三年前从荷兰买进的船只,价格为二万五千两小金币。

在此之前,安政二年(一八五五)左右,幕府派人至长崎,向荷兰人学习航海术。学习成果已颇具成效，因此这次幕府决定派遣使节至华盛顿时，幕府会议也一致通过派遣日本军舰至旧金山。舰长是当时的军舰司令木村摄津守，随从指挥官是胜麟太郎，驾驶员是佐佐仓桐太郎、滨口兴右卫门、铃藤勇次郎，测量员是小野友五郎、伴铁太郎、松冈盘吉，蒸汽技师是肥田滨五郎、山本金次郎，公务负责人是吉冈勇平、小永井五八郎，口译官中滨万次郎，少年士官有根津钦次郎、赤松大三郎、冈田井藏、小杉雅之进，医生两名，水手及火夫六十五人，连同舰长的随员，共九十六人。船虽小，乘员却很多。这次航海发生了种种趣闻。

咸临丸的航行是日本开天辟地以来首次的大事业，因此原来计划船员清一色都是日本人。当时美国有一位船长，名叫布鲁克①，他发明了深海探测器，经常于北太平洋及远东沿海从事探险测量工作。他于安政六年（一八五九）搭乘一艘九十六吨的帆船 Fenimore Cooper 号停靠横滨港，当他离开船只前往江户时，不料于八月七日船只遇到暴风袭击搁浅于附近的海岸，船身受损严重。全体船员皆受到德川幕府的保护，包括船长在内，士官一人、医生一人、水手四五人，皆滞留日本。他们一听说日本的军舰要至旧金山，便向幕府申请搭便船回国。

然而日本的船员皆表示讨厌与美国人同行。其原因是，若带这些人至美国，别人一定说是美国人带他们至美国，如此一来会损害日本人的名誉，所以坚决表示不与美国人同船。德川幕府也相当烦恼，但最后决定强制他们同搭一条船。我猜想，其实幕府的大臣，一定对日本士官的航海技术不放心，若是有美国人同行，万一发生事故，届时可以支持日本人，这是他们用心良苦之处。

---

① Lieutenant John Mercer Brooke，一八二六~一九〇六年。

◎ 木村摄津守

舰长木村摄津守是军舰司令、海军上将，因此一定会带随从人员。我极想搭船去美国，但是与木村素未谋面。我去年才从大阪来到江户，当然不认识幕府的官员。幸好江户有一位幕府的荷兰学御医，名叫桂川甫周，他是全日本荷兰学医生的第一把交椅，在荷兰学的圈子里，无人不知桂川之名。我来江户之后，曾因种种事情数度造访桂川家。而桂川家与木村家是亲戚，而且是近亲。

因此我拜托桂川："我想当木村舰长的随员至美国，请帮我推荐好吗？"桂川帮我写了一封介绍信，我拿着信至木村家表达我的意愿，木村当场说："好！我带你去！"当时的世态人情认为航行至外国是前所未有的大事，可以说是拿生命当赌注。虽然木村有部属，然而其部属也不大想去。此时有人表示自愿上船，在他们眼中，这个人脑筋一定有点问题，他们一定暗中叫好。因此，我当下即成为随从人员。

◎ 浦贺登陆　喝酒糗事

咸临丸于万延元年（一八六〇）正月从品川港启航，首先至浦贺。同一时间，幕府也派遣使节赴美国，因此美方派船来迎接使节。日本使节搭乘坡哈坦号军舰前往美国，不过坡哈坦号稍晚才到，因此咸临丸比坡哈坦号早出发。

咸临丸停靠浦贺时发生了一件趣事。由于船员皆是年轻人，其中有人说："我们即将与日本诀别，不如先在浦贺开怀畅饮一番。"大家都举手赞成，于是我们登陆至一间茶艺馆喝酒。我们喝得酒酣耳热，要返回船上时，我的老毛病发作。那时走廊的棚子上放着一个漱口杯，我想这个漱口杯在船上用得着，于是顺手牵羊将它偷走。

当时正值冬天，正要启航时，每天都是大风大浪，根本没办法将米饭盛在饭碗里正式吃饭。这时我偷来的漱口杯派上用场了，我在漱口杯中盛上一大勺饭，然后把汤菜全部浇在上面站着吃。这个漱口杯帮了我不少忙，一直用着它直到抵达美国，甚至回航时也每天使用。我把漱口杯带回日本，在家里随便一丢。经过一段时间之后，我才知道，我们在浦贺喝酒的茶艺馆是一间妓女户。原来我偷来的大漱口杯即是妓女使用的漱口杯。我偷个脏东西，在航海中我却将它当作宝来使用，真是讽刺之至。

◎ 银币散落一地

我们启航之后，船往北方驶去。咸临丸乃一百马力的船，因此无法在航海中始终燃烧煤炭。只有在进出港时燃烧煤炭，一离开港口，即宛如西洋帆船一般。船上没有堆积煤炭，只靠扬帆前进。我们搭这艘西洋帆船横渡太平洋，几乎每天都遇到暴风，原有四艘停靠用小船，结果被大浪冲走两艘。

由于我是舰长的属下，随时在舰长左右伺候着，以待差遣。舰长的房间在船尾，有一天我早晨起床后照例至舰长室听候差遣。一进房间，看到几千张美钞散落在舰长室，原来是前一天晚上遇到暴风，本来堆放在袋子里的美金，因为船身激烈摇动，美金袋撞开上锁的橱柜门，散落在地板上。

我一见此光景，立刻至船首的公务室找吉冈勇平，他亦大吃一惊，我们两人赶紧跑至舰长室，拣起钱币，放进袋子之后，再摆回橱柜里。

之所以会发生此事，乃当时完全不知有外汇一事，因旅行需要用钱，所以将钱全部带在身边。因此，几万美金的钱币装进袋内，收藏于船长室，一遇到暴风，即散落满地。由此可知四十年前的环境。现在不必如此，只需将外汇寄去，根本没有必要将货币堆积在船上。从前的武士社会不具商业头脑由此可见一斑。

我们在航海中，每天都遇到暴风雨，海浪总是打到甲板上。我还记得，我若到甲板下，上面有个四角窗，船身倾斜时，从那窗子可以看到大洋的巨浪。由于每天都是惊涛骇浪，船身经常倾斜至三十七八度。若倾斜至四十五度，便会下沉。幸好我们能够顺利地航行前进，在航行中，只见汪洋一片，别无一物，只有一次遇到一艘载着中国人的洋帆船。

◎ 仿佛狱中遇上大地震

我们花了三十七天抵达旧金山。大概是我身体硬朗，于航海中从不感到害怕。我经常对同船的人开玩笑：“这有什么好怕的？虽然我从未被关过，你只要把它想成在监狱中每天都遇上地震就好了。”我从未担心船只会下沉，因为我从骨子里彻底相信西洋的科学，因此丝毫不感到害怕。

航行途中，开始缺水，于是大家群聚讨论是否要停靠夏威夷港。若是忍着点，则不停靠夏威夷也可度过；若图慎重，则该停靠夏威夷汲水。大家议论纷纷，左思右想，最后决定不停靠夏威夷，直航旧金山。我们开始节约用水，除了饮水之外，其他用水皆停止使用。

此时发生了一件令人感动万分的事。船上有四五个美籍船员，他们一直要使用水。于是我们告诉布鲁克船长：“你们的船员一直要用水，我们束手无策。”他回答：“若是他们使用水，立刻枪毙。他们是共同的敌人，不需要训诫，也不需要问理由，请径自枪毙用水的人。"布鲁克船长说得没错，他的话完全合乎道理。于是他召集美籍船员："如有人使用水，格杀勿论。"

自从我们开始节约用水之后，遂不再担心饮水用尽的问题，同船共有九十六人，大家平安顺利抵达美国。船上接踵杂沓，船员虽穿着西式衬衫，脚上却穿着草鞋。这次航行，大约储备了几千双的草鞋。船上到处湿答答的，三十七天里只有四五天放晴，总之，船上一片混乱。抵达旧金山之后，舰长大施大舍，替每位船员买下一双长筒马靴，船员的穿着才像样。

◎ 日人艺高胆大

这次的航海，日本人有值得夸耀的地方。说起来，日本人第一次看到蒸汽船是在嘉永六年（一八五三），开始学习航海是安政二年（一八五五），亦即安政二年于长崎向荷兰人学习航海术是其滥觞，而完成学业之后决心出航海外是在安政六年（一八五九）冬天。换言之，此次航海，是看到蒸汽船之后的第七年、开始学习航海的第五年。于万延元年（一八六〇）正月启航时，日本人决定完全不假外人之手，独自出航，其勇气与技术可用"艺高胆大"一词来形容。这是日本人的荣誉，也是值得向全世界夸耀的地方。

如前所述，此次航海完全不借助外国人布鲁克船长的力量，一切的测量都由日本人自己操作，美国人也测量自己的数据，然后再将两者的数据加以对照，绝对没有接受美国人帮忙的地方。我认为这是值得大大夸耀的地方。盱衡目前的朝鲜人、中国人，以及东方各国，没有一个国家有勇气只学了五年的航海即决定横渡太平洋。不仅如此，从前俄国的彼得大帝曾赴荷兰学习航海，然彼得大帝亦无法完成此壮举。即使彼得大帝超绝人寰，然而当时的俄国，很难找到如日本人般勇气十足且学问思想缜密扎实的国民。

◎ 美国人的欢迎礼炮

一路平安抵达旧金山。我们一到达，当地的达官显要便上船来迎接我们，表示祝贺之意。陆上的参观群众人山人海。接着岸上鸣放礼炮表示欢迎，咸临丸理当也该鸣炮回礼。关于此事，又有一轶闻。

胜麟太郎是木村舰长之下的指挥官，晕船晕得极为严重，在航行中宛如病人一般，无法离开自己的房门一步。一抵达港口，他即负起指挥官之责，指挥一切事宜。当对方鸣放礼炮完毕，胜指挥官说："我们不要鸣放，万一发生事故岂不糟糕。"驾驶员佐佐仓桐太郎说："依我看可以鸣放成功，不信的话，由我来鸣放。"胜指挥官嘲讽说道："我不相信。你要是能鸣放成功，我这头就给你。"

佐佐仓就是不信邪，坚持要鸣放礼炮回应。于是他指挥船员清扫大炮，准备火药，拿着砂漏计时。结果礼炮鸣放成功。佐佐仓得意洋洋地说："鸣放礼炮圆满成功，胜指挥官的头已是我的掌中物。不过回航时他公务繁重，这头就暂时寄放在他身上。"大家笑成一团。总之，礼炮鸣放成功，无可挑剔。

我们顺利抵达港口之后，他们的欢迎可谓盛况空前，把我们照顾得无微不至。以美国人的立场来想，八年前，美国的东印度舰队长官佩里来到日本要求开放门户，如今日本人航行前来美国，就如同从自己的学校毕业的学生与自己从事同一事业一般，他们的内心一定想着：我乃是开山始祖。因此，他们把日本人照顾得无微不至。我们一登陆旧金山，他们即以马车迎接，让我们暂时在市内的大饭店休息。市内的达官显要如洪水般涌进饭店，举行各种欢迎仪式。

旧金山附近有个叫马尔岛的地方，是个海军军港，我们一行人就住宿在海军港的附属官舍，而咸临丸则进修船厂修补航海中破损之处。我们在该地停留期间，他们负责供给伙食及一切生活所需用品。然而日本人不习惯西餐，只习惯吃日本饮食。于是我们自己开伙，美国人知道日本人喜欢吃鱼，每天都拿鱼过来。他们又听说日本人喜欢泡澡，每天都准备热水澡供应。马尔岛并非城市，所以他们经常邀请我们到旧金山。我们船一抵达，即招待我们去饭店，宴请我们一行人。

◎ 穿草鞋走地毯

我们对美国的一切都感到陌生、不习惯。例如，我生平第一次看到马车，感到非常惊奇。我看到车子前面有一匹马，虽然猜想是一种交通工具，但是乍看之下仍不知个所以然。我打开车门进去，马即开始奔跑。此时我才恍然大悟，原来这就是用马匹拉的车子。

当时日本人穿着草鞋，腰间佩带两把武士刀。我们被招待到大饭店，饭店地上铺着地毯。所谓的地毯，对日本人而言是相当奢侈的东西，亦即日本人是以一寸四方为单位买来当钱包或烟草袋的珍贵物品，美国人却把它铺在十个榻榻米大的地方，而且穿着鞋子在上面走，让我们看得目瞪口呆。既然美国人用在马路上行走的鞋子踩在地毯上，我们也就穿着草鞋走上去。

当我们走上地毯，他们突然拿出酒来。一打开酒瓶就发出一声吓人的声响，我们当时莫名其妙，后来才知原来这是香槟。我们看到玻璃杯中有不明物体浮在酒上，根本无法想象在暖和的天气里竟然还有冰块。

我们每个人的面前都摆着酒杯，我们将浮在酒杯上面的物体含进口中，有人吓了一大跳，喷吐出来，也有人没吐出来，在嘴里咬得嘎嘎作响。此时我们才知道那不明物体是冰块。

我想抽烟，但是没有烟具盒也没有烟灰袋，但我还是将烟管在壁炉点着。当时应该有火柴，但是我们不知火柴为何物。总之我在壁炉点了火，问题是没烟灰袋可以清烟屑，于是我从怀中取出一张纸，将烟草屑弹在纸上。为了慎重起见，我将烟草屑揉了又揉，直到完全没火光为止，然后藏在袖子里。过了一会儿，我又想抽烟，此时袖子里冒出烟来。完全出乎我的意料，本以为完全熄灭的烟灰却将纸烧着了，我一时吓得魂不附体。

◎ 磊落书生宛如新娘

我虽未当过新娘，但是我可以想象新娘嫁到完全陌生的家庭，被一群生疏的人包围着，旁边的人七嘴八舌，有人谈笑，也有人杂谈，只有新娘子独自安静地注意自己的举止，唯恐被人嘲笑，结果反而出了差错，红着脸不知所措。离开日本之前，我自以为是个天下唯我独尊、目中无人的潇洒书生，但是一到美国，我却像个畏缩的新娘子，自己也觉得好笑。

另外，当地的绅士淑女经常聚会，想表演跳舞让我们欣赏。我们虽然应邀前去观赏，但是看不出个所以然。男女动作古怪，在房间里转来转去，看了真想捧腹大笑。可是我们知道笑了出来是不礼貌的，因此尽量忍住不笑，忍得极为辛苦。

◎ 女尊男卑

我们对美国的风俗习惯完全不了解。马尔岛军港附近有个名为瓦列霍①的地方，当地有个荷兰医生。荷兰人与日本人较为亲近，该医生拟邀请木村舰长至他家，我也跟随前往。那是一间在乡下算是相当现代化的房子，我们受到大餐招待。令人觉得不可思议的是，女主人坐在餐厅里招呼客人，而男主人却忙里忙外，完全与日本相反。在日本，男主人与客人寒暄，女主人则忙里忙外，因此我们觉得匪夷所思。

所谓的大餐是整只煮熟的乳猪摆放在餐桌上。这道菜使我们面面相觑。对不吃兽肉的日本人而言，就好像幽灵鬼怪要出现似的恐怖，我们只有瞠目结舌②。我们还吃了其他丰盛的菜，回家时，主人问我们是否要骑马，木村舰长回答："好，我已经很久没骑了。"于是主人借了马匹来。木村是江户的大臣，擅于骑马，在江户时可说没有不骑马的日子。他骑上马，四处奔驰，美国人大吃一惊，没想到日本人也会骑马，众人露出惊讶的脸色。换言之，美日双方彼此皆不了解。

◎ 说明事物如隔靴搔痒

美国人还招待我们到各地的工厂参观。当时旧金山还没有铁路。我觉得不可思议的是，没有电灯却有电信。此外，我们还参观了电镀工厂的实际操作情形。美国人以为日本人对这些工业产品一无所知，因此带

---

① Vallejo，加州西部城市，位于奥克兰北边。
② 日本古代没有家畜文化，既不养食用家畜，也不吃家畜，只吃打猎捕获的山猪或鹿。日本人正式吃家畜，是明治维新以后的事。

我们参观。可是这些工业技术我都了解。我一看就知道这是电报，那是利用电解的原理镀锌。我们还参观了砂糖制造厂，该工厂将铁炉弄成真空，以提早沸腾。美国人为了说明此原理，花费了很多时间，可是我本来就知道真空会提早沸腾，而且也知道用骨炭过滤可以净化砂糖。他们大概认为我们一无所知，因此详细地向我们说明。我在日本曾花了几年时间专门研究此事，所以一点都不感到新奇。

唯一让我感到惊讶的是，不管遇到垃圾堆，还是走到海边，都会看到一大堆的铁。到处堆满了汽油桶以及空罐头等物，我觉得非常不可思议。江户若发生火灾，便会有很多人出来捡拾铁钉，然而美国的铁好像尘土一样到处乱丢。

另外，我对美国的物价之高也感到讶异。我花了半元美金买了一罐牡砺，里面只有二三十粒，亦即在日本只要花二十四文至三十二文钱的牡砺，在美国必须花一分二朱钱才能买到，物价高得吓人。我对社会、政治、经济方面的事情仍然无法了解。

◎ 华盛顿子孙何处高就

有一件事情突然浮上我的心头，我随口问道："华盛顿的子孙目前情形如何？"那个人冷淡地回答："华盛顿的子孙应该有个女儿，我不知道她现在在做什么事，大概是某人的妻子。"我对他的冷淡态度觉得很奇怪，虽然我早就知道美国是共和国，总统是四年一任，但是我认为华盛顿的子孙一定是个重要人物。在我的心里，我视华盛顿为日本的源赖朝、德川家康等开国豪杰，因此我提出这个问题，没想到却得到这样的回答。我只觉得太不可思议了。我对科学方面的事情都不感到惊奇，唯独对社会上的情形完全无法掌握其方向。

有一次，马尔岛海军港的马基兹卡上校说他想看日本的货币，于是木村舰长将特别准备好的一整套日本新旧金银币送给上校。上校只说不曾见过这种东西，非常稀奇！但完全没露出拿到宝物的神色。隔天早晨，他太太拿花回送木村舰长，并感谢昨天的礼物。我对此一行为真是铭感五内。人的应对进退理该如此，从此可以表现其心灵之高贵。若是拿到金银财宝就欣喜若狂，则显现出其卑劣的心灵。我对这样的行为真是由衷佩服。

◎ 免费维修军舰

前面说过，美国人把我们照顾得无微不至。不仅让我们的军舰进厂维修，连我们随身携带的行李箱也都送了我们。当军舰维修完毕，我们也即将返日时，问他们船只的维修费以及其他杂费总共多少钱，他们笑着说："一切免费。"不管我们怎么说，他们坚持不收取费用。

日本首次进口英文辞典

当时我与口译员中滨万次郎两人各买一本韦氏大辞典，这是日本第一次进口的英英辞典。买了这本辞典之后，我钱袋已空，只等待上船启航。

我第二次至美国时，再度访问布鲁克船长，他提起八年前的往事。日本的咸临丸首次抵达美国时，旧金山议论纷纷；有人建议，这次日本军舰前来，应该大大地款待。于是布鲁克船长至该地的陆军分部请求举行盛大的欢迎仪式，可是陆军分部回复必须与华盛顿方面商量才能行动，布鲁克船长回答："与华盛顿方面商量的话，将会错过时机，你们可以自己决定。"然而陆军分部仍坚持己见。船长生起气来说道："政府单位无法配合的话，我们自有对策。"于是他改变做法，直接找旧金山的义勇军商量。义勇军欢欣鼓舞，当场答应。

◎ 义勇军

所谓的义勇军并不是职业军人，而是上将由医生担任、少将由染布店老板担任之类的组织，他们拥有军服与步枪，利用闲暇或是月夜操练，一旦发生战争，则整装待发。天下太平的时候，义勇军成了年轻人的娱乐活动，连军服也没机会穿。他们听到布鲁克船长的提议，认为是千载难逢的机会，于是穿着笔挺的军服前来欢迎日本的军舰咸临丸。

◎ 停靠夏威夷

在接受礼炮之后，我们从旧金山启航，这次决定停靠夏威夷。我们从美国带来两三名船员，可是少了布鲁克船长，可以说全船皆是日本人。我们好不容易找到夏威夷，在该地停靠三四日。这期间，我们在夏威夷遇到的奇风异俗无须在此一一赘述，因为三十年前的夏威夷与今日的情形大概没两样。当地的土著不注重清洁卫生，可称之为蛮民。我们也晋见了国王，本以为国王陛下是多么了不起的人物，但是见了面时我们大吃一惊。国王伉俪一起接见我们，国王只穿一件罗纱，其住宅也只相当于日本的中等洋宅。他说要拿宝物让我们观赏，我们一看，原来是用羽毛织成的垫子，他说这是他们国家最好的宝物。他又说那个人是皇弟，我们看到皇弟提着竹篮子去买菜，看起来像日本渔村中的老大。

◎ 少女的照片

我们在夏威夷装载煤炭之后启航。此时，我做了一件妙事。如前所述，我绝不寻花问柳，而且也不谈及此事，因此同船的人把我当成怪人。

从夏威夷启航的当天，我拿出一张照片向同船的人展示。我拿出一张与十五六岁的美国少女合照的相片，说道："怎么样？你们认为如何？"当时他们不知这少女的身份，我嘲笑他们说："你们在旧金山停留那么久，根本没办法和女人亲密地合照。怎么样？不服气吧！你们整天只会瞎扯，根本没有两把刷子。"

其实这位少女是照相馆老板的女儿，芳龄十五。我们曾去这家照相馆，第二次我单独去，当时正好下雨，老板的女儿也在店里，我对她说："我们一起拍照好吗？"美国的女孩根本不把这当作一回事，就说："好！"于是拍下了这张照片。我把这张照片拿给他们看，船上的年轻士官看得目瞪口呆，不服气也没办法。我若在旧金山拿出此照片，一定有人如法炮制。因此我等到离开夏威夷，不可能再回到美国时，才拿出相片，戏弄他们一番。

◎ 旅美时发生樱田门事变

返日时，从南方航行，一路风浪极为平静。我们于闰三月十九日从旧金山出发，五月五日上午抵达浦贺。我们照例于浦贺靠岸。在船上几十天，当然无法洗澡，顶多只能漱漱口，因此身体满是污垢，头发也如蓬草。我打算一下船就去理头发，然后好好地洗个澡。

我们搭乘小船上岸，前来迎接木村的人从几十天前即进驻浦贺。木村的部下有一人名叫岛安太郎，他前来岸边迎接。一行人当中，我最早上岸，一上岸就遇见岛安太郎。我们一月离开日本至今，约六个月，家乡讯息全无，既没有信件，也没有船只联络，在心境上宛如离家六年。

我在浦贺的海边遇到岛安太郎，我说："久违了！日本有没有什么大的变化？"岛安太郎突然脸色一变，他说："当然有，日本发生了大事件！"我说："岛先生，你先别说，我来猜猜看。你说的大事件，是否水户的浪人冲进幕府宰相井伊直弼的官邸作乱？"我一说，岛安太郎更加吃惊地说："你为什么知道此事？谁告诉你的？""没有人告诉我，我自己推测的。我观察时局动向，自己推测的。""你太厉害了。不过并不是冲进官邸，而是如此如此……"岛安太郎开始说明樱田门事变[①]。

从这年（一八六〇）的三月三日樱田门事变，我们即可得知当时社会的治安情况。我在赴美之前，即已观察到社会的动荡不安，认为早晚会有动乱发生，没想到这个事件被我猜中了。

前一年，社会上流行"攘夷"的风潮。我们在美国时，舰长买了把黑色洋伞做为纪念，大家好奇地围观，舰长说："我把这把伞带回日本，撑着伞在街头风光一下，你们说好不好？"我说："千万不行，舰长从新钱座官邸走到日本桥，一定会被浪人袭击。我看还是在官邸里打开来把玩欣赏就好了。"当时的社会风潮即是如此，我们返国后，攘夷论越加高涨。

---

① 一八六〇年三月三日，德川幕府井伊宰相一行人要登江户城宣读佳节贺词时，于江户城樱田门外被水户藩浪人十七人，以及萨摩藩浪人一人袭击，井伊直弼的首级被砍了下来。其主因是井伊宰相得知英法联军攻下天津，因而于一八五八年六月十九日违敕签下不平等的美日通商条约，接着又大肆整肃异己，打压反对派人士。樱田门事变之后，幕府的权威开始式微，天皇的权威开始水涨船高。

◎ 受聘幕府　英文精进

从美国返日之后，学堂书生日益增多。我远渡美国，得幸能直接接触美国人而一心一意钻研英语，回国之后也尽量研读英文书籍。在教学方面，我也不教荷兰书籍，改教英文书。然而英文书籍对我而言仍然太难，我无法完全理解。不能理解之处，只好靠翻阅英荷辞典。虽说教学，其实是如同学习一般，亦即世俗所谓的教学相长。

回国后，我受聘于幕府的外交部，主要工作是翻译外国公使、领事或幕府内阁大臣的书信。当时日本国内没有人看得懂英法等国的文字，因此外国的公使、领事寄来的公文，一定附上荷兰译文。由于幕府当中没有人懂洋文，只好聘请诸侯的属下中能阅读荷兰文者。

我受聘于幕府，在学问方面获益匪浅。其理由如下：例如，英美公使送来英文书信，信后必附上荷兰译文。我尽量不看译文而直接读英文，若有不懂之处，再看荷兰文。用这种方法阅读英文，对我的英文实力帮助很大。此外，幕府的外交部内有各种各样的英文藏书。我既可以至官署阅览，也可以借回家研读。

7 周游欧洲列国

此外,政党分为保守党与自由党,双方各持己见,剑拔弩张,针锋相对。我对此感到莫名其妙,在天下太平之际,却为政治问题吵架。我越来越糊涂,完全无法了解西方的社会。两人明明是敌人,却同在一张餐桌上吃饭喝酒,究竟是怎么回事?我费尽苦心,好不容易才了解大致的情形。

我于万延元年(一八六〇)自美返国,该年我翻译了《华英通语》并出版[①],这是我出版书籍的起始。这两三年间,教英文是我的副业,而研究英文反而成为我的本业。文久元年(一八六一)冬天,日本决定派遣使节至欧洲各国,我再度获得机会随使节团赴欧。

上次赴美,是我私下拜托木村摄津守,自愿当他的随从赴美国,而这次系受聘于幕府,奉命前往欧洲。因此我自觉像个官员,还奉领了四百

[①]《华英通语》为清人子卿所编的英中单字短句文集。福泽谕吉以日文假名注音,并加上日文翻译,于一八六〇年出版《增订华英通语》。

两。旅途中一切都由官费支出，因此四百两等于津贴，待遇好得没话说。我平生很少花钱，从不浪费金钱。这四百两，一百两寄给故乡的老母。我觉得很对不起母亲，因为从美国回来之后，还没回家乡问候母亲，便又要动身前往欧洲。

不仅如此，我在美国期间，中津乡里传出各种谣言，说我客死美国。其中有甚为过分者（他是我的亲戚），竟当着我母亲的面说："谕吉好可怜，他早就客死美国，据说身体已经浸泡在防腐剂中运回江户。"不知是恐吓还是嘲讽，竟敢如此捉弄我母亲。我因考虑到我们母子在藩国的处境，只好忍气吞声，因此我自觉愧对母亲。并非我寄钱给她即能弥补她所受到的伤害，然而家母生平从未看过百两巨款，因此我才将幕府支付的旅费寄一部分给她。

出使欧洲的时节终于来临，我们于文久元年（一八六一）十二月启航。由于此次乃日本的使节正式访问欧洲，因此英国派遣一艘名为"欧津"的军舰来迎接我们。我们搭乘这艘军舰经过印度洋，停靠香港、新加坡等港口。船只进入红海，从瑞士登陆，再搭乘火车抵达埃及的首都开罗。于该地住宿两晚之后，转赴地中海，然后再搭船至法国的马赛。从马赛搭火车于里昂住宿一晚。抵达巴黎后，停留约二十天，完成使节的任务。我们离开巴黎后渡海至英国，接着从英国至荷兰，再从荷兰至普鲁士的首都柏林。从柏林赴俄罗斯的圣彼得堡，之后返回巴黎，从法国搭船至葡萄牙，然后进入地中海，按照原先的航线回航。这次的旅行，前后将近一年，亦即于文久二年（一八六二）底返回日本。

这次旅行，我大致已能读英文书籍，并开口说英文，而且还带着钱——那些钱，我在日本无处使用；离开日本时，我只携带一般旅行的装备，当时物价便宜，并不需要那么多钱。我把那些钱全带在身边，到了伦敦，我什么都不买，光买英文书籍。这也是英文书进口日本的滥觞。我本人也是在买了这些英文书之后，才能自由自在地阅读英文书。

这次周游列国，我眼界大开，此事留待后述。兹先介绍使节团成员：

竹内下野守（正使）、松平石见守（副使）、京极能登守（监察官）、柴田贞太郎（领队）、日高圭三郎（会计）、福田作太郎（监察员）、水品乐太郎（调查员）、冈崎藤左卫门（调查员）、高岛佑启（中医生）、川崎道民（中医生）、益头骏次郎（工程员）、上田友助（工头）、森钵太郎（工人）、福地源一郎（口译员）、立广作（口译员）、太田源三郎（口译员）、斋藤大之进（捕快头）、高松彦三郎（打杂）、山田八郎（打杂）、松木弘安（翻译员）、箕作秋坪（翻译员）、福泽谕吉（翻译员）。

◎ 旅行装备大失策

除上述成员之外，三名使节各携带随从两三人，以及伙夫六七人。松木、箕作、福泽三人，虽然身份如同官员，但由于隶属诸侯的部下，当时称为"陪臣"，在一行人当中排行最末。总人数不超过四十人，大家皆身穿和服，腰间佩带两把武士刀，大摇大摆地在巴黎、伦敦街头漫步，这身装扮显得极为怪异。

离开日本之前，有人说在国外饮食会发生问题，于是将白米装在箱子里，储存数百箱的米粮。而且我们担心住宿的地方没有灯具，因此准备了几十座走廊使用的金属油灯，由二尺四方的铁网所做成的油灯，此外还准备了灯笼、手提烛台、纸灯、蜡烛等，一切准备就绪，装进船内。其装备宛如诸侯要觐见幕府大将军时，在东海道旅途中住宿的行营所需要的一切装备。

抵达巴黎之后，法国官方派人前来迎接，我们寒暄之后，日方向接待员请求："我们一行人浩浩荡荡，行李也很多，希望这些随从人员能与三位使节住得近一点，以免造成管理上的困难。"接待员回答没问题，并问我们一行人的人数。当他知道全部是三十几人时，即说："我们的旅馆能够容纳十倍或二十倍的人数。"我们听了莫名其妙，不知所以。

接待员带我们到旅馆，那家旅馆位于巴黎皇宫门外，名为罗浮大饭店，是一栋五层楼的建筑物，有六百间房间、五百个服务员，能够容纳千余名旅客。我们一进入饭店，即不知日本使节的去向，我们提心吊胆，唯恐在饭店的走廊迷了路。

每间房间都有暖气，因此没有暖炉也没有蒸汽，无数的瓦斯灯把房间以及走廊照得灯火通明，让人不知是白天还是夜晚。餐厅里摆着山珍海味，即使是最讨厌西方文物的人，口腹之欲也管不得攘夷思想了，众人大饱口福，吃得津津有味。从日本带来的行李毫无用武之地，饭店的走廊不需要点油灯，厨房也无法煮米饭，最后我们只好将粮食以及一切装备全送给接待员，他亦感到啼笑皆非。

我们一行人的失策不可尽数。例如，派人去买烟草（cigar），却买砂糖（sugar）回来；医生以为买了人参，原来买的是生姜粉。有一次，三位使节当中有一人上厕所，其部下拿着纸灯陪同。使节将厕所的两层门全都打开，部下旁若无人地在厕所外面拿着主君的裤裙及内裤等候，而主君则在厕所里以日本人的方式如厕。那走廊是饭店的公共通道，男女往来如织，厕所内外灯火通明，宛如白昼。我恰巧经过那里，吓得说不出话来，立刻站在门外以身体阻挡别人的视线，然后将门关上，告诉其部下注意此事。

◎ 欧洲的政风人情

关于政治方面，我们停留于伦敦、巴黎等地时，遇到各式各样的人，风闻五花八门的事情，由于我们不知道事情的原委，因此无法了解谈话的内容。当时法国的拿破仑三世被视为欧洲最好的政治家，拥有巨大的权力。邻国的普鲁士乃新兴之国，亦不可小觑。普鲁士与奥地利的战争、亚尔萨斯及洛林的领土问题，为当时国际上热烈讨论的话题，当时朝野政通人士皆预言以上之事一触即发，事态不可避免，我在日记本上亦详细记载当时的谈话内容。

在伦敦时，某个报社的人士以其报社的名义向议会建言，并将其建言草稿寄至日本使节处。其内文大意为，驻日英国公使阿尔科克对日本傲慢无理，日本门户始开，英国公使却胡作非为，视日本人宛如以武力征服的国民。文中列举种种证据，大力谴责公使的罪行。其列举证据之一是，公使在日本尊敬的德川将军灵庙圣域内骑马，此事充分表现出其蛮横无理之一斑。我阅读此文之后，心中如同放下一块大石，原来世界上不尽是恶人。我们平常所看到的，尽是外国政府的恶行恶状，他们趁日本尚未进入文明开化之国，往往仗势欺人，故意挑剔日本人的小毛病，让日本人伤透脑筋。如今我来到他们的国家，亲眼看到其国亦有光明正大、处处为别人着想的人士，令我越加坚定素来所持的开放日本门户走进国际社会的理念。

◎ 自由买卖土地

我们在各国访问当中，对我们最好的是荷兰，这当然归功于三百年来日荷两国的特别关系。尤其是，我们一行人当中能看懂横写洋文的人，没有不懂荷兰文的，以文诌诌的话来说，就如同回到欧洲中的第二故乡，我们的心情自然格外愉快。

在荷兰时发生一件趣谈。有一次，日本使节至阿姆斯特丹与当地的仕绅见面，谈话内容五花八门。日本使节问道："这阿姆斯特丹的土地可以自由买卖吗？"对方回答："当然是自由的。""也卖给外国人吗？""只要价钱谈得拢，不管任何人，多少土地都可以卖给他。""那么，假设外国人投下巨资，买下一大片土地，并在该地建筑城堡炮台，这也是自由的吗？"对方露出了异样的表情回答："我没想过这种事。尽管英、法等国有不少富翁，但是我想不会有那么笨的商人会在别国的土地上建造城堡。"双方似乎都对对方的谈话不甚了解，我们旁观者也觉得很好笑。我们从此即可获知当时日本的外交策略之一斑。

◎ 自由参观中的不自由

上次我前往美国时，加州尚未有铁路，因此我不曾看过铁路。我们到达瑞士之后，首次搭乘火车。之后，在欧洲各地旅行，也都搭乘火车，所到之处皆大受欢迎。我们参观了海陆军营、官民营工厂、银行、公司、教堂、学校、俱乐部等，此外还参观解剖、外科手术，有时还参加名人晚宴、观赏舞蹈等，我们受到了热情的款待，甚至觉得招待太多，因而感到疲倦。

这当中发生了一件奇怪的事，颇值得一提。当时的日本仍处于闭关自守的气氛，尽管已经来到外国，居然还尽量禁止我们接近外国人。日本使节有三人，亦即竹内、松平、京极三位使节，其中京极负责监视我们的行动，而且他底下还有数个副官。那几个副官监视一行人的行动，我们很少有机会接触外国人。

我们一行人几乎都是幕府的官员，其中我和箕作秋坪、松木弘安三人，可谓志同道合，出国的目的亦相同，我们几年来因为学业的关系有所往来，因此在一行人当中，我们自成一个小团体。我们想利用时间大量参观欧洲的事物，这在幕府官员眼里，我们像是问题人物。特别是我们三人都是诸侯的属下，而且读洋书，必须特别注意。我们想外出参观时，必得派一个监视员跟着。其实，我们并不想走私，也不会泄漏国家机密，因此有个政府官员跟着，只觉得麻烦。若是该监视员有事无法奉陪，我们便不能外出，令人感到极为不自由。当时我说："其实这没什么，这只是把日本的锁国政策搬到国外，跟着我们一起巡回欧洲而已！"我们三人笑成一团。

◎ 怕 血

我们想参观的东西都看到了，想耳闻的事物也都听到了。现在将我旅欧期间的糗事公开与各位分享。我从年幼起即健康活泼，有时还喜说豪言壮语。然而我天生胆小，讨厌杀生，怕见人血。例如，我在绪方学堂时，当时流行放血疗法，同窗同学（包括我在内）皆曾用针刺在胳臂静脉上取出脏血。由于我怕血，所以不管别人也好，自己也罢，放血时，我都闭着眼睛不敢看。

纵使身体长脓包，我也怕别人用针刺我；若受伤留出一点血，我看了即脸色发青。在城市里有时会有横死在马路边的人，或吊死的人，或其他意外死亡的，我都不敢看，不仅不敢看，一听到谈论死人，立刻溜之大吉。从此处就知道我胆小如鼠。

然而在俄罗斯时，有人邀请我们到医院参观手术，由于箕作及松木两人都是医生，立刻动身前往，而我也被他们强迫一起前往参观。我们进到外科手术室，才知道是开刀取结石的手术，执刀的医生穿着手术衣，让病人躺在像是菜板似的台子上，用三氯甲烷迷昏病人，然后医生拿着闪亮的刀子刺进病人的身体，大量的鲜血喷了出来，医生的衣服染成红色。接着医生拿一把类似钳子的东西放进伤口处，从膀胱取出结石。我看得手脚发软，当场昏倒。同行的山田八郎扶我走出手术室外，让我喝了一口水，好不容易才恢复知觉。

在这之前，我也在德国的柏林眼科医院参观斜视的手术，我看到刀子往小孩的眼睛刺入，手术途中，我便开溜了，这才没出丑。松木与箕作两人皆笑我太窝囊、没出息，不管他们怎么嘲笑我，这是我的天性，我相信至死都不会改变的。

◎ 至欧洲解惑

我在日本国内读原文书时，若有不懂之处，只要查查字典，大致都能得到解答。然而也有遇到对外国人而言是易如反掌的事物，但是在字典上却找不到，我对此感到非常烦恼。因此，周游欧洲各国时，我最主要的目的便是藉此机会解决读原文书时无法求得解答的问题。

我往这个方向找适当的人选询问，经过老师的说明（他让我看一本陈旧狭长的小册子），我逐一将之记载下来。回到日本之后，我以此笔记为基础，再翻阅各种原文书，并将我的记忆记录下来，完成了《西洋事情》[①]这本书。

关于理化学、机械学，或是电学、蒸汽、印刷、工业制造等方面，我未必要一一详细查询，因为我本来就不是这方面的专家，即使问了也未必能深入了解，只是大略听听而已。若只为了解大意，那倒不如自己翻阅原文书即可知晓。因此，这一方面的事情我摆在第二，我尚有许多事情急欲探讨。

[①] 全十卷，一八六六～一八七〇年出版。

譬如，医院的资金如何运用？由谁出资？银行的钱如何进出？邮政法的大致内容为何？法国有征兵制，而英国没有征兵制，那么征兵制的目的何在？我对这方面的制度完全不了解。其次，我对政治方面的选举法也一无所知，因为一无所知，所以我询问："选举法究竟是何种法律，议会究竟是何种机构？"对方只是一笑置之，他们认为这些事情不须说明即能了解，而我却如丈二金刚摸不着头脑。

此外，政党分为保守党与自由党，双方各持己见，剑拔弩张，针锋相对。我对此感到莫名其妙，在天下太平之际，却为政治问题吵架。我越来越糊涂，完全无法了解西方的社会。两人明明是敌人，却同在一张餐桌上吃饭喝酒，究竟是怎么回事？我费尽苦心，好不容易才了解大致的情形。至于复杂深入的问题，则须花费五至十日的时间才逐渐了解，以上乃我此次旅欧的收获。

◎ 库页岛疆界谈判

旅欧途中，有时我觉得日本很可怜。因为我们出发前，日本国内攘夷论逐渐高涨，外交则破绽百出。这次使节赴俄国时，日方提出库页岛的疆界论，在谈判席上，我亦陪同参加。当日本使节提出此问题时，俄国根本不加理睬。

日本使节又拿出地图说道："你瞧，地图的颜色是这样的颜色，因此疆界应该是如此。"俄国人则说："如果地图的颜色能够决定领土，那么把这张地图全部涂成红色，则全世界将变成俄国的领土。如果全部涂成蓝色，则全世界都变成日本的领土。"双方你来我往，完全没有交集。最后的决定是，实地调查之后再谈判，库页岛的疆界问题即不了了之。

我在一旁听他们谈判，觉得日本毫无外交实力可言，也没有可以凭借仗恃之物。日本国内那些野蛮的家伙越加高喊攘夷论，则日本的国力将越逐渐积弱。我想到日本的前途，不禁悲从中来。

◎ 接受俄国政府热情款待

外交方面的谈判如前所述，双方皆非常冷漠，然而私底下，俄方对日本的使节极为礼遇。我们在圣彼得堡旅游时，俄方为了日本使节团，特别将官舍拨给我们住，还派遣四五名接待委员一同住在官舍，把我们照顾得无微不至。当我们没有公务时，便招待我们游览名胜古迹，并参观几家工厂。

俄国人在闲谈之余，提到有一位日本人居住在俄国。我认为这传闻绝非空穴来风，而是事实有据。据说那名日本人俄国名字为雅马托夫①。这个传闻不是从接待员那里听来的，而是由其他的俄国人传出来的，可以说是公开的秘密。我很想见那位雅马托夫，可是没有办法会面。虽然没有办法见面，但是我们可以从接待室中看出不少日本风味。例如，房间内有刀架，床上有日式的木枕，浴室内亦备有日本人用来刷洗身体的米糠袋，食物的调理方式也是日式的，碗筷亦与日本的东西类似。凡此种种，都不是俄国人所能准备的，因此我推测应该是有日本人居住在此地。然而直至我们离开俄国，都没见到此人。我在《西航日记》中记载此事，并附上一首诗如下：

---

① 这位雅马托夫原名立花枀藏，他于少壮时曾与无赖之徒交往而入罪。之后遁入佛门，周游诸国，于伊豆某佛寺遇见俄国舰长，随同该舰长赴俄。他在俄国教授日语，并于一八五七年与俄国外交官合著《和鲁（日俄）通言比考》，此书乃最早的日俄辞典。一八六二年福泽谕吉等人访俄时，他于暗中接待。直至一八七三年岩仓大使一行访俄时，他才随岩仓大使返日，寄居芝增上寺。于一八八五年去世，享年六十五岁。

起来就食食终眠　饱食安眠过一年
他日若遇相识问　欧天不异故乡天

在俄国的种种往事，我已经记忆模糊了，只记得住宿处有很多日式的摆设。

◎ 有人劝我居留俄国

有一天，一个接待员带我至一旁说："你这次随同使节团前来，不知今后你回日本打算做什么事，我问你，你是有钱人吗？"我回答："我不是有钱人，但是替日本政府做一些事情，所以也拿一些报酬。因此我不愁衣食。"接待员又说："我们不大了解日本的情形，不过日本是个小国，一个男子汉大丈夫在蕞尔小国是没有什么发展的。你不如改变心意，留在俄国不要回去。"

我照实回答："我是随使节团来的，没有那么容易留下来。"他真挚地说："如果你想留下来，那很简单。只要你下定决心，我立刻将你藏匿起来。反正使节团无法在此地长期停留，没多久就会返国。他们一回去，你就可以留在俄国，当个俄国人。目前有很多外国人来俄国，特别是德国人。此外，还有荷兰人、英国人，因此日本人住在此地也不算什么稀奇的事情。我劝你留下来，只要你下定决心，就有一大堆好工作等着你。你不但不愁温饱，还可能变成有钱人。"我们两人面对面，他说得很诚恳，绝非玩笑之言。

然而我既没有必要留下来，也不想留下来。我当时随便回答应付他，后来他又三番两次提起此事，我们两人的谈话当然没有什么结果。当时我注意到一件事情：在欧洲诸国当中，俄国国情与他国迥异。譬如，我们曾访问英法两国，前年亦曾访美，每次遇到外国人，他们都说想到日本观光，并问我们日本是否有合适的工作，希望跟随我们到日本发展。换言之，我们经过很多地方，遇到有人缠着说要去日本，但没遇到有人要我们留在该地的。

到了俄国，才首次有人要我留在该地。我推测这绝非商业上的关系，而是与政治或外交有所关联。俄国真是个让人摸不透的国家，亦即，我猜想他的话里隐藏着更大的企图或阴谋，然而我未曾向其他同行的人提起此事。若提起此事，说不定自身的忠实会被怀疑。我不仅当时没告诉同行的人，一直到返回日本之后，亦不曾提起此事。说不定其他人也遇到同样的事，只是众人皆没说出来而已。总之，俄国是个如同谜般的国家。

◎ 生麦事件连累使节团

我们离开俄国返回法国。正当我们即将离开法国时，伦敦打电报给法国，报告生麦事件一事，亦即英人理查德逊于生麦被萨摩藩武士砍死的事件[①]。这事件经过七十几天之后才传到欧洲，法国政府对日本的态度转为强硬。我们不知法国人民对我们的观感如何，但是政府接待我们的态度明显变得极为冷淡。主人如此对待我们，我们这些客人自然感到异常尴尬。

---

① 一八六二年八月二十一日（新历九月十四日），萨摩藩藩主岛津久光率领一千名藩兵从江户前往京都，途中经过生麦村（今横滨市鹤见区）时，四个英国商人骑马行经队伍，由于外国人不知道遇到诸侯的队伍必须平伏于地，因而扰乱了岛津的队伍。萨摩藩士认为英国商人无理，当下将其中一人砍死，这就是生麦事件。

从港边至搭船处约有一公里的路程，士兵站立道路两旁为我们送别。他们看起来不像在向我们致敬，而像是在恐吓我们。当然这些士兵不可能向我们开枪，因此也用不着恐惧，可是其僵硬的表情令我们极为难堪。我在《西航日记》中记载："文久二年（一八六二）闰八月十三日早上八点，抵达距离巴黎约九十里处的法国军港。我们下了火车之后，至乘船处约一公里路，道路两旁站立一千多名卫兵，看似敬礼，又似示威。日本人昨晚一整夜在火车中不得安眠，疲惫不堪。至此处后，丝毫没有喘息的机会，立刻又前往搭船。至搭船处约有一公里的路程，法国政府不让我们搭马车，而要我们徒步上船。"

我们从法国出发，于葡萄牙的里斯本靠岸，三位使节完成公务之后，再搭船进入地中海，经过印度洋。航海中一路平安。回到日本时，攘夷论正如火如荼地展开。

8 攘夷论

> 当初我认为战争既然不可避免,当然要囤积米粮。于是我去米店买了三十大袋米,寄放在米店,另外买了一桶仙台味噌,存放仓库。然而随着局势的紧张,我发觉最不管用的就是米与味噌。

◎ 攘夷论的矛头指向洋学者

如前所述,井伊直弼已遭暗杀身亡。文久二年(一八六二)一月十五日,幕府大臣安藤信正于阪下门外遭水户浪人袭击受伤。据说凶手之一逃到长州藩的江户行馆,当时我才留意到,原来长州藩也加入了攘夷派。总之,日本国内攘夷风气如日中天,已经不可遏止。

然而对我而言,攘夷论只是别人家的事,我本身不觉得有危险。我在大阪的学堂时,不可能被暗杀;在江户时,我也自认为没有敌人,因此不觉得可怕。然而此次从欧洲归来,情形已完全改观。与外国做贸易的商人为了自身安全起见,甚至关起门来。浪人充斥街头,他们住在何处、从事什么工作都无法得知,只见他们在街头四处闲逛。连与外国贸易的商人都关起门来,何况读外国书喜欢谈论欧洲文物制度的人,在攘夷论者的心目中,等于欺瞒世人的卖国贼,因此这些浪人的矛头指向洋学者。

我们又没犯什么罪,真是无辜。我们要退缩到何种地步才能消除他们的仇恨呢?我想不管如何退避都无法让他们满足。最后只好丢弃洋书,与他们一起高唱攘夷论,向他们低头道歉,他们才会原谅我们吧。这种事我们当然做不到。

我们若是我行我素,浪人便对我们越加施压。有一个受聘于幕府的翻译官名叫手冢律藏,他到长州藩的江户行馆,无意中提到外国的事物,结果行馆中的年轻武士拔起刀来想杀他,手冢飞也似的逃之夭夭。然而年轻武士仍不放过他,拿着武士刀在后面追赶。手冢被逼得走投无路,尽管当时天气严寒,也只好跳进日比谷附近的江户城外层护城河,终幸免于难。

另有一长州藩武士名曰东条礼藏,他亦是与我同属翻译部的同仁,住在小石川"蜀山人居"。有一天浪人冲进他的住处,东条从后门逃出,拣回一条老命。洋学者的处境越来越危险,随时都必须注意自身的安危。尽管如此,我无法中止我的思想,以及我的一切行动,何况我也不放在心上。我本来相当介意,但是现在不是我所能介意的时候。我曾想放弃我的行动,但是我怎能放弃呢?最好的办法即是谨言慎行,不要处处与人唱反调。对于身份立场不明的人,我绝不与他谈论时势。

我除了谨言慎行之外,也开始从事翻译的工作。关于我的著述翻译,我于已出版的《福泽谕吉全集》的序言中写得很清楚,请各位读者自行参阅。在我的著述翻译时期,亦即攘夷论全盛时代,洋学生的人数逐渐增加，因此我将全心放在教学方法的改进上。又由于我受聘于幕府，由幕府支付薪俸，因此不愁衣食，对社会的演变也不关心，当时的生活虽然有点恐怖，但是也有些趣闻。

我寄居于新钱座时，有一次下女来通报："有一个陌生的武士说要见您。"我问："他外貌如何？"下女回答："长得相当魁梧，是个独眼龙，带着长刀。""一定是来闹事的，他叫什么名字？""我问他姓名，他不肯说，只说见了面就知道。"我猜这个人一定是来者不善，因此我躲起来窥视他。出乎我的意料，原来是我绪方学堂的好友——医学生原田水山。我一见面就骂他："混蛋！搞什么名堂？为什么不报上你的名字？害我吓得屁滚尿流。"我带他到屋后闲话家常，两人捧腹大笑。在一片攘夷声中，洋学者经常杯弓蛇影，疑神疑鬼。

◎ 英舰来日

攘夷论的声浪越加高涨，文久三年（一八六三）二月十三日，幕府将军德川家茂率领臣子三千人前往京都，对攘夷论者施压。接着幕府准备亲征长州藩，举世皆掀起攘夷浪潮。同年春天，英国军舰来日，这是因为去年萨摩藩武士于生麦村杀死英国人，因此英国将之归罪于日本政府。英国人本想以诚恳的态度与日本交往，所以至今为止，尽量采取温和的手段。然而日本国民却以暴力对付英国人，甚至杀了人，其责任当然要归于日本政府，日本政府罪无可逭。

英国公使于二月十九日寄来公文，要求日本政府拿出十万英磅的赔偿金，另外向萨摩藩的诸侯求偿二万五千英磅，并限二十日之内答复。当时由于我与高畠五郎、箕作秋坪、大筑保太郎、村上英俊负责翻译，因此我们五人于半夜被叫到位于赤阪的外交部松平石见守的家中，一直翻译到天亮。我们几人都极为担心事态的发展。二十天的期限终于来临了，幕府要求再延期二十天，英方也在迟疑之下答应等候回音。然而幕府的评议无法决定是否支付赔偿金。

当时人心惶惶，江户市民咸认为战争即将开始，并预测战争爆发的日期。二十天的期限又过去了，接着再延期十天。十天之后再延期二十天，答复的日期一延再延。当时我住在新钱座，眼看着战争即将爆发，似乎只有三十六计走为上策了。由于我在政府的翻译局工作，深切感受到战争迫在眉睫，已没有讨价还价的余地了，因此比别人更加紧张。

◎ 法国公使耀武扬威

当我在翻译英国寄来的公文时，法国的一个名叫贝雷克的人，不知吃了什么熊心豹子胆，写了一封耀武扬威的信给日本政府。他说，法国与英国站在同一阵线，若开启战端，法国的军舰将与英国的军舰携手大闹品川港。他的书信内容蛮横无理，就如同今日西方各国威吓中国人一般，日本政府也只能看英法两国的脸色而担心不已。我了解事情的一切经过，因此格外惧怕。

◎ 局势紧迫

战争已迫在眉睫，而日本政府内部的意见不一，众说纷纭。眼看事态严重，阁老们皆装病不上衙门，政府失去了重心，只留下永远没有结论的会议。眼看着这两三天里战争即将爆发，我不得不开始整理行李准备逃难。

目前在我身边有一个破损的柜子，那就是我当时使用的柜子。整理行李时，我用细绳将柜子绑好，准备往青山的方向出发，我心想英法两国应该不会伤害一般百姓吧！有一个医生名叫吴黄石，他住在青山地区的稳田，是箕作的亲戚，我从前即认识他，因此我至他的住处请求让我暂时避难。他答应之后，我将行李捆绑完毕，并绑上名牌，扛到屋外。

之后，我至新钱座海滨的军队训练场，看到大炮的炮口对准大海，随时准备发射。我更加肯定今天或明天战争就要爆发了。在这之前，幕府于市区发布公告，若开启战端，将从滨御殿，亦即今日的延辽馆发射燃火的弓箭当信号。江户的市民还因这件事做了一首打油诗："初切葫芦（与战端同音）时，以冷水（与燃火的弓箭同音）为之。"

◎ 米与味噌趣谈

当初我认为战争既然不可避免，当然要囤积米粮。于是我去米店买了三十大袋米，寄放在米店，另外买了一桶仙台味噌，存放仓库。然而随着局势的紧张，我发觉最不管用的就是米与味噌。因为那三十袋米既不可能挑着走，也不可能背着跑。从前的人都说，战争的时候只要准备米与味噌即可，然而我发现这两者却是最碍手碍脚的。换言之，逃难时只好将三十袋米和味噌桶丢下。

当时有几名学生住在我新钱座的家，而我身边拥有现金一百多两，倘若由我自己一个人保管所有的财产并非明智之举。逃亡时，众人皆做鸟兽散，若身边带着金钱，则不愁挨饿。这些钱，与其由我或内人单独携带，不如分成四五份，分别由数人缠在腰上带走较为妥当。我把钱分好，准备随时逃亡，就在这千钧一发之际，有两个人出现，扭转了情势。一个是筑前唐津藩主的世嗣，名为小笠原长行的阁老，另一个是横滨的浅野伊贺守。

◎ 小笠原长行阁老

此二人暗通款曲，秘密协商。伪称罹患大病的小笠原长行，于五月九日清晨，突然精神抖擞地出门，搭乘日本军舰驶离品川港，而英国的炮舰尾随其后。当时小笠原伪称到京都，若果真往京都航行，船舰一绕过本牧，英国人即将从后面炮击。然而小笠原在抵达本牧前，即驶向横滨，并擅自支付赔款。十万英磅以当时行情兑换，为四十万墨西哥币。小笠原即将四十万元现钞交给英国公使，此事遂告一段落。

◎ 鹿儿岛湾战争

幕府付了十万英磅的赔款之后，英国军舰转而开往鹿儿岛。英国要求萨摩藩支付受害者遗族慰问金二万五千英磅，并要求将人犯在英国人面前处死。七艘英国军舰于文久三年（一八六三）六月二十七日抵达鹿儿岛湾，于该处下锚。萨摩藩见状即派遣使者前去请示来意。

英国旗舰的水师提督是库伯，船长乔斯林，中校威尔墨，彼等将书翰递交萨摩藩官员，于船上等候回音。萨摩藩无法于短时间内回复，于是英国乃要求萨摩藩将从西方购买的三艘船舰充当谈判的抵押物。当英国军舰将停靠在樱岛旁边的三艘船只拉至时，岸上开始发射大炮，英国亦予以还击，战况越来越激烈。时间是文久三年（一八六三）七月二日（公历八月十五日）。

英国旗舰初以为萨摩藩不会从陆地发炮，因此没有起锚。然而陆地突然发动攻击，正想起锚脱困时，不巧又遇到强烈的暴风袭击，而且船停在最深的海域，无暇起锚，只好切断锚的锁链，才得以动弹。这也是英国军舰船锚落入萨摩藩手中的原因。而且陆地发射的大炮也十分神勇，锁定旗舰发射，命中率颇高。英方有人伤亡，中校以及船长战死。

英国船舰也向陆地猛烈发射炮弹，海边的建筑物几乎全部烧毁，损失惨重。换言之，这是场不分胜负的战争。萨摩藩虽然命中英国军舰，击毙两名军官，但没击沉军舰。另一方面，英国军舰虽然击毁了陆上的建筑物，但是无法登陆。双方不分胜负。英国军舰于七月十日前后抵达横滨，当时留下了一件轶闻。

战争结束后，英国人检查命中旗舰的炮弹碎片。英国人判断："日本人无法制造这种炮弹，这个炮弹应该是从俄国运来的。"或许是因为克里米亚战争（一八五四～一八五六年）时英俄两国对立的缘故，而且英国与俄国本来即水火不容，双方尔虞我诈，彼此猜忌。即使至今，两国亦同床异梦。

◎ 萨摩船长投靠英舰

当英国军舰将三艘萨摩船拉向舰队主力停泊地时，他们让船员上陆，只留下松木弘安（后改名寺岛陶藏，之后又改名宗则）与五代才助（后改名五代友厚）两名船长搭上英舰。当萨摩藩向英舰开炮时，库伯提督打旗号命令烧毁掳获的船只，监视舰乃炮击这三艘船，并命士兵放火烧毁。

松木及五代两人并非俘虏，亦非宾客。我猜测他们两人一定是搭乘英舰抵达横滨。此事横滨的报纸也有所报导，但两人的行踪不明。我不仅与松木一起去了欧洲，而且我与箕作、松木三人交情甚密，听到松木搭乘英舰，只得到处打听其下落，但都毫无消息。倘若英国人将他们两人遣返萨摩藩，那些年轻气盛的武士一定会杀死他们。另一方面，若将他们交给幕府，虽然不致处死，但会被扣上种种嫌疑的帽子，并假借须接受各种调查的名义，将他们囚禁于狱中。

然而至今为止，既无遣返萨摩藩的传闻，亦无交予幕府的迹象，我经常与箕作两人促膝讨论，究竟是怎么回事？真是百思费解。令人更加吃惊的是，一年后，我无意中找到了松木。

◎ 萨摩藩与英人谈判

松木的事情暂时按下。英国的军舰返回横滨之后，萨摩藩派遣三人至江户谈判。此三人是岩下佐次右卫门、重野厚之丞（后改名安绎），以及幕后头子大久保一藏（后改名大久保利通）。萨摩藩的最大目的是，希望暂时停止战争，但是却为斡旋折冲的人选大费周章。

他们找到一个名叫清水卯三郎（又名瑞穗屋卯三郎）的商人，他读了一点英文书籍，对西方的文物制度极为狂热。在江户时代，商人的身份是四民之末，他的大志显得有点与其身份不合。当初英国舰队欲往萨摩藩时，英方考虑到如果萨摩寄来日文信函，便无法读信。虽然英方有一名口译员亚力山大·席伯特，但是他日文阅读能力不好，因此英方请求清水卯三郎同行。

清水卯三郎生平胆识过人，而且喜欢参与这一类的事务，因此一口答应同行。他拿到横滨海关的许可书，搭上英国旗舰，抵达萨摩后，亲眼目睹这场战争。此次萨摩藩的人来到江户欲与英人谈判，幕后头子大久保一藏先来拜托清水卯三郎，请他向驻横滨的英国公使约翰尼尔交涉延缓战争。

清水卯三郎接受大久保的请托来到横滨的英国公使馆，向公使馆表明来意。然而接见的人员认为由商人谈判如此重大的事情颇不得体，应请更显要的人士来交涉。清水回答人不分贵贱，只要接受委托即有资格谈判。对方认为有理，乃让他晋见公使。清水向公使传达延缓战争的讯息，然而公使不但无意接受，而且说英国早已从印度洋增调军舰，几千名士兵已赴征途中，至今方谈延缓战争，完全没有意义。从公使的脸色看来，似乎并没有虚张声势恐吓萨摩藩的样子。

听完公使的一番话之后，清水乃将交涉情形向萨摩方面报告。重野认为事态严重，必须亲自出马谈判。萨英谈判于是展开，在种种交涉折冲之下，萨方终于答应赔款，金额为两万五千英磅，以当时的汇率兑换，相当于七万两。其实这七万两乃向幕府支借，而且不能以岛津萨摩守的名义赔偿，因此乃以分支的岛津淡路守的名义支付。至于杀死英人的犯人，则以人犯逃匿无踪为由，向英方保证，若发现人犯，一定处死，此事方告一段落。

这次的谈判席上，并不见大久保一藏的踪影，只有岩下与重野两人出席，另外幕府派遣的外交部官员鹈饲弥一，以及监察官员斋藤谨吾两人见证，双方签署文书之后，此事件乃告落幕。时间是文久三年（一八六三）十一月一日左右。

◎ 松木与五代藏身埼玉郡

接着来谈我所担心的松木弘安的后续发展。松木与五代两人搭乘英舰之后，在英舰上遇到清水，松木大吃一惊。因为清水往昔在江户时曾向松木请教过英书不解之处，两人情谊极深，因此松木在英舰上遇到清水时大感意外。两人互问："你怎么在这里？""你又怎么到这里来？"真是喜出望外。

抵达横滨之后，松木总不能一直待在船上，他极想上岸。于是由清水卯三郎负责安排一切事宜，因为松木与五代两人不得抛头露面，只有清水一人能在光天化日之下活动。因此，清水在横滨上岸之后，将此事告诉美国人凡立德，希望他能帮忙。两人商量之后，决定让他们搭乘靠岸小船由神奈川上岸，小船及其他所需工具皆由凡立德安排。

唯一令人担心的是，不知英国海军提督是否会答应他们下船。他们去与提督商量，不料提督态度极为宽容，准许两人上岸。于是清水与凡立德拟定计划，决定让他们两人利用半夜搭乘靠岸小船，从神奈川以东的海岸登陆。然而当时从横滨至江户的街道，每隔一区即置一类似今日的小警察局，负责侦察是否有可疑人物。因此，松木与五代取下长短两把武士刀以及盔帽，寄放凡立德家中。两人分别乔装成船老大与农人的模样，搭乘小船，往东而下，于羽根田的海岸登陆。

他们一路上躲躲藏藏，往江户前进。然而幕府的探子仍十分可怕，绝不可在一般的旅馆住宿，因此清水卯三郎先到江户的港边旅馆等候他们。两人于半夜在不知名的地方登陆，往江户方面摸索前进。不料走到途中，天露曙光。他们怕暴露身份，于是改搭乘轿子，以避人耳目，遂于翌日中午抵达港边旅馆。

清水于前一天晚上即在该处等候，一切皆已准备就绪，他们在港边旅馆住宿两晚。然后清水带他们至他的故乡武州埼玉郡羽生村，可是那地方也不甚安全，于是他们又搬到清水的亲戚吉田市右卫门的别墅，该别墅位于奈良村，是极为荒凉的地方，不用担心被发现，两人即在该处落脚。五代于五六个月之后偷偷到长崎，松木则在该处约躲藏一年。

萨摩藩也关心松木的下落，不断派人四处寻访。萨摩藩派出大久保、岩下、重野，以及驻江户的萨摩行馆的肥后七左卫门、南部弥八郎等人，经过四处探访之后，突然想到或许清水卯三郎知道松木的下落，于是至清水住处询问。清水畏惧不敢吐实，唯恐松木被逮捕而处以斩刑，只回答不知情，然而萨方也面露狐疑。

没多久，幕府方面也派人至清水住处察访，清水困惑得不知如何是好。如果不会被杀，那当然还是早点露面较好；但如果会遭到杀害，便不能让他现身。他左思右想，异常苦恼，于是去请教松木的恩师，即江户洋学者大师川本幸民。川本大师说："让他露面较好。既然萨摩藩人如此说，那你就不必隐瞒，把他交给萨摩藩。我想他们不会杀他吧！"

清水乃下定决心通知萨摩藩人员，他说："其实我知道他的下落，是我帮他藏匿起来的。我会把他交给你们，不过你们绝对不可杀他。"松木终于与萨摩藩的人员见面，后来松木弘安受萨摩藩之托，至江户请求英国帮助讨伐幕府时，唯恐幕府知其身份，乃改名寺岛陶藏。上述的事情，根据清水卯三郎的说法，萨摩藩中仅七人知道此事，这七人我推测是大久保、岩下等人。

◎ 与松木重逢

时间是文久四年（一八六四），至于几月，已经记不得了，我只记得不是冬天，大概是夏天或秋天。有一天，肥后七左卫门突然来找我，他说："松木想来见你，你方便吗？"我大吃一惊地说："我从去年即担心他的生死，每次与箕作见面，都在谈论此事，他还活着吗？""他安然无恙。""目前住在何处？""在江户。总之，他可以来这里吗？""当然可以，非常欢迎。我没有什么好惧怕的。我想见他。"

第二天，松木便来到我家，我宛如见到幽魂。我们谈了许久之后，我才知道他遇到清水的事情，以及其他的遭遇。当时我住在新钱座[①]，我

[①] 这是福泽谕吉记忆错误。此时应该在铁炮洲。

们久别重逢，两人好不容易又能痛饮一番。我问他住在何处，他说白金台町有一名医生姓曹，曹家是松木太太的娘家，他借着这层关系藏匿曹家。

当天我们就此分手，然后我立刻至箕作处告诉他松木的事情。隔天我和箕作两人一起赴曹家，三个好友团聚，从早上谈论到夜晚。言谈当中，当然提到鹿儿岛战争，而且我们还听到种种趣闻，限于篇幅，只好割爱。话说萨摩藩已不再追究松木的责任，但是仍不知幕府方面的态度。可以确定的是，松木并非幕府的罪人，因此并不须如此恐惧。

我们问到松木如何口，他回答正在为萨摩藩翻译洋书。谈话中，松木特别强调："我再也不想看到大炮了。一听到炮声，我的头就好像脑震荡似的。我痛恨大炮，一想到大炮，身体就发抖。船被烧掉时，我也觉得很害怕。当我获救时，怀中尚有二十五两，我一并带上岸。"他还说，英国船舰一开始停在萨摩湾时，英国人想吃水果，萨摩人就奉上水果。当时，萨摩人还计划趁奉献水果时拔刀突击英人。

◎ 萨摩人归还船锚

关于英国人切断锚链的事情，是清水卯三郎在英舰上看到的，萨摩人大概不知此事。待清水遇到萨摩人之后，才说当时英国舰队切断锚链，你们可以将它打捞起来。可是萨摩藩不大关心这件事，最后由渔夫将船锚打捞起来，交给萨摩藩。

当萨摩藩将两万五千英磅交给英国以求和时，英国人说希望拿回船锚，萨摩藩一口就答应，好像归还破铜烂铁一样容易。如前所述，这场战争不分胜负。英国切断锚链，两名军官战死，水兵无法登陆，最后无功而返，从此点而言是败军。而萨摩藩陆上的建筑物被大炮摧毁，不但无法追击离去的英舰，战争的第二天清晨，英舰朝陆地射击，萨方并没有响应，从此点而言，萨摩藩是败方。换言之，双方皆无输赢，不过萨摩藩竟将重要的船锚轻易地交还英国，真是没有常识。

从此可知，当时的日本人不知国际法为何物。不仅如此，此次生麦村事件中，一个英国人被杀害，英国藉此威胁日本政府，最后取得十二万五千英磅。这究竟是否合乎道理，仍不无疑问。虽说这是三十余年前的事，但日本人至今仍感到忿忿不平。而且当萨摩藩提出暂缓战争时，英国公使以高压姿态恐吓，说难听点，即是吃定日本人。日本人亦在不知所以然、莫名其妙当中结束此事。

若是在今天，绝不会发生这种事。其实当时美国人曾告诉日本政府不须为此事赔款。英国公使恶言恐吓，再加上法国的弥尼斯特等人在旁威胁，日本人被吓得昏头转向，已无法冷静思考。事情就此落幕，然而今日不知会如何评论此事。

◎ 绪方老师生病

在京都方面，文久三年（一八六三）五月十日是攘夷的期限。荷兰的商船通过下关时，下关发射大炮攻击商船，幸好荷兰船并没有被击沉。不过却造成大事件，全国陷入紧张的气氛当中。

就在当年的六月十日，绪方洪庵老师不幸罹患重病，大量吐血。在此之前，绪方老师来到江户，住在下谷。我被这突如其来的噩耗吓得说不出话来。因为两三天前，我还到老师住处，那时老师身体尚很硬朗。我飞也似的跑出去，当时还没有人力车，我从新钱座拼命地跑到下谷，当我抵达绪方老师住处时，老师已经去世。

我不知如何是好，宛如做梦一般。住得较近的门生早就来了，但是还有很多人比我晚到。四五十个人挤在屋子里,无事可做。总之,今夜是守灵,所以大家都不睡觉。那屋子很狭窄,许多人连坐的地方都没有。而且当时天气很炎热,不管是卧室也好,玄关也罢,连厨房都挤满了人。

半夜,我坐在玄关的台阶上,村田藏六①来到我身旁,我问:"村田君,你什么时候从长州归来的?""不久前。""你瞧,那些疯子在马关做的事,真不可理喻。"村田脸色变得严厉起来,他说:"怎样!哪一点不对?""我觉得攘夷这些人都像疯了似的。""你说疯子是什么意思?你讲理吗?长州有他们自己的国是,不容许外国人来欺负我们。荷兰人算什么,一个小国,却作威作福,赶走他们是理所当然的。防长的上下皆抱着必死的决心,绝不宽容。"他那激动的表情,已非昔日的村田。

我对他的言行大为震惊,觉得不可思议。因此我赶快结束谈话,走到箕作的旁边说:"村田变得好可怕,他刚才说……"我之所以对箕作说此番话,是因为在这之前,当村田到长州去时,好友皆替他忧心忡忡。在攘夷论盛行的时节,村田应邀到长州,宛如飞蛾扑火,大家都祈祷他不要受到伤害。然而今天听到村田本人这席话,令人大感意外。

我与箕作两人细声地谈论:"我猜,村田到长州之后深尝恐惧的滋味,因此带着攘夷论的面具,假装支持攘夷论。他心里绝不会支持那种傻言论。我还是不知道他在想什么?""确实不知道他葫芦里卖什么药。总之不要接近他,若是失言,说不定酿成大错。我们还是与他保持距离较好。"我们对其他的朋友也提出忠告:"村田有点奇怪。不要与他讨论时事,否则恐生不测。"

以上是当时的谈话实录,至今我仍不明其真相。究竟村田是为了自

---

① 后改名大村益次郎,一八二四~一八六九年,日本陆军创始人,后被暗杀身亡。

身防卫而带着攘夷的面具,还是彻底改头换面,成为攘夷论者,至今我仍然不清楚。总之,我和箕作秋坪以及其他的朋友,皆为他的言行感到震惊,悄悄离他而去。

◎ 偷抄外交机密文书

文久三年(一八六三)是日本最动荡的一年。日本全国高嚷攘夷,英国又因为生麦村事件而要求幕府巨额赔款,外交陷入可怕的困境。

当时我受聘于幕府外务省的翻译局,幕府与外国的往返书信我皆一一过目,亦即英法等国寄来书信,幕府便回复,幕府有事向外国公使提出交涉,对方即回信。因此我不可能不知道外交的秘密。

当然我不可能将外交秘密文书带回家,不过我在衙门或外交官官邸翻译时,我将内容背诵下来,回家后再将大致的内容写下来。例如,关于生麦村事件,英国公使的来函内容大致如此,幕府的回信内容如此。返家后,我将它写在薄纸上,当然,我绝不轻易示人,顶多向好友透露内容,当作闲谈之余的话题。不过,有一天,我却无奈地将它烧毁了。

◎ 胁屋卯三郎切腹

兹将秘密文书烧毁的原委叙述如下。当时发生了一件极为可怕的事。神奈川衙门有一个组头,相当于现在的次官,名叫胁屋卯三郎。由于他任职次官,可见其身份相当高。他写了一封信寄给住在长州的亲戚,不料却被密探查到了。

那封信是写给亲戚的,本来没有什么问题。然而信里有一句:"目前国家局势令人担忧,一切有待明君贤相出。"幕府的官员看到此信,心想这是什么话！天下骚动，有待明君解决，这岂不是侮辱了当今的幕府大将军！亦即此人眼里没有幕府大将军，而盼望明君即等同意图谋反。于是即刻将胁屋逮捕到幕府城中。当天我正好到城中的外务省，突然传出胁屋被人用绳子捆绑的大消息，但是也有人说，胁屋没被捆绑，他与捕快一起从走廊走过。

总之，众人一阵错愕，不知神奈川衙门的次官究竟为何被逮捕。待隔日，方知他写的书信受到质疑。当捕快逮捕胁屋时，同时也派人到他家搜查。胁屋被投入传马町的监狱，经过粗糙的审判之后，被命令于狱中切腹自杀。当时负责监察的是我的朋友，名叫高松彦三郎。后来彦三郎对我说，他到传马町监狱去，觉得胁屋真是可怜。

当我听到胁屋卯三郎即将被处死时，我感到莫名的恐惧。我之所以恐惧，是因为只写了"待名君贤相出"一句，即被关进传马町监狱处死，而我抄写的笔记涉及外交机密，倘若事迹败露，必定立刻被捕入狱，斩刑伺候。

当时我住在铁炮洲，即刻将笔记烧毁，然而有一件事仍令我不放心。我曾将笔记的备份借给亲戚，接着又借给了细川藩的人。我极为担心他们是否会另抄一份。事到如今，倘若我写信问他们，那封信又成为证据。现在原文已经烧毁了，但是钞本是否会曝光？我的心情如同热锅上的蚂蚁。

幸好，直到王政维新（明治维新），一切安然无恙，我心中如同放下一大块石头。现在我能够向别人自夸抄写外交文书的经过，若是幕府末年绝不能如此。由于我自己惹出事端，从文久三年至明治元年（一八六三～一八六八）这五六年间，我好像将头暂时寄放于幕府一般。这件事不能对别人说，甚至对妻子也不能说，自己独自在内心煎熬，真是痛苦之至。

我的行为与胁屋的罪相比起来，岂止是五十步百步之喻，泄漏外交机密的罪理当重得多。触犯重罪者幸得逃过一劫，与亲戚写信问候者却得切腹自杀，这岂不堪怜，岂不悲惨。人的幸与不幸，一切都是因缘际会。因此王政维新对我而言是个解脱，即不论此，若今日能够阅读我的笔记，则不仅能够了解文久三年的时局，那笔记亦为外交史的珍贵史料。总之，我为了保住头颅而将它烧毁，如果今日有人还将备份保存下来，我真想再翻阅一次。

◎ 下关的攘夷

攘夷论持续高涨，长州的下关，不仅炮击荷兰船，后来连美国的军舰、英国的军舰皆受到攻击。这笔账当然跑不掉，英、法、荷、美四国向幕府请求三百万圆的赔款。双方经过几番折冲之后，幕府终于支付赔款。

然而国内的攘夷论并没有因而收敛，他们不再高喊"锁国攘夷"，改喊"锁港"的口号。幕府还特别派遣外交部长池田筑后守长发与法国、英国谈判锁港事宜。结果池田没达成目的，被迫引咎辞职，薪俸减半。社会秩序荡然无存，几乎每天都有暗杀的事件，每个人皆身陷恐惧之中。我当时只一心一意地想谨言慎行，明哲保身。

◎ 剑术全盛时期

文久三年（一八六三）前后，是武人风气极盛的时代。这武人风气的盛行，其来有自。

德川政府掌管行政外交部门，迫不得已，只好主张开国论，并且实际执行。然而幕府大臣的态度又是如何？一言以蔽之，是闭关自守的窠臼。盱衡全国，没有一个地方能让洋学者昂首阔步。当时稍微有头有脸的人物，皆佩带长短两把武士刀。

而江户的剑术家都被幕府征召，十足风光。在这剑术大流行的风气当中，连和尚①都感染了尚武的风气。我认识一个和尚，本来在江户城内伺候诸侯起居，是所谓的茶道和尚，平常只插着短刀，穿着诸侯所赐的武士披风，跟在诸侯后面伺候。然而社会风气开始尚武，这茶道和尚的装扮也跟着起了变化，他插着长刀，摇晃着光秃秃的头颅，宛如自己是个武士。

当时流行的武士披风据说是德川家康在关原战役所穿着的样式，后来经过水户黄门德川光国加以发扬光大。在江户，七夕的装饰物本来是用竹子吊着硬纸片，以及团扇、纸糊的西瓜片或其他瓜类。然而在武士道盛行的攘夷声浪中，却改用竹子吊着纸糊的大刀、盔甲等物。这种复古的武士道，真令人不敢领教。

◎ 卖掉刀剑

我在谨言慎行之余，益发感到不需要武士刀，武士刀对我而言已无任何意义，因此我乃决定卖掉武士刀。我身边的武士刀并不算多，顶多不超过十把。我叫来一名刀匠，他名叫田中重兵卫，我把所有的刀子全都卖给他。不过当时武士仍有佩带长短刀的义务，因此我将父亲遗留下的腰刀刀鞘加长，冒充长刀，再到五金行买一把小刀充当短刀，我用这

---

① 这里所谓的和尚并不是真正的和尚，而是指替贵人侍奉茶水的人员，由于他们剃光头、穿着僧服，所以称为"茶和尚"、"茶道和尚"或简称"和尚"。

两把刀装饰我的武士门面，其余的武士刀全卖掉，我记得卖得金额约六七十两。

如前所述，我尽量韬光养晦。不管是年幼之时，或是在绪方学堂，朋友嬉戏之间，我总喜欢表演瞬间拔刀攻击的伎俩。然而当举世皆盛行武士道时，我那瞬间拔刀的技术即深藏不露，在众人面前，我都假装生平只会佩刀，而不曾拔过刀。总之，我小心谨慎，夜晚绝不外出。从文久年间到明治五、六年（一八七二、一八七三），大约十三四年间，我不曾在夜晚外出。这段时间，我只将生活寄托于翻译与著书。

9 再度美国行

> 天下的局势越加紧迫动荡，我隐居在家，过着教书、翻译、写书的生活。我的生活虽然极为安静，可是外面的谣言甚嚣扰人，其中有一个传言是福泽谕吉的哥哥到鹿儿岛参与萨摩藩的政治。言下之意是哥哥如此，弟弟思想也有问题。

庆应三年（一八六七），亦即明治维新的前一年，我再度旅游美国。这是我第三次出国。庆应三年一月二十三日，我从横滨启航。这次的旅美之行，仍有很多事情值得一提。

几年前，美国公使布莱恩来日本时，正值幕府需要订购军舰，因此托美国公使帮忙购买。其金额为八十万美元，分数次支付。到了文久三、四年（一八六三、一八六四）左右，已经造好一艘船，价格是四十万美元。然而在那之后，幕府相当混乱，而且美国也发生南北战争，因此订购的船舰便没了下文。总之，支付了八十万美元，却只收到一艘四十万美元的船，之后便没有消息。

为了向美国点收军舰，于是顺便向美国购买枪支，当时派遣的委员长是小野友五郎，他是财政部的次官，在当时的政府是地位相当高的官员。前一年冬天，小野被任命为委员长，副官则是松元寿太夫。我拟再度赴美，因此经常至小野家拜托。最后，我充当小野的随从而得以成行。至于其他同行的人，因为要点收军舰，所以派两个海军人员，此外还有口译人员。

◎ 邮轮首次通航太平洋

那一年是美国与日本首次太平洋通航之年。第一艘抵达日本的是科罗拉多号，我们搭乘该船前往美国。几年前，我们赴美时搭乘小船，在海上花了三十七天。而这次的科罗拉多号是四千吨的快速轮船，旅途中一帆风顺，真如人间仙境。我们于第二十二天即抵达旧金山。

虽然到达旧金山，但是当时没有铁路，所以先在旧金山停留两星期左右。之后搭乘太平洋轮船公司的另一艘船至巴拿马，于该处搭火车越过地峡，到了对岸，再搭乘轮船。我们于三月十九日抵达纽约，落脚华盛顿。首先，我们会晤美国国务卿，一开始谈话，即提出已付款项事宜。

我们从这次交涉的过程可以知道当时幕府的实际状况。我们前往美国时，知道谈判时必须准备已经支付八十万美金的证据，可是幕府身边只有十张上面写着十万美元、五万美元等的小纸条，而且其中有数张是三角形的纸片，上面只写着"兹收到几万美元"，以及布莱恩的签名；完全没写究竟为什么收到这些钱，以及双方有什么约定。若是起了争执，可说是证据薄弱。

出发前，我们为此事讨论良久。大家的结论是，这样反而好，这表示我们完全信任美国公使，不，不是信任美国公使，而是日本政府信任美国政府，根本不需要收据，也不需要条约，只要口头保证即可，因此只在便条上写个数字。我们也决定佯装本来即不拟拿这便条当证据的样子。及正式谈判，我们提到已付款项的问题时，前公使布莱恩便出现在谈判桌上。他一出面，即单刀直入地说："你们决定怎样？是要买船还是要把钱拿回去？"

◎ 购买东号舰

听了他的话，我们顿时放下心来。我们需要一艘军舰，经过多方参观比较，结果选了一艘名叫"石墙号"的船。这艘船到了日本改名东号舰。我们购买了这艘铁甲船，此外还买了千百支枪，最后还剩下七八万美元。这些钱我们暂时存放在美国政府那里。

之后，我们先回日本，只有海军人员留下来。至于石墙号，则由海军人员雇用美国船长一人驶回日本。此事终于告一个段落。这艘船抵达日本时，已是王政维新的明治政府，亦即明治元年（一八六八）。关于此事，后来我听负责会计的由利公正说，当时明治政府极为穷困，筹不出钱来，最后好不容易才凑出几十万美元支付。

我听了之后说："不对！那艘船已付了钱，而且还有一些钱存放在美国。"由利听了目瞪口呆。究竟怎么回事？是否一条牛被剥了两次皮？美国人不可能拿那些钱，一定是进了某人的荷包。

◎ 厌恶幕府无法无天

这件事暂且不提。我本身处境极为不稳，这是因为我受雇于幕府，却不曾想过要拥护幕府。我一生抱持的主义，最讨厌的就是闭关自守与一成不变的身份门阀制度。凡是违背我的主义的人，皆是我的敌人，相对的，主张闭关自守与门阀制度的人也认为洋学者是旁门左道、牛鬼蛇神。

据我的观察，幕府的官员全是守旧分子，完全没有门户开放与自由主义的思想。例如，政府的御用商人有一人叫三井八郎右卫门，他不仅听候政府的差遣，连官员的私事都帮忙跑腿。以这次旅美为例，官员从幕府请领出差费，因此必须将这些银货兑换成美元。

然而当时美元汇率起伏激烈，很难拿捏兑换的时机。旅美一行人当中，有一人将三井的店员叫到横滨的旅馆来，打听美元的行情。听完之后他说："我知道了，最近美元升值。可是你们三井从前在美元便宜的时候应该买了美元，我这银货想兑换你们那便宜的美元。"三井的店员磕头行礼说："遵命！我拿便宜的美元来兑换。"之后，他回去拿较目前行情便宜的美元过来。

我在旁边观看，心想：真是无法无天的家伙。想兑换外币，还指定要行情较低时的外币，外币上面也没写这是行情较低时兑换的。兑换外币不问价格的高低，都该以当天的行情来决定。身为四民之首的上级武士，要人家不按行情来兑换，还丝毫无羞愧之色。另一方面，难道三井的店员不知如何盘算？他明明知道汇率的行情还做亏本生意，吃了暗亏还得毕恭毕敬。这不是任何人的错，而是时代的风气使然。当时的风气腐败到极点，德川幕府已经注定要灭亡。

◎ 反对国益论

我们赴美时,当时的日本正值国事倥偬之际。德川幕府的方针是开源节流,不但要节俭,而且只要对政府有利就必须着手去赚钱。那负责为政府争取利益的部门称为"国益部"。国益部的人员负责拟定种种赚钱的事业,建议政府执行。有人说在江户市区挖条运河收取通船费用,也有人说要征收酒税,另有人说开垦荒野于该地收租税,甚至也有人建议政府一手包揽江户市区的水肥,由政府独占处理水肥的利益。

有一个洋学者闻此,起立发言:"政府忽视民间的水肥业者,只想独占水肥利益,如此一来则成为专制政府。从前美国国民因为忿恨其宗主国英国针对进口的茶叶课税,贵妇们乃发动罢饮茶运动,同时也废除饮茶谈话会。那么我们是否也要效法美国人,拒绝上厕所,让政府伤透脑筋。这个提议如何?"在座皆捧腹大笑。当时政府的情形大致如此。

这次赴美的一行人当中,也有国益部的人员。他的想法是,日本念洋学的人逐渐增加,原文书的价格也一定上涨,因此我们这次可以买原文书带回去,替政府大赚一笔,并且指定由我负责采购,但是我不答应。我说:"购买原文书是很好的事情。日本国内的原文书即将售罄,我认为多进口一些对人民而言是个福音。这次来到美国,以官费大量购买原文书,运回日本后,若能以成本价卖出,那真是再好不过的事情。我详细研究之后,希望能够买到最便宜最适当的书籍。你认为我的意见如何?"

他回答:"不行,要对国家的财政有帮助才行。""这样一来,政府等于是在做生意,我并非为了做生意而来的。然而,如果政府讲明要做生意,那么我也要做生意,也就是说我要抽取佣金。现在任你选择,政府若要以成本价卖给人民，那么我会尽最大的努力挑选书本，把价钱杀到最低。政府若想赚钱的话，那么我也要赚钱，不能让政府独享。现在让你选择，看看你要选择官还是商。"

我们起了争执，而我也失去了上司的欢心。现在想起来，不论事情的对错，以一个随从的身份，实在没有资格讲那种话。

◎ 打倒幕府

有一次，我与同行的尺振八一起喝酒，两人高谈畅饮。虽然船上的酒较贵，但我们拿了官费，因此可以大吃大喝一番。我们还买了些酒带回房间，喝了酒之后，我说："不管怎么说，一定要打倒幕府。我们看看今天幕府的政治，只要说是幕府要购买的商品，什么都可以买。即使是买酒买鱼，也是自己随便出个价钱买的。上总房州的船一进港，即说这是幕府用品，不付钱便把鱼拿走。若说这是将军要吃的鱼还情有可原，但是并非如此。幕府的厨师擅自把鱼拿走之后，再拿去卖。我们从这件事就可以类推其他的事情。这个政府已经腐败到极点。这件事姑且不说，就拿攘夷一事来说，因为身为政府当局，所以不得已勉强提倡开国论，但其实幕府才是攘夷论的大本营。我们看品川港的炮台，幕府认为那炮台太小，现在正在改建。此外，胜麟太郎到兵库去，建造一个像土灶的白色圆形炮台，这不是用来攘夷的吗？这种政府垮掉算了。"

尺振八说："你说得没错。可是我们能搭船来美国，也是用幕府的经费。你所吃所穿的不都是幕府的东西吗？我们吃他穿他，却要打倒他，那岂不会感到问心有愧吗？"

我回答："那无所谓。你我受聘于幕府，并不是因为我们伟大，而是我们能看懂洋文。就如同皮革业者只因为他的职业而被列为贱民一样，而你我就如同修理皮拖鞋的人。幕府的大官不想做这种脏事（皮革业），幸好有个皮革业者，于是叫他修理皮拖鞋。我们受聘于幕府，就如同修理皮拖鞋的人进出幕府衙门一样。我们根本不需要客气，尽管把他打垮。我们必须考虑的是，究竟由谁来打垮他。我不想当先锋，这件事较头痛，是个大问题。盱衡当今社会，高喊打倒幕府的尽是些浪迹天涯之徒，亦即长门藩或萨摩藩的攘夷派浪人。若是由这些浪人来解放天下，那岂不是替德川幕府完成攘夷。果真如此，那倒不如由现在的幕府来统治比较好。然而不管怎样，我们迟早要打倒幕府，只是目前尚没有打倒幕府的适当人选。真伤脑筋！"

我们边喝边谈，虽说是在房间里，但是并没有禁止别人出入，旁若无人地高谈阔论。我们这番话一定传到了长官的耳里。

◎ 被处禁足

如前所述，我在幕府的外交部担任翻译工作。回到江户之后，外交部长责备我："你在旅美期间，犯了过错，因此必须接受禁足处分。"不过幕府的禁足处分实在太宽松了，我仍旧可以自由外出，只是不能到衙门去，对我而言真是不痛不痒。我反而因此得到休假，真是谢天谢地。我立刻接受命令，不上衙门，专心一意地写《西洋旅游指南》一书。

◎ 家兄在萨摩藩

当年的六月下旬，我从美国返日。天下的局势越加紧迫动荡，我隐居在家，过着教书、翻译、写书的生活。我的生活虽然极为安静，可是外面的谣言甚嚣扰人，其中有一个传言是福泽谕吉的哥哥到鹿儿岛参与萨摩藩的政治。言下之意是哥哥如此，弟弟思想也有问题。

这个传言的产生也是其来有自。因为我动辄批评幕府的攘夷论，并主张打倒幕府。可是这谣言也未免太离谱了，因为家兄十几年前即已去世，怎么可能在鹿儿岛。我也不去平息这种世俗的谣言。

在幕府之中也有所谓的有志之士，向幕府提出种种奇策妙案，而我皆置身事外，遗世而独立。当局势逐渐紧迫，某一天中岛三郎助来我处，他说："你为什么闭不出门呢？""因为如此，所以闭不出门。""真是飞来横祸。众人皆在奋斗打拼，你怎么可以躲在家里？赶快出来！""不是说要出去就能出去，我被禁足在家。""好，我立刻帮你解除禁令。"

当时有一位大臣名为稻叶美浓守，中岛乃赴稻叶处帮我说情，使我能够再度踏入社会。那位美浓守是旧淀藩藩主，亦即目前退隐于箱根塔泽的那位老爷。中岛三郎助是旧浦贺的警官，于来年（一八六八）函馆战争时，父子皆战死，是个令人尊敬的武士。他的纪念碑，目前耸立于浦贺的公园。

◎ 不服从长官

这次的美国之行，我之所以被人排斥，说起来似乎都是别人的过错，然而事实并非如此。当初我要去美国时，我去拜托小野友五郎，取得他的信赖后，才得以当随从人员上船。因此照理说，我一切都要听从上司的命令，然而我不但始终反抗上司，甚至明显地违背命令。

例如，在美国时，小野发脾气对我说："你的事情已经办完了，你先回国。"我反驳："你带我来到美国，叫我做那么多事，现在事情少了，就要叫我回去，长官也没有权力命令人家中途回去。我离开日本时，是向阁老请假才出国，换言之，是奉阁老之命而来。你叫我回去我也不回去。"这件事应该是我不对。

　　还有一天吃饭时，我兴致大发地说："不知道幕府到底在想什么？主张什么攘夷锁港。你看品川港还增建炮台，开什么玩笑。建那炮台的人就坐在我们这张饭桌，建那炮台就能保住日本吗？日本可是一个重要的国家喔！"我当时大概疯了，竟然在大庭广众面前说这种话。虽然小野是个顽固之人，但是我的反叛心也太过份了。我被人讨厌是理所当然的，这一点，我毫无怨尤。

10 明治维新

> 庆应义塾是个安全的地方。在这里，大家一律平等，丝毫没有令人怀疑的地方。这里既有投靠贼军的人，也有官方的人，真是不可思议。这种事情是装不出来的。在我的心里完全没有偏颇的想法，我既不支持幕府，也不支持官军，要战争的话随你们，我表里如一，因此庆应义塾能够平安地度过这个时期。

时局越加紧迫，至庆应三年（一八六七）的岁暮，国情板荡，学生自然也受到影响，有的返回故里，有的奔散四方，学生逐渐减少。同时，我所居住的铁炮洲奥平行馆也即将成为外国人居留地，既然被幕府没收为居留地，我也无法住在该地。

即于庆应三年的十二月底，我买下新钱座一名叫做有马的诸侯的房子，我一搬到该处，铁炮洲即成为居留地。翌年，庆应四年，亦即明治元年（一八六八）的元旦，将军德川庆喜决定举兵远征京都。翌日，德川军开始挥兵而下。会津、桑名两藩的军队当前锋，往京都的南方，鸟羽与伏见进军，史称鸟羽伏见战争。

三日的傍晚，萨摩、长州联军与德川军开始战斗，直至翌日清晨，萨长联军打败了德川军。六日半夜，德川庆喜率领少数人员逃回江户。逃回江户城后，又发生了接二连三的大事件，这是王政维新的开始。直到当时为止，我坚决不介入政治圈。说起来，王政维新是我与政治产生瓜葛之始。要说明我一直不介入政治的来龙去脉，必须追溯到我的少年时期。

◎ 厌恶世袭门阀制度

我出生于下级武士家庭，在封建时代，日本国内任何一藩国皆极为守旧。各藩国武士的阶级都是出生时即已注定，上级武士即为上级武士，下级武士即为下级武士，宛如放在箱子里排列好似的，一点都不会变动。因此，出生在上级武士家庭的人，他的父亲亦是上级武士，他的儿子也是上级武士，经过一百年也不会改变。因此出生在下级武士家庭的人经常受到上级武士的轻视，不问个人的聪明愚劣，上级武士总是轻视下级武士。我从少年时期起即对此种制度忿忿不平。

此种不平的心理在受到别人侮辱时达到最高点。由于厌恶被侮辱的事由，反而使我忘记侮辱我的人，而只是痛恨那件事情。我认为拿自己的门阀作威作福的人实在可耻，也因此我认为这是件丢脸的事情。譬如，看到上级武士以高压姿态对待下级武士时，我虽然痛恨上级武士的傲慢无理，另一方面，我反过来想，这傻瓜只会作威作福，真是可耻又可怜，我在心中轻视他们。

有人说我当时少年老成，也有人说我是一个僧侣，说我为了教化人心，而提倡平等观念，反对歧视等等。但是一个十来岁的少年不可能思考那么深奥的事情，我当时只是认为借着世袭身份作威作福的人实在可耻。因此，我在中津藩内不管被人轻视或侮辱，都不会迁怒而羞辱他人。

譬如，我是下级武士出身，对上级武士则必须低声下气。如果依照这个道理类推，那么还有很多阶级比我低的武士，我便可以依照别人轻视我的态度去轻视他们，亦即宛如在长崎讨伐江户的敌人一般。如此虽然表面上能够扯平，但是我不能这么做。我不仅不这样对待他们，我对阶级比我低的人还十分客气。

◎ 父母的遗传

我这种态度并不是我始创的，我推测是得自父母的遗传。如前所述，家父是汉学者，身份与我相同，因此他一定也被上级武士轻视，然而他绝不轻视别人。譬如，江州水口的硕儒中村栗园，家父把他当作亲弟弟一样对待。本来栗园的身份仅是丰前中津染布店的儿子，亦即商人的儿子。由于商人是四民之末，藩中的武士没有人愿意与他交往。然而家父极为欣赏他的人品，尽管身份阶级不同，仍然待之以礼。让他住在大阪的中津仓储批发处的宿舍，而且还在各方面帮助他，使他终于成为水口的儒学者。

栗园与家父的关系如同骨肉兄弟，家父去世后，栗园老师仍将福泽家视为他的第二故乡，与我们保持交往直到他去世为止。由此看来，厌恶门阀绝不是我自创的，而是遗传自父母。因此，我在中津藩虽受上级武士的轻视，然而我不但不轻视阶级比我低的武士，也丝毫不轻视商人或农人，当然更不会对他们作威作福。至于阶级比我高的武士，你想要轻视他们也无从轻视起，因此我对他们只好若即若离，独自过着心安理得的生活。

◎ 不想在中津藩求取功名

既然不想与上级武士来往，当然更不想在中津藩求取功名，而且我也没有功成名就、衣锦还乡的野心。对我而言，那锦衣反而让我觉得害羞，不敢在大庭广众之前穿着。我年轻时即想，与其整天抱怨，不如离开藩国。这件事我不敢告诉别人，其实我的心早已离开了中津藩。

后来我赴长崎、大阪求学，也曾被中津藩聘至江户，教导藩国子弟荷兰学。然而我对中津藩的衙门极为冷淡，在极长的一段时间里，不曾对衙门有过什么建议。经常有在野的书生建议改革藩政、提倡洋学，或建议改革兵制。可是我从来没有提出建议，而且我也不曾向藩国大臣求取功名或争取一官半职。

我至江户之后，静观中津藩尝试各种改革。中津藩曾将兵制改采西式的操练法，对此我不曾出言褒贬评论。中津藩也曾拟提倡汉学，频频改革学校制度，亦曾将兵制改成甲州流派，以吹法螺来训练军队。这一点，我也只是冷眼旁观，不予置评。

有一次，我曾拜访一退休大臣，他极喜欢议论政治。他慷慨激昂地说："最近朝廷与幕府之间的关系甚为不稳，朝廷公卿不该如此，江户幕府的大臣所做的事也很无聊。"听完他的高见，照理说我也该对目前局势评论一番，可是我说："您所言甚是，朝廷公卿与幕府大臣皆诚如阁下所言，可是实际的政治往往无法像旁观者所想的那么容易。以我们自己的中津藩为例，藩政理应有得有失，可是在旁观者的眼中，或许他们认为藩政一塌糊涂。要是设身处地站在藩中大臣的立场设想，其实有很多事情不能随心所欲地改革，只好处处维持现状。太过于批评别人也不见得有意义。我不想评论政治。"

◎ 卖掉赏赐衣服

我的态度即是如此，不想谈论政治。因为不想谈论政治，所以也不想在中津藩当官。既然不想当官，就不需要拜托别人，因此可以说，我目中既无人亦无藩国。尽管如此，我也不想与中津藩敌对，我只希望安安静静地借住藩国的宿舍，过着平静淡泊的生活。

有一次，衙门有事找我，于是我到江户行馆的总务官那里。总务官说主君有一个东西要赏赐给你。他拿出一件绣有奥平主君家徽的丝织武士披风给我，此即所谓的"拜领家徽服"。然而我既没表示高兴，也没抱怨说这东西太简陋，只说一句谢谢。

我回家时顺道至亡兄的朋友菅沼孙右卫门值勤处，碰巧遇到一位不知是和服店还是旧衣店的老板也在那里。我听他们两人正在谈制作武士披风的事。我问菅沼："孙右卫门兄，你要订做武士披风吗？""对。""我有一件上等丝织披风，你想要吗？""那太好了，上面绣有家徽吗？""家徽是主君的家徽，谁都可以穿。""那很好。你拿来让我看看。""你想买的话，我正带在身边。就是这件武士披风。""果然是主君的家徽，那我可以穿。好吧，我买下来。刚好和服店的老板在这里，你要卖多少钱？""价钱由和服店老板来定。"和服店的老板说这是单层的披风，值一两三分。我们当场就成交了，我拿着一两三分钱回到铁炮洲的住处。

依照中津藩一般的习惯，若受赏赐绣有主君家徽的衣服，那是家门至高的荣誉，还要将受赏赐的日期写在家谱里。对我而言，穿不穿那件披风都无所谓，反而是金钱比较实在。拿了一两三分钱，我便可以买昨天看到的那本原文书，如果不买原文书，我就拿去喝酒。我就是这么率直天真。

◎ 主从之间亦礼尚往来

我的个性即是如此。我对藩国的感情，说好听一点是极为淡泊，然而在同藩武士的眼中，我只是一个无情的家伙。中津藩的年轻武士经常在酒席中批评我，我反驳："你们说我冷漠无情，可是我不曾做过对不起奥平主君的事情，也不曾干扰藩政，我一直遵守上面的命令。所谓的热心又是什么呢？我没办法做出厚脸皮的事情来，你们若说这就是冷漠，那我也没办法。刚才说过，我不仅不曾做出对不起藩国的事情，也从没向藩国要求什么报酬。我不曾说过要升官，也不曾说过要增加俸禄，你们有人听我要求过吗？你们可以问问藩中大臣以下的官员。要我厚着脸皮献殷勤，或是厚着脸皮哭泣求情，那可不合我的个性。如果说我这样做不对的话，那最好把我赶走。若下令把我赶出藩国，我会恭敬地遵命离开。人与人的交往都是礼尚往来。若是藩国对我说，你们历代都奉领藩国的薪俸，理应对藩国感激不尽，若是这样，那我也要说句失礼的话，我会说我们历代都为藩国努力奋斗，没有特别蒙受藩国的恩情。相反地，若是藩国说你们属下历代都对藩国有所贡献，那么我也要改变说法，我会谦卑地说，我们几代都受到藩国的照顾，实在感激不尽；我们这几代以来，也有人对藩国没有什么贡献的，也有人生病请假，然而藩国仍旧照发薪俸，让我们家族过着和乐安宁的生活，主君的恩情比海还深，比山还高。这就是礼尚往来，我甚懂得这个道理。我讨厌只会求取恩情，又批评我冷漠无情的人。"

◎ 征讨长州时劝学生不要回藩

长州藩的政局越来越不稳定，他们被贴上朝廷之敌的标签。元治元年（一八六四）七月，朝廷命令幕府讨伐长州藩。因此，幕府命令中国地区①、四国、九州岛二十一藩的诸侯出兵讨伐。丰前中津藩也派出军队。当时中津藩至江户留学的学生有小幡笃次郎等十人，他们因为出兵的征召而必须回国。我听到这个消息，对他们说不准回国。

派这些年轻人去作战极为危险，说不定被流弹打到而性命不保。在这前途未卜的战争中，让这些学生去拿枪，与叫农人拿枪没两样。我认为叫这些优秀的学生回去拿枪实在没有道理。即使没有中弹，若脚踏到铁钉也是一种损伤。因此我对他们说，你们不用管征兵令，尽管装病，拒绝回国。我一个也不让他们回去，万一有罪，顶多遭到放逐而已。

征讨长州这件事的对错另当别论，总之这不是学者书生应该参与的事情，我绝对不让他们回国。中津藩也不特别追究，没有强迫他们回国，只把罪归于他们的父兄，通知他们说，你们的子弟违背命令不回国，乃督导不周所致，应禁足两个月。

我的想法大致如此，我在藩国服务公职，可是不想参与藩政，也不想出人头地立身扬名，亦即我的心中丝毫不存半点世间所谓的功名心。

◎ 不满幕府的施政

我对中津藩的态度如前所述。至江户后，我受聘于幕府。后来幕府

---

① 日本本州岛西部地区，即现在的冈山、山口、岛根、鸟取、广岛五县。

要我当他们的家臣，答应给我一年一百五十大袋米的薪俸，但是我实际才领到一百大袋米，身份颇似"旗本"①。然而我与在中津藩时一样，不想升官求取功名，从不介意自己的身份地位如何，因此发生了一件趣谈。

在江户，他们称"御家人"为"旦那"②，称"旗本"为"殿样"③。我虽然成为旗本，但是从不曾想过自己是一个"殿样"，家人也不觉得我与从前有什么不同。有一天，一个在幕府就职的知己福地源一郎来我家门口问："请问殿样（主君）在家吗？""我们这里没这个人。""不在家吗？殿样不在家吗？"他与应对的下女如此对答。由于我家很小，我听到了他们的谈话。我走到玄关，请客人到里面坐。下女的确不明白"殿样"是谁，因为在我们家，没有人说过"殿样"，也没有人听过"殿样"。

◎ 赴欧船中的对话

话虽如此，我并非完全没有政治思想。例如，文久二年（一八六二）赴欧的船中，松木弘安、箕作秋坪与我三人，针对日本时事侃侃而谈。当时我说："我认为幕府已经很难统治全国，你们认为将各藩的诸侯聚集起来，组成类似德意志联邦的国家如何？"松木与箕作两人皆说："我们认为这样比较稳当。"

我们渐渐谈到自己的志向，我说："其实我的愿望是一年领两百大袋的米粮，身为将军的顾问，大力鼓吹文明开国，大刀阔斧地改革各种

---

① 幕府直属家臣，俸禄一万石以下，可以晋见将军者称为"旗本"，不可晋见将军者称为"御家人"。
② 有主人、施主、丈夫等意思。
③ 藩国的主君或贵人之意。

制度。"松木立刻附和："对！对！我也想这样做。"换言之，松木的功名心当时也仅止于领两百大袋米，向将军鼓吹文明开国的思想。当时洋学者的想法大同小异，没有人立志做大官发大财。不过，后来松木改名寺岛宗则，荣任明治政府的参议、外务卿等官职，以他本人的性格、资质而言，我认为并不适合。

此事搁下不论。盱衡当时的形势，天下的浪人，亦即革命分子，集中于京都。而江户方面则是德川幕府，亦即当时的政府，因而相当紧张。当时的日本政治分为东西两派——"佐幕派"与"拥皇派"，而我对此两派的态度又是如何呢？

第一、我极为讨厌幕府的世袭门阀制度与锁国主义，因此不想为幕府效劳。

第二、另一方面，拥皇派那群人的攘夷论比幕府更激烈，我无意帮这群破坏分子。

第三、姑且不论东西两派的是非曲直，男子汉大丈夫身处乱世，理当志在青云，不管是加入拥皇派也好，佐幕派也罢，皆应粉身碎骨，为自己的理想奋斗，然而这种雄心壮志与我的个性不合。

以下详细说明我的想法。我初次到江户时，对幕府的人员不怀好感。遇到"旗本"或"御家人"时，他们进退应对都很高雅，与乡下人不同。他们谈吐得体，举止大方，可是那只是表面功夫，他们既没有缜密思考事物的脑力，似乎也没有体力。然而他们是能够晋见将军的身份，而我当时只是诸侯的属下，无法与他们平起平坐。对于"旗本"等人，即使他们不在现场，也要毕恭毕敬地称呼他们，这种态度与对待京都那些无所事事的公卿贵族无异，表面上恭敬，心里却彻底地看轻他们。

◎ 葵叶家徽的威力

这些无脑力、无体力的幕府人员的态度叫人不敢领教。看起来似乎是小事情，然而当时最令我生气的是，在旅行途中，幕府人员的嚣张情形是当今之人无法想象的。譬如，我是属于谱代大名①的属下，在幕府人员的眼中，宛如低贱的蛆虫一般。我们若是在路上遇到三种人——幕府官员、穿着德川葵叶家徽衣服的"御三家"②、属德川家族的越前藩的诸侯，或是他们的属下，那我们就有罪可受了。

在寒风呼号的清晨，我们走出旅馆，欲渡河而过。我们任凭寒风吹袭，在河岸等候一小时，好不容易船只到了，大家欢欣鼓舞，正欲上船时，不料从后面走来穿着葵叶家徽的武士，他们优先搭上该船，而我们还必须在那里喝一小时的西北风。有时我们找不到抬轿的轿夫，只好到批发商处去拜托，好不容易找到轿夫，一个穿葵叶家徽的武士又来插队，此时心地再怎么善良的人都会火冒三丈。其实，幕府的这种蛮横无所不在，只是我们当时年轻气盛，觉得直接受到侮辱，在旅途中的一件偶发事件，便让我们不禁热血沸腾。我们不会加以深思熟虑，只是心中忿忿不平，心想世界上怎么会有这种恶劣的政府。

◎ 幕府的攘夷主义

前面说过，幕府的作威作福使得年轻气盛的我火冒三丈。此事暂且不论。关于开放日本的门户与外国往来之事，幕府的态度令人无法坐视。

---

① 德川家康称霸天下前的家臣。
② 德川一族中位阶最高的诸侯，指尾张、纪伊、水户三家。

当时我读洋书，又去美国，接着又去欧洲，欧洲回来之后再度赴美。我不仅做学问，还到国外实地考察，即使对外交只是懵懵懂懂，可是我知道与外国交际应该如此这般。

依我的见解，德川政府已经不能寄予期望。当时日本国内的舆论皆是一面倒的攘夷，所有的藩国皆是攘夷藩，只有德川幕府看起来像是主张开国论似的。但是我们要是往深处看，天下最大的攘夷藩，最讨厌西方国家的即是德川幕府。明治维新之后，虽然也有人在著作中发表德川幕府的宰相井伊直弼主张开国论，因此幕府是开国主义。这是什么话，开国主义全是骗人的。

井伊直弼这个人是如假包换、纯粹的德川直系武士。当火烧江户大城时，他守护幼君撤退到红叶山。他看到周围杂草丛生，虽然当时如惊弓之鸟狼狈不堪，他仍然亲自拔起腰刀，铲除杂草，手抱着幼君，彻夜站在屋外。此外，此人虽然曾经将京都附近的攘夷论者逮捕加以处刑，但是这不表示他憎恨攘夷论，而是害怕这些浪人威胁到德川幕府的政权。从这些事实看来，井伊直弼真的是德川家的心腹，他是个勇敢无双的忠臣。然而提到开国与锁国，则只能说他是地下攘夷家。

德川幕府之所以主张开国，是因为首当其冲，不得已只好主张开国。我们若是揭开他的假面具，即知他们是积极的攘夷论者。对于这样的政府，我不能寄予同情。兹举德川幕府一冥顽不灵的例子。

我身边有一本千伯版的经济论，在某个场合，我无意中向幕府的财政官员提到这本经济著作，该官员极为高兴地说："我很想看那本书，仅仅目录也没关系。"我回去立刻翻译，翻译中遇到 competition 这个字，由于汉文与日文中无适当词汇，我思考良久之后才创造出"竞争"一词来。我将二十几条的目录翻译之后拿给该官员过目。

该官员看得频频点头称是，但是他提出一个异议："这里有个'争'

字，我认为这个字不大妥当，究竟是怎么回事？""这个字没什么稀奇，就如同日本商人目前所做的，若是隔壁的商店卖得便宜的话，那么我就卖得更便宜。要是甲商人改良他的商品，乙商人就会改良得比他更好，以招徕顾客。若是某个钱庄降低利息，则隔壁的钱庄也跟着降低利息，以求生意兴隆。我把这件事称为竞争。""原来如此，西洋的制度很辛苦。""这没什么辛苦的，商业的世界都是靠这个原理来运作。""听你这么一说，我也大致了解。可是我总觉得'争'这个字不妥当，不能拿给阁老看。"

我听他提出这种谬论，心想，他大概是想在经济书籍里找到人们互相礼让的字眼。譬如，一边做生意，一边还为了忠君爱国而免费卖东西，他大概是想在书中看到这样的句子。于是我说："您要是认为'争'这个字不妥当，那我也找不到其他的词汇翻译，干脆把这个字涂掉。"因此我把竞争两字涂黑，然后把目录交给他。我们从此事即可知幕府全体的心态。

征讨长州藩时，外国人皆颇为注意此事。有一次，某英国人或是美国人写信给幕府，问长州藩的诸侯究竟犯了何罪，为什么要征讨？当时的阁老官员讨论良久，写了一封冗长的回信。在那封信中，完全没提到开国与锁国的论争。照理说，回信中应写目前我们已经开国，可是长州藩的诸侯不遵守政府的命令，仍仇视外国人，或写他们在下关对外国的船舰开炮射击。然而回信中完全没出现有关开国锁国的文字。只写一些汉学者喜用的字句："他们在京都胡作非为，违反敕命，违背幕府命令，其大罪罄南山之竹而难书。"我看到回函，知道幕府已经不可救药。表面上假装开国，其实非常想要攘夷，我对幕府已经无法表示同情。

话说回来，若由京都的拥皇派浪人取代幕府，那又如何？若由他们执政，反而会变成更加激烈的攘夷家，他们比幕府更差。"尊皇攘夷"

与"佐幕攘夷"虽然名称不同，其实双方皆是如假包换的攘夷家。其攘夷虽有程度之别，但其争论点在于是否要将攘夷的动作表现出来而已。他们针对这一点争吵，结果京都的攘夷派与关东的攘夷派互相发炮射击。双方皆不足取。

这两者当中，特别是京都的攘夷派，既杀人又放火。问其目的，他们说，即使把日本破坏成焦土，也要彻底攘夷。他们的一举一动都必须是为了攘夷。虽然日本全国人民也起来响应他们，但是我无法同情他们，加入他们的行列。这些人其实是使日本亡国的人。若把国家交给这些野蛮人，那么亡国即在眼前。我一直认为京都这群浪人真是无法无天，我绝不拥护他们。

在这个时期，先师绪方洪庵的夫人隐居江户，对我而言，她是如同母亲般的恩人。有一天师母把我和箕作两人找去，她说："你们虽然受聘于幕府，但这个工作毫无益处，应赶快辞掉。你们应该到京都去看看，那里较有发展。"我们听了师母的说明之后，才知道村田藏六（后改名大村益次郎）或佐野荣寿（常民）这些革命分子皆在绪方家出入。师母知道他们的革命行动之后，因为她把我和箕作看成是自己的儿子，才劝我们不要待在江户，要到京都、大阪去。当时我和箕作回答："谢谢师母。到大阪去，一定会有发展，可是我们还想保住头颅，不能加入攘夷的行列。"亦即我们无法参与京都浪人的工作。

关于我本身的私事，还有一件事值得一提。我在少年时期即离开中津藩，因此没有正式服务藩国的公职。我到江户来，虽然受聘于幕府，但也只是执笔翻译的技术人员，从没参与政治。因为我自认为是技术人员，因此不想在政治上求发展。我自己既不想走上仕途，而且也没那个能力。

即使我发愤图强，投靠幕府或京都，我也不愿仰人鼻息，在别人底下工作。我在中津藩是个下级武士，一直受到轻蔑侮辱，那种怨恨真是刻骨铭心，无法忘怀，现在要我去屈就别人，向人低声下气，这我做不到。若你问我不想当政治界的大人物吗？我也不想干。如前所述，我不想在一成不变的制度里当个小人物，同样的，我也极为讨厌在一成不变的制度中作威作福，藐视别人。

我从幼年时起，从未直呼别人的姓名。除了对车夫、马夫、工人、小商人等下层社会的人之外，我不曾说过无礼的话。我不仅对青年书生，对家里的小孩也不直呼其名。另一方面，我对政界或社会上的大人物，也不觉得他们有什么了不起。假如他是个白发老人，那我即以对待老人应有的态度对待他。如有高官态度高傲，我只觉得可笑，不想与其谈话。这不知是我天生的性格，还是书生的习性，总之直到老年我皆如此。我这种个性，自然与官场文化不合，我自认为在明治维新前后是个特殊的人物。

话说德川庆喜将军所率领的幕府军于京都败给了萨摩、长州联军，明治元年（一八六八）一月八日，德川庆喜从京都逃回江户。当时朝野哗然，不仅武士如此，连拿笔的学者、医生、和尚等人，皆整天谈论政局，如痴如狂，每个人相见总是谈论此事。幕府城内已是脱序状态，本来大小诸侯的会议室常有会议，现在则变成宛如没有住持的佛寺，有的人盘腿而坐大声吃喝，有的则从袖子里拿出一小瓶的白兰地来喝，秩序礼仪荡然无存。

我认为有必要出去观察时势。虽然江户城内外交部的翻译工作已经停摆，我还是每天照常进城，一半为的是观察动向。兹举一当时流行的政论。有一天，加藤弘之与某人——名字已经记不得了——穿着正式武士服在外交部休息。我看到他们说："加藤君，今天你为什么穿得这么正式？""我们请求晋见将军。"当时德川庆喜将军已经回到江户城，因此，策士论客、忠臣义士群集城内，他们慷慨激昂，悲愤异常，向将军呈献种种奇策妙案：京都的贼军已经出发，我们必须在富士山将他们拦下；不，我们要利用箱根的险阻之势，于二子山歼灭贼军。东照神君（德川家康）三百年的伟业不可毁于一旦，吾人身为臣子，与其成为知义的王臣苟且偷生，不如做个知恩的忠臣毅然赴死。

不用说，加藤弘之也是他们的一分子，他一定是想请求晋见德川庆喜。因此我说："有一件事情拜托帮我打听一下。你们大概知道是否会发生战争，知道的话，请通知我。""你打听这个干什么？""这还要问？要是决定发动战争，我就捆绑行李准备逃走。如果不发动战争，那我就可以悠闲地生活。对我而言，战争与否是个极为重要的问题，请你帮我打听一下。"加藤听了怒气冲天地说："事到如今还说这种风凉话，莫名其妙。""不，这不是风凉话，对我而言，这是生死问题，你们要战要和都是你们的事。若是发生战争，我即立刻逃走。"只见加藤暴跳如雷。

又有一天，外交部的职员出来问我："请问福泽先生有几个部下？""什么事？""万一有事，我们必须为在江户城内的人准备伙食，所以现在要调查人数。""喔！原来是这样，太谢谢你了。不过我既没有部下，也没有长官。请不要算我的伙食。如果知道战争就要爆发，我哪可能来到江户城悠哉游哉地吃便当？我一见大势不妙，立刻三十六计走为上策。请不用费心安排我的伙食。"我一边喝茶一边笑着说。说实话，若是德川幕府真的想作战，绝不允许我高谈阔论，一定一刀把我的头砍下。换言之，幕府末年的情形看不出会正式开战的样子。

在这之前，当德川庆喜将军回到江户时，说是为了政治改革而任命种种官员。这全是个闹剧。譬如，任命某人负责新潟衙门，某地的代官由谁担任，甚至任命某人掌管弃守之地的衙门，亦即在江户成立虚拟的衙门。此外，也有人被任命为监察官，有人当采购官。我记得加藤弘之、津田真一郎（真道）被任命为监察官或采购官，我也差点被封为采购官。聘书按正式仪式半夜送到我家，可是我拒绝："对不起，我生病无法任职。"

局势日益紧迫，官军（京都势力）进到江户城，在江户成立"镇将府"，德川庆喜乃至水户隐居，这是庆应四年，亦即明治元年（一八六八）春天发生的动乱。当时我在芝区的新钱座买了一栋房子，因此必须搬家。那栋房子占地四百坪，建筑物有店面长屋及仓库各一栋，我必须为学生盖教室及宿舍，而且也必须盖我自己居住的房子。

当我开始兴建房子时，正好是江户市内最动乱的时期，如此反而更有利。整个江户都没有人在盖房子，不仅如此，放眼望去尽是些捆绑行李、准备至乡下避难的人。准备周到的人家，还把大灶里的锅子拆下，自己另做土灶煮饭。就在这个时节我开始兴建房子，因此木匠、泥水匠欢喜之情溢于言表。工钱便宜得令人难以相信，他们只要有饭吃即可，亦即只要给他们米粮费就肯工作，因此，给了一点点工钱，就来了一大堆工人，房子一下子就盖好了。

其实那间房子也不算是新建的，我将奥平行馆拆掉，在上面盖了约一百五十坪，一切费用总共约四百两。我记得房子于明治元年四月完工。

我要盖房子时，我的朋友特别来阻止我："哪有人现在兴建房子的？到处都在拆房子避难，只有你一个人要盖房子。"我回答："话不是这么说，我现在要盖房子，看起来好像很好笑，若是我去年开始盖，那又该如何呢？发生战争逃难时，我也不可能扛着房子跑。不错，若是现在发生战争，或许房子会被烧毁，或许不会。即使烧掉了，就当作是去年盖的，不足惋惜。"我毫不犹豫地开工，结果房子安然无恙，就好像做投机生意成功似的。

另一方面，由于我盖新房子，新钱座附近因而鲜少有人逃难。他们大概认为，这边既然有人盖房子，应该不会发生战争，暂时不要搬家。其实我当时心存恐惧，说不定房子从什么地方开始烧起，届时我要到什么地方避难？若是在房子里挖个洞躲起来，要是下雨那怎么办？若是躲在仓库的地板下，万一遭到炮击怎么办？

正在左思右虑之际，我拜托几个纪州藩的学生带我去附近的纪州行馆（现在的芝离宫），那里有一个广大的庭园，而且有双重高低不平的堤防可以避难。我认为这个地方很好，万一枪炮声响，我可以逃到这里。可是这里不能从正面进去，只好从海岸进来。就在最后时刻，我租了一艘小船，租期五六天，我将小船系在新钱座的海岸。我计划时候一到，我们全家即搭上那艘小船，从海路驶往纪州行馆，躲藏在堤防之间。

当时我有两个小孩，即长男一太郎与次男舍次郎。我正计划将全家带到该处避难时，发觉情况并没那么令人担心。官军进入江户城后，军纪相当良好，态度也很温和。前面说过奥平行馆在汐留，而一太郎的祖母即住在奥平行馆。

有一次，五岁的一太郎住在他祖母处。第二天，据说有不法之徒聚集在附近的"增山"诸侯行馆，长州藩的士兵乃前去围剿；有人被捕、有人被斩、有人掉进奥平行馆的水沟中，又被人从上面用枪刺死。而我的小孩住在祖母处，我担心奥平行馆被烧毁，祖孙两人的处境堪忧。我也没办法接他们回来，结果到了傍晚，战斗终于平息下来。此时官军很温和地对我说，你们只要静静地待在家里，我们不会伤害你们，我们军令如山，请你们放心。他们不断安慰我。我们家人都毫发未伤。这与我先前的想象相差很大。

◎ 庆应义塾日益兴隆

到了四月,我的房子也已竣工。学生在庆应三年(一八六七)与庆应四年之际分散四处,在我身边者仅十八人。至庆应四年四月始逐渐归来,眼见着庆应义塾的学生增多,渐成气候。

我第二次赴美比第一次赴美时领到更多的钱,而且旅行中的费用全由政府支付,因此政府给我的津贴全都没用,我尽量将那些钱拿去买书,包括大、中、小的辞典,地理、历史书籍等,此外还有法律、经济、数学等书籍。这些书都是第一次进口至日本,义塾中几十个学生都能拥有原文书,努力进修,对他们而言,真是方便之至。

在那十几年里,美国出版的教科书能在日本国内供学子研读,全是我开风气之先将美国原文书带回日本的功劳。我这么做的原因是,学生在庆应义塾学习,毕业之后至各地担任教师,当他担任教师时,自然会将其所学带至该校。因此庆应义塾所用的教科书在日本国内广为流传,此乃自然的道理。

◎ 身处官寇之间不偏不党

前面说过,官军非常温和,令人疑惧一空。可是在政治方面仍极为敏感,容易被贴上某某嫌疑的标签。我为了让自己不被贴上这种标签,尽量使自己透明化,亦即,我使住宅与义塾透明化,绝对找不出一支枪、一把刀、一弯弓箭,一切让人一目了然,一览无遗。

由于我采取这种态度,所以官军与贼军都在我的地方进出,我都没有排斥,也都不偏袒,双方皆是我的朋友。此时发生一件趣事。当官军进入江户城，而贼军尚未据守上野前，在市川附近发生小冲突。贼军方面有人夜晚至市川战斗，白天则到义塾睡觉，我完全不在乎。我听他讲战斗的情形，只对他说："原来你做这种危险的事，不要去比较好。"

◎ 古川节藏脱逃

古川节藏乃"长崎丸"的船长，他对我说他想比榎本釜次郎先逃离江户，投靠贼军。古川节藏是我前几年从大阪带来的朋友，我把他当弟弟，因此我亲切地制止他："你不要这样做，这场战争没有胜算，稳输不赢。我不说东西两军何者有理，事情演变到这种情形，你即使搭船逃离江户也不会改变战局。我看你不要这么做。"

节藏仍不服输地说："哪有这回事，我们一定会打赢，我就要出发了。我要召集各方同志，搭上此船，在适当的地方举兵反击。官军若至江户，我们便出其不意将船只开到大阪湾从后面攻击，官军一定抱头鼠窜。"他不听我的话，所以我说："既然这样，那就随你，我也不管你的输赢了。我不想帮助你，可是你的妻子太可怜了，我会保护她的安全。你既然不听我的话我也没办法，你高兴怎样就怎样。"我们就此告别。

◎ 学生发疯　自美国归返

还有一件事情。此时有一位仙台来的书生名叫一条某某，他从前在我的私塾学习，之后到美国留学，现在从美国回来。我听说他发疯了。又有一名我的学生，他与一条同窗，名叫柳本直太郎。直到最近，柳本在爱知县当书记官，现在似乎已经当了市长。这柳本听到同窗的一条生病了，便到横滨，特意上船为一条看护。

当时仙台藩是朝廷之敌，在江户如遇到仙台人即立刻逮捕。一条现在来到了横滨，他是仙台人，本来应该逮捕，可他又是个疯子，官军不知如何是好。当时寺岛（宗则）掌管横滨衙门，他下令，一条是个疯子，不用逮捕。就在这时，这病人开始怀疑起别人，认为食物被下毒，拒绝进食。他大约有一个星期都不吃不喝，眼看就要饿死了，不管大家怎么劝说，他都拒绝饮食。

不料，这病人突然说他想见福泽老师。可是我住在江户，横滨衙门只准他待在横滨，不知是否可以带他到江户去。于是乃向衙门长官（寺岛）请教，长官说，若是去福泽处，则没有问题。因此他们把他带到我新钱座的家。此时发生了一件趣事。一条来了之后，我先和他寒暄问候，我拿茶请他喝，他竟然喝了。我劝他吃饭，于是拿出饭团给他。我说："我也要吃，你也吃一个。你要是不敢吃的话，你就吃我吃剩的一半，保证饭团没有被下毒。"结果他也吃了饭团。

既然吃了饭团，就表示他忘了食物有毒的事。大概是他到了我这里便放了心，也恢复了食欲。可是他仍是个病人，不知会做出什么事来，因此需要有人日夜看护他。有趣的是，当时我这里既有官军也有贼军，官贼两军的人士轮流看护病人，既没有冲突也没发生不愉快的事情。也就是说，庆应义塾是个安全的地方。在这里，大家一律平等，丝毫没有令人怀疑的地方。这里既有投靠贼军的人，也有官方的人，真是不可思议。这种事情是装不出来的。在我的心里完全没有偏颇的想法，我既不支持幕府，也不支持官军，要战争的话随你们，我表里如一，因此庆应义塾能够平安地度过这个时期。

◎ 新政府征召

王政维新终于底定，于大阪成立明治临时政府。这临时政府下达征召令，首先被征召的是神田孝平、柳河春三与我三人。柳河春三不喜欢至大阪，因此他说虽然接受命令，但是希望在江户就职。神田孝平则奉命前往大阪履新。我则再三推托生病不能出仕。

后来，大阪的临时政府迁至江户，江户的新政府又三番五次地要我出来当官，我始终拒绝。有一次神田孝平至我处劝我务必出来为官，我回答："你到底怎么想？男子汉的出仕隐居，钟鼎山林各有所好，这不就是一般社会上的道理吗？依我的见解，你之所以为新政府工作，是因为你实践你平生之所好，所以我非常赞成。但是我却讨厌做这件事，所以我不出来做官，也是实行自己的所好，这与你出来当官是同样的道理。因此，现在我支持你的出仕，你也应该赞成我的在野，为我的退隐江湖好好地赞美我一番。今天你不但没赞美我，还叫我出来当官，这不是太不够朋友了吗？"由于我们两人交情很好，所以我直言无讳地反驳他。

◎ 学者与豆腐店同等

在拒绝了神田的邀请之后，我又再三向政府声明绝对不在政府机关做事。有一天细川润次郎来找我。当时政府尚没有"文部省"这个机构，他来劝我负责政府的学校部门。我仍然如同往常一样回绝他。我们谈了些话之后，细川说："政府不会白白叫你工作的，你为国家效力，政府会好好表扬你。"

我回答："我不知道为什么需要表扬，也不知道为什么不需要表扬。

每个人做自己该做的事情,不是很正常的吗?车夫拉车,豆腐店卖豆腐,书生读书,这都是尽他们的本分。如果说做自己本分的事,政府还要表扬,那么就应该先从隔壁的豆腐店开始表扬。换句话说,我认为根本没有必要表扬。"我的言论也太武断了。

我之所以讨厌政府,归根究柢,在于我有一先入为主的观念,即明治政府是个守旧的攘夷政府。我最讨厌攘夷了,我认为如果主张攘夷,那么即使政府改变了,国家也没有办法维持下去,日本将四分五裂。

没想到后来政府渐渐走向文明开化的康庄大道,真是可喜可贺。然而我当时无法预测会有今天的情景,只以当时的情况来评价。当时我认为这群诸藩的牛鬼蛇神尽做些傻事,制造个守旧的攘夷政府,这些家伙恐怕会把国家亡了。因此我下决心尽量远离政府,在日本努力做自己想做的事情。

◎ 对英国王子举行祓除仪式

我之所以认为明治政府是个攘夷政府,绝不是没有证据的。现在介绍一奇谈如下。王政维新之后,究竟是明治元年(一八六八)还是明治二年,我已经记不得了,英国王子来日本访问,预定将进入东京城。这件事,表面上是要迎接贵宾,可是政府官员却认为让充满晦气的外国人进入皇城有待商榷,因此当王子将进入皇城时,官员在二重桥上为他举行洁身的祓除仪式才让他进城。

这件事情成为国际上的笑柄。当时美国代理公使波德曼每每向华盛顿政府报告自己任地的情况,但是如果写不太重要的事情,总统是不会过目的,相反的,如果写总统肯过目的报告,则是公使的荣誉。波德曼公使发现了英国王子入城的祓除仪式消息后欣喜若狂,认为若将此事写上，总统一定会看这个报告。他写了一个触目惊心的标题：Purification of Prince of Edinburgh，亦即"爱丁堡王子的祓除仪式"。而此文的内容是，日本是个夜郎自大的小锁国，经常视外国人为禽兽。此次英国王子入日本皇城访问时，日方于城门外替王子举行祓除仪式。他并加以说明，所谓的洁身祓除仪式，是日本上古时代替晦气缠身的人举行浴水洁身的仪式，至中世纸张发明以来，用纸张做成类似拂尘的祓除工具在人身上抚摸，以拂去身上的晦气污秽。此次为英国王子所施行的祓除仪式，即表示在日本人的眼中，英国王子只不过是一只不净的禽兽。

这件事情是我从好友尺振八那里听来的。尺振八当时于美国公使馆担任口译员，他来我家对我说，最近发生了这件趣事，真好笑。他把事情的本末一五一十地告诉我，我听了真感到痛心，不但笑不出来，而且还想哭。

◎ 美国前国务卿批评日本

当时，美国前国务卿西华得与女儿一起到日本游玩。西华得是美国有名的政治家，他在美国南北战争时极为活跃，在林肯遇难的同时，他也被凶手杀伤。他本来与英国人不合，可以说是个亲日派。可是这次来日本实地一游之后，再也无法偏袒日本。他批评，这种性质的国民，令我很同情，这些国民无法自立。

依我的见解，新政府官员的一举一动都离不开儒教的糟粕，他们据守古学的窠臼，喜欢摆一副官架子。外国人也才会发出如上的评论，这种评论令人痛心疾首。不过，我是个日本人，不能袖手旁观。政治方面只好让它顺其自然，而我自己该做的事情是，将自己所学的洋学教给学生，尽最大的努力著书翻译，希望能将我国国民引导向文明之国迈进。

我的希望虽然很渺茫，但是我很坚持。

◎ 担心孩子的将来

我当时的心情真是非常落寞孤寂，我不曾向人诉说心事，现在敞开胸怀来忏悔。在维新前后，我看到国家混乱落后，觉得我们国家难以独立，将来不知会受到外国人的何种侮辱。可是我盱衡全国，找不到一个人可以诉说我的心情。我自己一个人无法成什么气候，而且我也没那种勇气，当时的情形真是可怜。

将来若是外国人开始对日本嚣张跋扈，我自己还勉强可以避开这个灾难，可是小孩仍有一段很长的路要走，他们太可怜了。我拼了命也不让他们当外国人的奴隶。我也想过让他们当天主教的神父，远离人间政治。这样他们可以自食其力，不会烦扰别人。而且他们身为神父，自然可以免除外国人的屈辱。我自己没有宗教信仰，只因担心小孩的未来，而想让他们出家，心里千头万绪。三十年后的今日回想起来，一切如梦似幻，只能由衷感谢今日我国能走向文明开化之途。

◎ 学费的滥觞

我将铁炮洲的私塾迁到芝区的新钱座，是在明治元年（一八六八），亦即庆应四年的事。由于是在明治改元之前，所以我将那所私塾的名称冠以当时的年号，取名为庆应义塾。那些离散的学生也逐渐归来，庆应义塾日益兴隆。随着庆应义塾的兴隆，也就产生管理义塾的问题，因此我制定了义塾规则。又由于手钞本费时，所以改印木刻本，学生人手一册。在众多规则当中，有一条规则是每个月得向学生收取学费，这是庆应义塾首创的规则。

从前日本的私塾都是模仿中国的制度，在学生入学时缴纳束修，尊称授业的人为老师。入学后，只在中元与岁暮两次，学生各自将钱或物品包装好，插上礼品标签，送到老师家。可是我的想法是，只交束修的话，老师不会尽全力教书。教授也是社会上的工作之一，每个人做自己的工作而拿报酬，这并没有什么不好的地方。因此，可以公然地订一个价钱，取名为"学费"，亦即每个学生每月交二分钱，由庆应义塾的高级生来教他。当时在义塾中食宿的高级生每个月只要有四两钱即可口。因此，每个月学生将学费交齐之后，我即分别交给教师每人四两，这样他们就不会饿死。若是还有剩余，那些钱就拨给义塾。

现在学生缴交学费似乎是理所当然的事情，可是在日本国内首次收学费时，震惊了天下人的耳目。我对学生说："你要交二分钱，既不需要礼金袋，也不需要插上礼品标签。你若是拿一两过来，我会找零钱给你。"我虽然这么说，学生还是用礼金袋包好送来。我对学生说这样会占用数钱时间的，于是把礼金袋还给他。这种作法当然很煞风景，难怪会惊世骇俗。

有趣的是，现在缴交学费已经成为日本的风俗习惯，大家一点都不稀奇。不管什么事，开创新制度并实行，只有横冲直撞的人才做得到。这个制度能够很顺利地完成，而且在不知不觉中成为社会上的习俗，对我而言真可谓功德圆满，心满意足。

◎ 上野之战

新钱座的庆应义塾幸好没被兵火烧毁，教室也整修完毕，可是社会上仍喧嚣不已。明治元年（一八六八）五月，上野发生大战。在这前后，江户市区的戏院、演艺厅、相声馆、饮食店全都歇业。整个江户市区一片漆黑，秩序乱得一塌糊涂。可是在战争那一天，我也不停课。虽然上野炮声隆隆，可是上野与新钱座距离两里，我们不用担心炮弹飞来，当时我正用英文书讲解经济学。由于声音嘈杂，还可看到炮烟，学生觉得很有趣，拿着梯子爬到屋顶上观看。这个战争从中午打到晚上，然而对我们来说，可说毫无关联，一点都不可怕。

◎ 日本唯有庆应义塾屹立不摇

奇怪的是，由于我们处变不惊，在兵荒马乱当中，却流行起学习西洋文物的风潮。上野的战役刚结束，奥州的战争又开始，然而学生仍陆续入学，义塾的学生越来越多。

盱衡当时的社会，德川幕府所办的学校已经垮台，连教师都行踪不明。而维新政府根本无暇顾及学校的问题，日本国内仍继续教书念书的地方，唯有庆应义塾。

当时我曾经鼓励义塾的青年学生："从前，由于拿破仑入侵，荷兰的命运因而断绝，其本国不用说，连印度的领土都被占领，全世界找不到能够插国旗的地方。然而，幸好全世界唯一还有一个地方能够插荷兰的国旗，那即是日本长崎的出岛。当时的出岛是荷兰人的居住地区，欧洲的兵乱并没有影响到日本，出岛的荷兰国旗仍然在百尺竿头上飘扬。现在荷兰人经常夸口，荷兰王国不曾灭亡。同样的，庆应义塾为了日本洋学的存亡，亦与荷兰的出岛相同，不管世上如何动乱，我们绝对不让洋学的命脉断绝。庆应义塾一天也不停课，只要义塾还存在一天，大日本即是世界的文明国。我们不要在乎世间的变动。"

◎ 私塾风纪难管理

虽然如此，我为了管理义塾的风纪，吃了不少苦头。战争结束后，虽然学生增加很多，可是前来的学生大都是奥州战争结束后退役的少年学生，他们没有回国，只把枪支一丢即来求学。其中尤以土佐藩的年轻武士最令人感到害怕，他们虽然没携带枪支，但是插着长短武士刀，好像随时都要砍人的样子。这么凶狠的武士，却穿着女人的和服。我问他怎么穿这种衣服，他很骄傲地说，这是在会津抢来的衣服。他看起来血腥恐怖，一看即知是个棘手人物。

前面说过，我在新钱座创设庆应义塾的同时，制定了简单的义塾规则：在义塾中，不准借贷；该睡的时候睡，该起床的时候起床；要在规定的时间至餐厅吃饭；不准随便涂鸦，不仅禁止在墙壁、纸门涂鸦，连自己的纸灯、桌子、一切物品皆不准涂鸦。既然制定了规则，就必须执行。

因此若有人在纸门涂鸦，我就用小刀将那部分割掉，叫住在那房间的学生补上。若在纸灯上涂鸦，我就责备纸灯的主人。有时被责备的人会说："这不是我写的，是别人干的。"可是我也不原谅他，我说："说别人写的不成理由，自己的纸灯被人涂鸦还不在乎，只能说是个傻瓜。处罚傻瓜的方法就是早点去换纸张，涂鸦的纸灯不准放在义塾里。我把它撕掉，你自己去贴上。"我丝毫不让步。不管怎么凶狠的年轻武士，我都不畏惧，照样严厉训诫。

有一个武士，我已经忘记他的名字了。我看到他的桐木枕头上有涂鸦，我说："这是怎么回事？我说过即使是自己的私有物品也不准涂鸦，你这是什么意思？我想把你的枕头刨掉，但是我无法刨掉，只好将它打坏，你再去拿一个新的来。"我把他的枕头放在脚下踏碎。我一副若是不服气的话尽管放马过来的样子，可是对方没出手。说起来，我的体格相当粗壮，可是我不懂武术或柔道，生平也不曾打过人。但是我训诫人的样子，就好像要抓人打人一样，我不是用嘴巴吓人，而是用身体唬人。大家也都被我唬了，相当听话，连从战场上回来的血腥家伙也安静下来，义塾总算上了轨道。义塾中，也有非常温和、具学者风范的少年，他们认真求学，义塾的学风因而日盛，直到明治四年（一八七一）为止，他们都在新钱座求学。

◎ 文部省草创

维新的动乱也差不多平息了，天下趋于太平。然而新政府要整顿的事情千头万绪，直到明治五、六年（一八七二、一八七三）为止，仍无法触及教育问题，因此全日本专教洋学的地方唯有庆应义塾。一直到"废藩置县"①为止，只有庆应义塾专教洋学，同年文部省草创，翌年八月三日，文部省公布了新的"学制"，明治政府才开始致力于教育改革。

庆应义塾仍照以往教授学生，学生人数逐渐增加，经常维持在两三百人左右。教授的内容只限于英学，亦即只教学生读英文书籍，理解英文书籍。日本自古以来都读汉学，可是我们没把重点放在汉学，因此学生当中很多人看不懂汉文。由于光读英文，不读汉文，所以也有少年看不懂日文书信。我们的方法与别人相反，一般人是先读汉文之后才读英文，而我们这边有不少人是先读英文，之后才读汉文。

如波多野承五郎等人，从小就只念英文，因此看不懂日文信。可是

---

① 一八七一年七月，明治政府废除原本的藩国，改设置府县。同年底，除北海道之外，共设置三府七十二县。

他聪明绝顶，学完英文之后，再学汉文，结果汉文也学得很好，现在已成为日本的大学者。

◎ 教育方针注重数理与自立

说起来，我于日本戮力提倡洋学，想尽办法让日本成为西式文明富强之国。我使庆应义塾成为西洋文明的领导，使之宛如东道的主人，也可说是一手包办西方文物制度的买卖，或是西方学问的特别代理商。外国人并没有拜托我这么做，而是我主动这么做，难怪会受到守旧顽固的日本人的厌恶。

我的教育主义着重在自然的原则，亦即以数、理两科为根本，然后发展出万种有形的实际学问。至于道德方面，我将人定位在万物之灵，能够自尊自爱，不做卑鄙之事，不做不道德的事情。不管在什么情形下都不触犯不仁、不义、不忠、不孝等事，把自己的品性提升至高尚的境地，培养出独立完整的人格。我定好这两个基础之后，专心一意地付诸实行。

我们比较东西双方进步的缓急，可以看出极大的不同。虽然双方皆有道德的准绳，也有经济的议论，在文武方面各有优劣，可是我们从国力的强弱来看，在富国强兵、为最多数人民谋求最大幸福这方面，东方诸国明显落后西方国家。若说国力的强弱是取决于国民的教育，那么双方的教育必然有所迥异。

我们拿东方儒家思想与西方文明思想来比较，东方所欠缺的是，在有形方面是数理学，在无形方面是自立精神。不管是政治家治理国事，还是企业家从事工商买卖，甚至国民爱国，家庭亲情浓郁，莫不出于此二者。自从有人类、国家以来，西方人的万物万事都离不开数理与自立精神。而如此重要的两种原理，却是我们日本向来所轻视的。在这种情况下，短时间内，日本不可能与西方诸强并驾齐驱。我深信这完全是汉学教育的过错，我们因为资金不足，无法在私塾中设立专科，不过我们尽量以数理为教育的方针，另一方面提倡自立论，随时随地不断地提醒学生注意此事。

我本人也努力实践，在不知不觉中，我越加不信任汉学。时至今日，我听到庆应义塾的毕业生出社会后，不管其身份地位如何，在数理方面不会迂腐不通，并显出高尚的人格，能够独立处世。这是我老年余生的一大乐事。

前面说过，我不仅不信汉学，不注重汉学，从年轻时开始，我就想更进一步把陈儒腐说一扫而空。一般的洋学者或翻译员诋毁汉学者并不稀奇，也不会造成太大的伤害，然而我读了不少汉文书，却假装不懂汉文，而且还抨击汉学，因此格外受到憎恨。

我在一般人面前佯装是个汉学的门外汉，可是汉学中的典故我大抵都知晓。如前所述，我从少年时起即跟随严格的老师学习艰深的经史，不但熟读《左传》、《国语》、《史记》、《汉书》，连《诗经》、《书经》等经义，以及老庄等较有趣的书籍，我都曾听老师讲解，自己也曾研究。这些完全是丰前中津大儒白石老师的教导之恩。我明明通晓经史之义，偏装作不知，我往往不客气地攻击汉学者的弱点，可说是个叛教者。站在汉学的立场，我是个旁门左道。

我之所以将汉学视为敌人，那是因为我深信，在今日开国之际，若是陈腐的汉学占据了少年的脑子，则日本无法进入西方文明之国的行列。因此，我要尽最大的力量拯救他们，将他们引导至我所信仰的原则。我的态度是，全日本的汉学者尽管攻击我，由我一个人来抵挡他们。纵观当时的政府及社会，虽然文明教育已经稍微普及，可是中年以上的人可说与洋学无缘，当他们思考或决定一件事情时，都以汉学的道理为依据。汉学可说是做人处世的最大准则，而我却完全否定汉学，因此我深感自身的安危受到威胁。

◎ 著书翻译　一切中立

维新前后是我致力于著书翻译的时期。这著书翻译的由来，我在《福泽全集》的序言中写得很清楚，在此省略不谈。我著书翻译的工作，完全是我一人的想法，既没有受到他人的指示，也没与别人商量。我照自己所想的执笔，我没把草稿拿给汉学者或洋学者看，也不曾托人写序文或题字。

我这种做法也与当时的做法迥然不同，其实或许应该请当时的大老写序文较好，可是我讨厌这样做。我不喜欢这么麻烦的事，不管事实真相如何，我的著书翻译绝不受守旧人士欢迎。尽管如此，我的书仍然成为大畅销书，这大概是托文明开国风气之福吧！

◎ 庆应义塾迁至三田

明治四年（一八七一），庆应义塾从芝区新钱座迁至现在的三田，这也是义塾的一大改革，有必要在此说明。在前一年的五月，我罹患严重热病，病愈之后，或许神经过敏，总觉得新钱座土地不时发出臭味。事实上，这个地方确实是块湿地，因此我兴起迁移住所的念头。我在饭仓找到很多要出售的房子，当交易快谈成时，我的学生说，既然老师想搬离义塾，那不如连同义塾也一起搬走。

当时东京市内有不少诸侯的行馆，学生们每天都四处寻找空行馆。

起先大家意见纷纭，这边也不满意，那边也不满意，最后大家决定搬到三田的岛原藩避难行馆。该处位于干燥之地，也能够眺望海滨，颇适合当校址。虽然大家无异议通过，可是这间房子是别人的，想迁移至此，必须拜托东京府，由政府征收岛原藩的土地，再租给我们。

要达到此目的，必须先在政府内部打好关系。我不仅拜托当时的东京府知事，也拜托我的好友佐野常民等人。我们由义塾的高年级学生奔走活动。有一天我去岩仓公①官邸，那是我第一次拜访他，结果很快得以晋见。我先向他说明庆应义塾的处境，并拜托他将岛原藩的房子借给我们。岩仓公当下就答应了。

一切皆极为顺利，就连东京府也恰巧来拜托我一件事。当时东京的市区是由诸藩的士兵拿着枪来维持治安，这些维持治安的士兵名为"巡逻"，在东京市区实在极为煞风景，仿佛东京是个战地似的。政府认为这种情形不妥，乃计划成立类似西方警察的组织。

政府为了了解警察的组织，乃派官员前来托我调查。在谈话中，他还透露若调查有成，政府会有回报。我心中暗喜，说："这件事容易办，我立刻着手调查。不过我也有事拜托，我曾经向长官请求借用位于三田的岛原行馆基地，希望能如愿。"我可以说是拿调查警察法与租界土地做为交换条件，官员并没有拒绝，可说是默许。

于是我收集各种原文书，将有关警察法的部分翻译出来，整理出一本书。东京府将我的翻译参照本地的实情加以修改，断然废除士兵的巡逻，成立新的组织，名为"逻卒"，后来又改名为"巡查"。东京市区终于制定了和平稳当的取缔法。因此东京府也欠我一次人情，乃征收岛

---

① 岩仓具视，一八二五~一八八三年，于幕府末年主张"公式合体"，亦即天皇与幕府合作的体制。维新后任右大臣，后当特命全权大使赴欧美考察，巩固了立宪体制的基础。

原的房子及土地,并发出公文将该不动产借给我。我租借土地约一万数千坪,建筑物包括两栋诸侯的住屋及数栋长屋,合计六百数十坪,以一坪一圆计算,我缴纳六百数十圆的租屋费,于明治四年(一八七一)春天将庆应义塾迁移至该地。

◎ 废除敬礼

搬家之后,新校地甚为宽广。我们将诸侯住屋当作教室,店面长屋作为书生的宿舍,由于房间不够,再买下附近几栋房子充当学生宿舍。迁到大校地之后,学生人数也逐渐增多,庆应义塾令人耳目一新。

顺便再介绍一则奇谈。我们从新钱座迁移到三田之后,校地增加三十倍,建筑物也不可同日而语;新教室的走廊有九尺宽。我每天在义塾巡回,将星期日定为清洁日,一一检查学生的房间,连角落也不放过,我甚至亲自开门检查厕所。我一天要经过好几次走廊,因此会遇到不少学生。由于新生还不懂义塾的规矩,每次见到我都弯腰行大礼。对方既然很有礼貌地敬礼,我也必须回礼。这件事在匆忙时觉得十分麻烦。因此,我询问教师们说:"你们在走廊遇见学生时,会不会因为敬礼而觉得麻烦?"大家都异口同声说,义塾变大了,在自己的家中老是敬礼真是烦人。

我听了便说:"好,我来贴布告。"布告上写道:

私塾的学生不仅对长者要有礼貌,学生相互间也禁止粗暴无礼。然而在讲堂的走廊或宿舍内外往来频繁的场所,即使遇到教师或学长,也不须恭敬地敬礼,相互行以注目礼即可。学生没有必要将时间浪费在无益虚饰的事情上,希望各位学子遵守之。

若是说不要对长者敬礼,听起来好像是要叫人忘记礼仪,冒犯长上。

但是我当时的目的不是如此。要将千百年来在压抑之下养成的一般习惯改变成活泼的朝气，废除敬礼也是一时的手段，其功能确实能立竿见影。现在义塾仍保存这种风气，处理学生问题一律用义塾的规则，有违反规定者便毫不留情地处罚。学生若感到不满，尽管离校，我们毫不在乎。我们虽然制定规则维持学生的秩序，但是没有必要保留敬礼这种乡下的习惯。虽然如此，本义塾并没什么粗暴的学生，相反的，大部分的学生看起来气宇轩昂，富男子气概，这大概是废除虚礼虚饰所致。

◎ 官方出售土地

三田的诸侯行馆基地成了我的租借地之后，我既没有缴地租，也没有付租地费，只付租屋费，这块土地如同我的私有地。然而毕竟是租借地，不知何时会被赶走。东京市内也有很多与我们同样的租借官地者，我推测他们一定与我一样担心，因此我左思右想，看看能不能买下官方释出的土地。

当时的政府有一名为"左院"的机构，我认识左院的一个议员。每次与他见面，我总是向他游说租借地有名无实，与其大家皆使用官地，不如将这些土地释出，成为私有地，让大家能够拥有所有权。我不断向他分析利弊得失，此外，每逢遇到其他政府方面的人，我都提起这件事。

明治四年（一八七一）左右，我终于听到政府拟将市区的租借地出售给租借人或有关人士的风声。我喜出望外，打听到东京府有一位掌管土地问题的课长，名叫福田。我立刻至福田的住处，确定事实的原委，并约定公布命令时要通知我。我回家之后，天天在家里等候佳音。数天之后，有人来通报，今天已经发出命令。我毫不犹豫，隔天即派遣代理人至东京府请求购买土地。

我们虽然缴了钱，但是东京府才刚刚公布命令，尚未有人申请，也没有账簿，收据的格式亦尚未决定。因此东京府说正式交付的证书待日后另发，今天仅收下订金。我付了订金，等同于土地已经出售给我。几天之后，购买土地的正式证书交付给我，那块土地终于成为我的私有地。土地所有权状上面写着除本基地外，尚有市区附属畸零地，总共一万三千数百坪，本基地每千坪价格十五圆，市区畸零地较贵，两者加起来才五百数十圆，几乎等于免费赠送。

这个价钱的高低另当别论，我之所以如此性急，是因为我在该处住得越久，就越觉得那是一个好地方，可以说是全东京最好的地方，没有一个地方可以与它相提并论。当我正与义塾的师生共享欢乐时，突然出现一个不好的预兆。果然不出所料，官方出售诸侯行馆的风声传开之后，岛原藩的一名武士来我处说，这行馆是有渊源、有纪念性的行馆，其原主人岛原藩主请求购买此地，希望我能让渡。

我拒绝了他，我说："这块土地从前是谁的，我不过问，总之我是向东京府购买的。我只遵从府的命令，如果你们有什么意见，请向东京府反应。"可是对方也非常难缠，三番两次来找我，最后要求只要出售一半即可，我还是不答应。

我坚持说："土地所有权的问题不是由岛原藩与我双方直接谈判即可，因此不愿回答。一切的问题，你自己去问东京府。"幸运的是，这困难的谈判从此消失。即使至今日，在东京市区仍难找到像庆应义塾这么好的地方。面积一万四千坪，土地干燥而平坦，面临大海无屏蔽，空气清新，眺望亦佳，这是庆应义塾唯一的资产。现在若是出售，其价格将会是当时购买时的数百倍至一千倍。不过我们的年轻教师野心更大，他们认为有一天价格会提高到一千倍、两千倍。

◎ 教员为钱的多寡争论

三田的新校地万事顺利，庆应义塾虽然没半块资金，但是我们每个月向学生收取学费，再分配给教师，总算能够收支平衡。

庆应义塾的教师都是本义塾的早期毕业生，所以并没有向义塾拿钱的念头。说起来，我自己不仅未向义塾拿过一分钱，在兴建校舍时，每每由我出钱建设。教师们也是如此，他们若是到外面工作，可以领到不少薪水，可是他们宁愿在义塾工作，这也等于是拿出私房钱的意思。

我虽然没有资金，但也能维持义塾的经营。现在将当时的实际情形介绍如下。每到月底分配金钱时，教师之间动辄有所争议。这争议即是分配金钱多寡的争议："我不能拿那么多，你分太少了。""不，我拿太多了。"我太多了，你太少，好像在吵架一样。我在旁边观看，每次都笑着说："你们又在吵了。不要算得那么清楚，反正也没多少钱，分个大概的数字就好，不要再争吵了。"

正因为如此，庆应义塾才能够成立，也就是说是教师、学生把义塾当作自己的家，努力学习，绝不是我一个人所能创立的。世间的种种事情，还是不要介入太多，令其自由发展较好。后来时代逐渐进步，开始募集义塾的维持费用，而且也开始为筹备大学而募款，这些募款活动，我都不怎么参与，一切都委任义塾毕业的年轻人。

11 暗杀疑云

> 我看看四周，军队穿着各色各样的服装，肩膀上扛着枪，威风凛凛地在街头行走。如果他们知道我就是福泽谕吉，一定向我开枪。我虽然感到害怕，但知道越到紧要关头越要镇定，我装作若无其事地等待顺风出航。若是要我叙述当时惧怕的心情，可以用一句话来形容：简直就像断腿的人遇到狂犬。

如前面所言，我的言行并非故意矫作以制造敌人，而是在锁国风气盛行的日本，如特立独行主张开国论，自然而然会制造敌人。那些敌人并不会大费口舌长篇大论骂你，而是令人不寒而栗的暗杀与偷袭。

对我而言，在这世界上，最厌恶的、不愉快的、可怕的、恐惧的事情就是暗杀。其滋味，只有身历其境的人才能体会，非笔墨所能形容。如果是生病或是身体某处疼痛，还可以与家人或朋友商量请教，只有暗杀这件事，若向家人说，只会增加他们的担心。而且这种事情担心也没有用，因此我从未将此事告诉家人或朋友。

我本就是无罪之身，虽然明知即使被列入黑名单，也没什么可耻之处，况且与人商量也没有什么帮助，只好独自担心。我一年到头都担心被暗杀，尝到了所谓风声鹤唳的滋味。正如同我们现在惧怕狂犬一般，即使遇到乖巧的狗也觉得有点可怕。当时我见到陌生人都有点害怕。

◎ 从地板下逃走

兹介绍几则趣闻如下。现今位于三田的庆应义塾的大门进去后右手边的房子，是明治初年时我的住处。兴建这个房子时，我命木匠将房子的地板挑高，并将棉被橱内的地板做成可掀式地板，以防若遭人暗杀而来不及逃亡时，可以掀起木板从地板下逃走。这是我暗中设计的机关，现在大概还保存着这样的结构。我命木匠如此制作时，并没有说明原因。这种令人担心的事情也不便向家人说，换言之，这是我一个人的烦恼，现在想起来真有点傻。

◎ 从头细数暗杀的历史

此事姑且不论。据我的观察，自从日本开放门户以来，此一段暗杀的历史可以如是叙述。日本门户一开，日本人民一开始仅是讨厌外国人，并没有特别的意义。当时全体国民认为外国人充满晦气污秽，不愿让他们踏上日本的土地。

其中，武士腰插双刀，而且身强力壮，年轻气盛的武士往往会暗杀外国人。然而这些年轻武士并不憎恨日本人，所以尽管我是西学书生，也不会遇难。在大阪求学的时候就更不用说了，而我刚到江户时也不用担心。譬如，开国之初，日本人于横滨暗杀外国人时，我只是为此事件感到惊讶，但不会对自身的安危感到不安。

之后，仇恨外国人的风气日盛，杀人的方法也计划得较缜密，理由也很单纯，但区域更加广阔，而且也隐含着政治上的意义。如万延元年（一八六〇）井伊直弼遭狙击之后，世间杀气腾腾，手冢律藏、东条礼藏只因为是西学者，便遭到长州人袭击，另外塙二郎是个国学者，却被说成奸臣而遭人斩首。江户市内的舶来品店因为贩卖外国物品，被贴上损害国家利益的标签而遭人压迫。

整个社会都是这种风气，这即是尊王攘夷的开始。幕府对王室的法律多年来都没有改变，可是位于京都的朝廷坚决主张攘夷，而幕府的攘夷论则因循姑息，态度不明。因为如此，攘夷派即说，幕府的态度违背京都朝廷的意旨，不了解尊王的大义，是崇洋媚外的表现。在这种情形下，西学者被贴上卖国贼的标签也是理所当然的。西学者因而感到恐惧，特别是我的同窗好友手冢与东条两人曾被狙击，因此我更加感到畏惧。

◎ 羡慕巡礼行脚者

我遇过可怕的事情。那是在维新前的文久二、三年（一八六二、一八六三）至维新后明治六、七年（一八六三、一八六四）那段时期，那十二三年是社会最动乱的时期。那时我住在东京，晚上绝不外出，不得已必须旅行时，则编个假名，行李上也不写上福泽两字，以避人耳目。那样子就好像逃亡者避人耳目，或宛如小偷四处逃窜一般。

在旅行途中，我遇到圣地巡礼行脚者，他们的斗笠上面清楚地写着某国某郡某村某人。当时我心想，真令人羡慕，我若是个自由的行脚者有多好？我想起自己现在的境遇，以及社会的现况，不禁悲从中来。

我把钱给了行脚者，问他们："你们是夫妻吗？故乡有小孩吗？有父母吗？"我们谈了不少话。

◎ 长州惊魂

我隐姓埋名从丰前中津返回江户时，发生一件令人心惊胆跳的事情。元治元年（一八六四），我为了劝小幡笃次郎兄弟，以及同藩子弟共七八人学习西学而至中津，当我们往江户出发时，从中津搭船出帆。在海上两三天，天气极为恶劣，我们只好随风漂航。不料，船只竟然驶进了攘夷风气最盛的长州室津港。哎呀，南无阿弥陀佛！

当时我冒用同行少年的名字——三轮光五郎（现任职于东京目黑的啤酒公司），登陆之后我到梳发店去，梳发店的老板喋喋不休地说："打垮幕府！驱逐洋鬼子！"连女孩子们都唱着："长州就要变成江户。"我看看四周，军队穿着各色各样的服装，肩膀上扛着枪，威风凛凛地在街头行走。如果他们知道我就是福泽谕吉，一定向我开枪。我虽然感到害怕，但知道越到紧要关头越要镇定，我装作若无其事地等待顺风出航。若是要我叙述当时惧怕的心情，可以用一句话来形容：简直就像断腿的人遇到狂犬。

◎ 箱根一劫

船只抵达大阪后上陆，我们经由东海道到达箱根。我们住在山坡上的一间名叫"破不屋"的旅馆，在那里遇到一位从江户来的户田某某也在该处下榻。此人当时任职京都的山陵奉行官职，身边带着一大群人，不用问也知道是攘夷分子，一看就让人心里发毛。我整夜都没睡，在天亮之前即逃之夭夭。

◎ 过中村栗园先生家门而不入

在旅途中，我经过江州水口中村栗园先生的门前而不入，我觉得很过意不去。前面说过，我家与栗园的关系匪浅，前几年我首次赴江户时经过水口，我造访栗原先生，他喜出望外，跟我说从前的种种往事："令尊于大阪去世时，我立刻到大阪。你们搭船回中津时，我抱着你一直到安治川口的船上才离去。当时你才三岁，大概记不得了。"我仿佛遇到了亲生父亲似的，我主动开口说要住在他家一晚。

我们两家是这种关系，所以这次我务必要去拜访他。然而去他家之前，我听到了一些风声，水口的中村先生近来只讲《孙子》，他家的玄关处摆饰武士盔甲。不用说，他是个攘夷派。从人情来说，我必须去拜访他，可是我不敢去。栗原先生百分之百不会害我，可是他的弟子皆是热血沸腾的青年，我若去拜访他，恐会遭到不测。因此我只能过门而不入。之后，直到栗原先生去世为止，我没有机会与他见面。至今，我仍为此事深感遗憾。

◎ 增田宋太郎侦察我家

以上是明治维新前的事情。我虽然毫发未损，只是感到极为害怕。或许我是因为世间的风声鹤唳而心生恐惧，然而经过一段岁月之后，我才得知确实发生了不少恐怖事件。

明治三年（一八七〇），我回丰前中津迎接老母，护送母亲与侄女返回东京。我于中津停留时，丝毫不曾感到恐惧，很放心地住在老家。几年后我才知道，当时发生了很可怕的事情，可以说是拣回一条老命。

我有一个表弟名叫增田宋太郎，他在九州岛西南之役时投靠贼军，战死于城山，在世上亦稍有名气。

我去中津时，他尚年轻。他年纪小我十三四岁，我将他当作小孩。我们住得很近，我仍与往常一样，与他朝夕往来，感情甚笃，我昵称他为小宋。这宋太郎的母亲乃神官之妹，这神官的儿子，亦即宋太郎的表哥，乃水户学派的学者。宋太郎拜其表哥为师，学问相当扎实，而且增田家家风严谨，没有半点有辱封建武士人格的地方。宋太郎的父亲是我母亲的表哥，我亦知其丰采，可说是伟大的武士。

宋太郎在这种家庭长大，又学习水户学派的国学，当然一定是个尊皇攘夷派。可是，我这次返回中津，仍把宋太郎当作乳臭未干的小孩，昵称他为小宋。不料这宋太郎心怀鬼胎，竟图谋不轨。他看起来温文尔雅，没想到来我家只是为了当侦探监视我。

当他侦察完毕，准备于当晚收拾我，于是偷偷至我家窥伺我的动静。我们住在乡下，既没有围墙，也不锁门。不过当晚正好我有访客，那客人是我的前辈学者，名叫服部五郎兵卫，是个嶔崎磊落的人。我们主客相对，一边饮酒一边高谈阔论。那时宋太郎一直站在门外，过了十二点，看我们似乎还没有想去睡的意思，至深夜一点，我们仍无睡意。我们两人无止无境地喝酒谈天。最后宋太郎找不到机会下手，只好作罢。说起来，这是拜我喝酒通宵达旦之赐。

◎ 一夕之危

家务事也大致处理完毕，我们准备搭中津的运米船至神户，然后从神户搭外国的邮船至东京。正欲搭船时，中津附近的海域甚浅，船只难行。距中津西边一里之处，有一港口名曰鹈岛，船只停靠于该处。由于我大病初愈，又携带老弱妇孺，因此预定前一晚先赴鹈岛住一夜，隔天早晨再搭船。

当天晚上，我住宿在鹈岛的码头旅馆。所谓不知心不烦，后来我才得知，那天晚上我可说是九死一生，千钧一发。那家码头旅馆的小老板即是革命志士的一分子，我们一行除了老母与侄女之外，还有近亲今泉的寡妇及六岁的幼儿（秀太郎），勉强能够起来对抗的只有我一人，但是我又是病后的孱弱之身。旅馆的人员派人通知中津的同志："今夜是最好的时机。"

于是中津的革命志士，亦即暗杀者，于金谷集会，决定当晚冲至鹈岛杀掉福泽。其理由是，福泽近来欲怂恿奥平小主君至美国，这是天地不容的勾当，违背人臣之道。因此满座一致通过诛杀福泽谕吉。

我的命运似乎走到了尽头。一群勇猛壮士冲进老弱妇孺住宿之处，我只有死路一条。然而这时发生了一件不可思议的事情，可谓天助我也。这群壮士居然争吵起来。他们之所以争吵，是认为今夜乃暗杀的最佳良机，只要前往狙击，必定圆满成功。然而好争功名乃武士的习性，他们当中有两三人争着当暗杀先锋，有一人说："我先下手。"另一人即说："这怎么行？让你们看看我的本领。"他们互不相让，终于争吵起来。

这群武士争吵至深夜，由于声音太过嘈杂，连邻居都听到。邻居当中有一个叫中西与太夫的人，他年纪比我长许多。中西听到嘈杂声，想去探个究竟。当他知道这群武士想暗杀我时，便说："杀人是不好的事情，你们不要去。"中西不愧是年纪较长的武士，思想也较成熟。可是这群壮士不理会他的话，坚持要采取行动。这群年轻武士又开始与老武士争吵起来。就在争执中天空终于破晓。我全然不知，于该日清晨搭船前往神户，海上一路平安。

◎ 老母无法至大阪观光

我们抵达神户。母亲于天保七年（一八三六）离开大阪，已三十几年没回到大阪。于中津启航时，我原本计划带母亲重游大阪京都，让母亲高兴。可是我们住进神户的旅馆时，接到东京的小幡笃次郎的来信。信中说："听说最近京都大阪地区政局不稳，你抵达神户之后，尽量不要暴露行踪，早点搭邮船返回东京。"真是突来的噩耗，可是我也不能让母亲知道，只好找个借口取消观光，无奈地返回东京。

◎ 白费心警戒

虽然发生了上述的鹈岛事件，但也发生了白费心机的事。大约在明治五年（一八七二），我至中津视察学校，当时我劝旧藩主举家迁至东京，由我负责陪同。虽然我明知武士不喜欢藩主离开藩地，可是藩主如在藩地继续维持诸侯时期的作风，奥平家将无法维持下去。

因此我们采取迅雷不及掩耳的速度，计划花六七天整理行李，带着老藩主及公主从中津海边搭船至马关，于马关改搭轮船至神户。我们准备妥当之后，于傍晚走到中津的海边准备搭船，然而一点风都没有。半夜，我们于水尾木海上拼命划水，可是船只丝毫没有前进。

当时我想："糟糕！这样下去那群年轻武士一定会赶来。他们的目标就是我。还好，可以趁现在天黑，赶快离船上陆。"当时天气极热，我们在天将破晓前返回中津城下，接着跑回小仓，然而这些辛苦全部白忙一场。后来我们才知道，当时藩中武士非常平静，对此事没有争论。当我杯弓蛇影时，却没事；当我糊涂毫无警觉时，反而是最危险的时候。

◎ 疑神疑鬼

在维新前的文久三、四年（一八六三、一八六四）左右，江户深川六轩掘，住着一位叫藤泽志摩守的旗本。他是当时的陆军将官，也是极端的西学者。

有一天，他家中有聚会，参加的人有小出播磨守、成岛柳北，以及大师级的荷兰学派医生，连我在内总共七八人。当时的局势如前所述，我约有十二三年晚上不敢外出，整天提心吊胆，暗中把武士刀磨利，以备不时之需——虽然我不敢用来砍人。

那天的聚会大家谈得很开心，我们皆忘了自身危险的处境，直到半夜十二点，大家才发觉时间已晚，出门恐怕会有危险。虽然大家没做什么见不得人的事，只因崇尚西学，即不敢半夜出门。有人说："这么晚了，怎么办？"主人替客人设想周到，为我们叫了一艘有屋顶的小船。我们七八人搭上船，从六轩掘的河岸，沿市区的河流，亦即护城河前进。成岛柳北从柳桥上岸，其他的人也陆续上岸。最后只剩下我和一位叫作户冢的老医生，我们在新桥上岸，户冢返回麻布，我则必须回到新钱座。

从新桥至新钱座大约一公里路，时间已经过了半夜一点，天气极为寒冷，天空寒月高照，令人不禁毛骨悚然。我从新桥上岸之后，走大马路，往新钱座方向走去。我靠大马路的左边行走，四处张望，一个人影都没有。那个时期，经常有浪人在街头徘徊，到处都有杀人事件发生，令人不寒而栗。

我把裤裙拉高，以便危急时能够迅速逃走。我快步行走，当我走到源助町的中央，对面走来一个男人，不知是否我心里害怕的缘故，我觉得他非常高大。我心想：终于出现了，现在想逃也来不及了。当然，如果警察适时出现，或是我赶快冲进别人家里还能得救。然而在这种社会动乱不安的时节，普通人家是不会开门的，也不可能出来帮忙。

我又想：糟了！现在往后走，反而背面受敌，他会从后面追赶而来，从我背后砍杀。干脆我大胆地往前走，如果让他发现我胆怯，一定会成为他下手的目标，不如抬头挺胸往他的方向走去。我本来靠马路的左边行走，为了显出我毫不畏惧，我朝马路中央走去，没想到那家伙也往马路中央走来。虽然我心想：大势不妙！但已经无法后退了。

我在心中盘算着：我从前也学过快刀攻击法，万一他拔刀攻击，我即从下面戳他一刀反击。我在心中下定决心还击，而他也缓缓走来。其实我最讨厌杀人了，连看也不敢看。可是现在逃跑的话一定会被追杀，万一他有拔刀的动作，那我也顾不了那么多了，我也会拔刀迅速攻击。

当时既没有法院也没有警察，砍了人也不会被判罪，只要逃离现场即可。我们一步一步走近，终于到了擦肩而过的时刻。然而，对方没拔刀，我当然也没拔刀。擦肩而过之后，我快速逃跑，到底跑得多快，我已经记不得了。我跑了几十公尺之后回头一看，那个人也快速逃跑。我当时心惊胆战，等到双方都逃跑之后，我深深地吸一口气，放下心来，不禁觉得好笑。

两个胆小鬼相遇，还用心地演了一出戏。我可以想象对方的心理状态。真是令人喷饭的一出戏。我当初并不想拔刀，只是害怕逃走反而会被杀害，所以只好硬着头皮往前走。对方也想得真妙，虽然内心感到害怕，但却装出威风凛凛的样子，等到走到刀尖可以碰到对方的距离，才加快脚步逃走。在这种地方被杀，就如同死在路边的野狗一般，因此我们双方都感到害怕。现在这个人究竟在何处？三十年前他还是个年轻人，现在应该还活着。如果他还活着，我真想见他一面，两人好好地谈一谈当时恐惧的心情。

12 杂记

有一次我与两三人在街上散步，遇到一群武士，他们见我们没佩带武士刀，于是威胁要杀我们。然而我还是决定废刀，丝毫不管社会上的看法，还向人扬言："在文明开国的时代，还有人得意洋洋地把凶器佩带在腰间，真是一群驴子；刀子越长表示越傻。我认为武士刀应该改名为傻瓜计算尺。"

◎ 暗杀矛头转向政治家

前面说过，我们从文久二、三年至明治六、七年（一八六二、一八六三～一八七三、一八七四）左右，一直担心被暗杀。然而世间的风潮变化莫测，新政府的组织略具规模，执政者的权力也越加集中，其威信自然也跟着高扬起来。因此天下的耳目也都集中于政府，个人的不满与公众的苦水也都将原因归罪于政府。再加上羡慕与嫉妒，暗杀的矛头不知不觉转向政府官员，西学者因而松了一口气。

暗杀明治政府官员的行动，肇始于右大臣岩仓具视的袭击事件[①]，止于明治十一年（一八七八），明治政府的中心人物大久保利通内务卿遭到暗杀身亡。此间每次的暗杀事件都隐含着政治意义，因此西学者可以逍遥地过日子。我们可真替政治家感到可怜，由于我们这些学者不被羡慕嫉妒，所以今天我可以在此安心过日子。

◎ 挥剑弃剑

我曾说于芝区源助町下定决心挥剑斩人，并说过我稍懂快刀攻击法，让人以为我像个武人，把刀剑看成第二生命似的。其实事实完全相反，我老早就想丢弃日本的武士刀。我在源助町时，腰间插着双刀，长刀是金刚兵卫盛高，短刀是备前佑定，两把都是锋利的名刀。后来这两把刀以及家里所有的武士刀全都卖掉，只留下一把短刀，将之伪装成长刀插在腰间充数。

兹叙述一则与此有关的事情如下。有一天我去拜访住在本乡的好友高畠五郎，在谈话中，我发现他摆饰着一把极长的长刀。我问高畠："那把刀看起来像是武术刀，你做什么用？"主人回答："最近社会上盛行剑术，我虽然是西学者，却不甘示弱，也买了一把长刀。"

我泼他冷水："这样做没有意义。你想拿长刀吓人，可是你摆在家里，根本吓不倒那些浪人。你这样做完全没有用。我把家里的刀剑全部卖掉，只留下现在腰间插着的这两把刀。你看！这把长刀是从腰刀改

[①] 一八七四年一月十四日，九名高知县武士因岩仓具视反对征韩论而于东京的赤阪见附发动袭击，岩仓具视掉入江户城外层的护城河，仅眉下及左腰受到轻伤。后来凶手遭到逮捕，处以斩刑。

制成的，短刀则是用削柴鱼的小刀插在刀鞘里伪装的。你根本不适合拿这么长的武士刀，我劝你还是把它卖掉，拜托、拜托！不信你看，我相信你一定没办法拔这把刀，你拔拔看。"

他回答："我拔不出来。这么长的武士刀我没办法。"我说："你瞧！哪有人摆一把自己没办法拔的武士刀。不是我自夸，我能够拔出这把刀，可是我却把刀卖掉了，我拔给你看！"我把四尺长的重刀拿到院子。我表演了两三次瞬间攻击术，说："你瞧！厉害吧！你有办法这样吗？这么厉害的人都把刀子给卖掉了，不会拔刀的人却只拿来摆饰，这样对吗？我认为不只洋学者要把刀子卖掉，所有的日本人都该卖掉武士刀。我劝你还是快点下定决心卖掉这把刀，如果非要插在腰间摆门面，插把小刀就好了。"

◎ 折扇中藏镖

大概在同一个时代，我受雇于幕府的翻译局。有一天我到翻译局上班时，有人对我说："最近流行一种很有趣的扇子。从前就发明了铁扇，现在更加进步，外表看起来像是把普通扇子，但是里面却藏着一支镖。这个发明真了不起。"

我跟他唱反调："从扇子里面拔出镖来有什么了不起？若是反过来，从镖里面拔出扇子，这才了不起。喜欢打打杀杀的人才会发明这种无聊的东西。"

幕府被推翻之后，我立刻放弃自己的武士身份，不插双刀，成为一般百姓。庆应义塾也渐渐有人废刀，可是废刀并不是那么容易。表面上看来，废刀就等于废止携带凶器，理应受到世人的欢迎，可是事实并非如此。

我刚废弃双刀至汐留的奥平行馆时，由于我腰间空无一物，中津藩武士看得目瞪口呆，甚至有人认为我对藩主不敬。有一次我与义塾的小幡仁三郎等两三人在街上散步，遇到一群武士，他们见我们没佩带武士刀，于是威胁要杀我们。然而我还是决定废刀，丝毫不管社会上的看法，还向人扬言："在文明开国的时代，还有人得意洋洋地把凶器佩带在腰间，真是一群驴子；刀子越长表示越傻。我认为武士刀应该改名为傻瓜计算尺。"听完我的话，义塾当中有不少人跟着我废刀。

◎ 和田义郎挑战壮士

明治四年（一八七一），庆应义塾从新钱座搬迁至现在的三田。就在那时，有一天和田义郎（已故）大胆地挑战壮士。和田后来当了庆应义塾幼儿园的园长，他性情极为温和，将幼儿园的小朋友视为自己的小孩般照顾，小朋友也将园长夫妇看成是亲生的父母般。和田本来是和歌山藩的武士，年少时即立志于武艺，体格也很健壮，特别是最擅长于柔道，可谓不知恐惧为何物的武士。

有一天晚上，他腰间没插刀，带着两三个人在芝区的松元町散步，碰巧遇到一群武士携带着武士刀大摇大摆地迎面走来，和田见状，不慌不忙地站在马路中间小便。此时对方只有两条路可走，一条是躲开小便，从道路两旁走开，另一条是向和田挑衅砍杀过来。正当千钧一发之际，对方看到和田杀气腾腾，显现一夫当关万夫莫敌的气势，那群年轻武士只有默默地走开。以今日的眼光来看，在大马路小便真是不成体统，不过在乱世，这种行为不算什么。他这种粗暴的行为反而有益于义塾的独立精神。

◎ 强迫农人骑马

我们不仅试过武士，也对农人、商人测试其态度。有一次我带着小孩至江岛镰仓游玩，当我们通过七里滨时，有一个农人骑着马迎面而来，他一看到我们立刻从马背上跳下来。我用手挡住马嘴，责备他："你这是什么意思？"那农人露出惶恐的脸色，频频道歉。

我说："傻瓜，你误会了我的意思。这不是你的马吗？""是我的马。""既然是你的马，骑自己的马有什么不对，赶快上马吧！"我看他仍然不敢骑，于是说："你不骑的话，看我揍你。你这种态度是不对的。现在政府的法律已经准许农人与商人骑马，遇到谁也不须下马。赶快上马。"我强迫他上马。当时我心想，自古以来的习惯实在很可怕，这些农人因为没受过教育，所以也不知道法律。我担心下阶层的人民皆是如此，国家哪有希望！

◎ 测试路人的态度

此外还有一件趣事。明治五年（一八七二）左右，摄州三田藩有一位叫九鬼的诸侯，与我交情甚笃，再三邀我至三田一游。我当时大病初愈，很想到有马泡温泉。我们一行人先抵达大阪，从大阪至三田约十五里，我们打算中途在名盐停留一晚。

既然到了大阪，自然要到绪方老师家拜访。绪方老师虽然已经去世，但是师母把我当作亲生儿一样看待，因此我至大阪之后，先去拜访师母，并向师母报告我们将去三田及有马游玩。由于我乃病后之身，师母猜测我大概无法步行，所以为我雇了一顶轿子。

当时是旧历三四月,正是春光明媚之时,我穿着紧身裤,披上一件披风,带着一把黑雨伞,正打算乘坐轿子时,我试着走了一点路,竟然能步行,于是我说:"我不需要轿子了。抬轿的,你可以走了,我自己走。"我自己一个人,因为没有同伴,一路上没有人可以交谈,觉得非常无聊。当我正想找人谈话时,有一个农夫从对面走来。我向他问路,可是我的态度高傲,语气也不好,无意中显露出从前武士的身份。那农人很有礼貌地告诉我怎么走,并向我敬礼之后才离开。

我觉得很有趣。我身上除一把黑雨伞之外,并没有其他能彰显我身份的东西。我想再测试一次,于是对下一个人大声吼叫:"你过来,前面那个村庄叫什么来着?有几户人家?那间瓦屋顶的大房子是农人的还是商人的?主人叫什么名字?"由于我以武士的口气问他,那个人低头站在路旁,战战兢兢地回话。

下一次,我改变态度,对下一个人说:"这位先生,请问……"我很客气地问他。由于我在大阪出生,也在大阪住过一段时期,所以也会讲大阪的方言。大概他认为我是出门收账的商人,对我非常无礼,连点个头都没有便走开了。

接着,我用蛮横的态度问下一个人;接着,再客气地问下下一个人。我不管对方的外貌如何,只决定这回用蛮横的语气,下回就用客气的语气。我大约走了三里路,结果不出所料。我对这样的结果感到非常失望,这些人真是没指望了。人应该保持自己的个性,谦虚的人谦虚,蛮横的人蛮横,而不是依对方的态度来决定自己的态度。

由此可知,地方的小吏一定作威作福。现在社会上流传高压政府的说法,可是我认为并不是政府采取高压的态度,而是人民自己招来高压的。对这样的人民究竟要如何是好?想要遗弃也不能遗弃,想要开导也无法开导。虽说这是千百年来的积弊,然而没受教育的农人若只会向人道歉还可以接受，偏偏他是以对方的态度来决定高傲还是温和，像个橡皮糖似的。

虽然我曾对我们的人民失望，但这世界变得真快，最近这些橡皮糖居然还变成伟大的国民，有人从事学问研究，有人往工商业发展，又有一些从军的人，他们为国家赴汤蹈火在所不辞。现在若我带着一把黑雨伞，摆出武士的姿态，我想全国再也找不到一个人会怕我。这应该归功于文明开化的成果吧！

◎ 大胆创新　引进文明

我的目的其实不在于训练少年念原文书，而在使闭关自守的日本打开门户，积极引进西方文明，使日本富国强兵，跻身文明诸国。而且我不能光说不练，必须以身作则。我一直戒慎恐惧，唯恐自己言行不一。因此我首先为我们一家的生计谋独立，绝不受别人支持；另一方面，看到社会上有需要改进之处，我也不理会世人的想法，断然改革。

譬如，前面说过的收取学生的学费；舍弃武士的灵魂——双刀；提倡新的演说法，并实地去演讲；在著书、译书方面，我打破古来的文章作法，改用平易近人的通俗文体。我的这些做法引起当时守旧派人士的反弹，不过幸运的是，我写的书受到大众的欢迎，大家如久旱逢甘霖般抢购我的书，当时的情形可谓一时洛阳纸贵。在当时局势不稳之下，不管怎么伟大的学者或文学家所写的书，都无法像我的书那么畅销。

我认为这不是我的才气高人一等所致，而是时势造英雄。另一方面，当时的学者不是文笔不好，就是过度热中政治，以至于看不清局势。总之，著书与译书是我唯一的谋生基础，庆应义塾向学生所收的微薄学费，我绝不放进自己的口袋，完全做为教师的薪资，而且有时我还捐款给义塾。

我的个性整体说来，可以说是放任主义，也可以说是只有小欲没有大欲。我对庆应义塾尽心尽力，连细微的事情都为之操心；可是另一方面，我却不是将自己整个生命投注在义塾里，也没有那种让庆应义塾永久维持下去的使命感与荣誉心。因此我没有什么足以畏惧的地方。

我与义塾的师生交谈，随心所欲地做事，自然而然培养出义塾的独立风气，然而却与社会上的种种风气不合。另外，我虽不热中政治，一直坚持在野的精神，可是我善用我的口与笔发表言论，有时还激怒当局，其实我并非不满政府的施政。

政府官员，不管他以前是激烈的攘夷家还是令人头痛的人物，一概既往不咎，只要他跟得上文明开化的脚步，开放门户，勤于施政，我即不再置评。不过也有官员喜欢区分官民或是朝野，干涉私立学校，甚至也有人想阻碍私立学校发展，我很讨厌这种心胸狭小的思想。一提到此事，我的话恐怕又会多起来，言语也会变得粗鲁无礼，还是不提也罢。最近帝国会议开设以来，官方的作风也大大地改进，已经看不到太离谱的事情了。我相信不久的将来，府会双方将会和解冰释。

◎ 一面之交　奉献全力

我曾为一面之交的朋友奉献心力。这完全是我好管闲事，绝不含有任何政治意义，只可以说是一种嗜好、一种慈悲、一种愤怒。

有一人名叫大童信太夫，他曾任仙台藩驻江户长官，在旧幕府时期，他与我交情甚笃。虽然他不是荷兰学者，也不是英学者，可是他热爱西方文明，喜欢西学书生，可谓品格高尚的名士。当时诸藩国的驻江户长官经常与艺妓胡闹，或是到茶馆泡女人、热中相扑力士等等，这些都是江户的普遍风俗。大童信太夫是大国的长官，理当有相当多的交际费，可是他不用来吃喝玩乐，而用来支持学生的经济，当时仙台的学生可以说没有人没吃过大童家的饭。包括今日的富田铁之助在内，没有人不受到他的帮助。

但是在幕末，时局益加紧迫。明治维新之际，仙台藩加入了佐幕派，但很快就失败了。其主谋者被认定是仙台藩大臣但木土佐，当他切腹自杀之后，发现主谋之后另有主谋。这幕后主谋即是大童信太夫及松仓良助两人。此二人在维新之后返回仙台藩，可是仙台藩中却有人泄漏此事。

虽说政府已经将朝敌处分完毕，事情已经告一段落，但是既然有人密告，也就不能置之不理。于是政府乃派遣久我大纳言为敕使至仙台藩。其实政府用意甚佳，当时因为此事件已告落幕，政府不想再无事生波。久我大纳言与仙台藩是亲戚，因而故意派他去仙台藩，其用意当然是要他手下留情，这点政府可以说是设想得相当周到。

然而，仙台藩的武士一听到敕使要来仙台，众人急着表现，竟然将七个首级献给久我，久我吓得说不出话来。当时有人向松仓与大童两人通风报信，他们从后门逃走，逃至东京。不用说，他们两人的首级是在猎捕名单里的。

仙台藩人对在东京的同藩武士也施以同样残酷的手段。有一个名叫热海贞尔的人，有一天晚上被同藩的武士追杀，他赶紧逃到我家。虽然处境甚为危险，但是大童与松仓能够幸免于难。因我素来与他们交情很好，知道他们的住处，他们也来我家玩。他们两人不怕被政府的人员看到，因为政府不会这么无聊，根本不想找他们。不过若是被同藩的人抓到了，那可就惨了。他们若向政府说，犯人在这里，任凭政府再怎么宽大，也不能视若无睹。

每次我与他们交谈，与其说我同情他们，毋宁说我对仙台藩武士的残酷无情感到愤怒。这些软脚武士既窝囊又残酷。我心想，我一定要帮助大童。于是我与大童见面，对他说："我认为，要让你在光天化日下活动，最好的方法就是直接与藩主商量。这件事对我而言实在很辛苦，可是我还是想到日比谷的仙台行馆见藩主。"之后，我去见了藩主。

我之所以敢向藩主游说，是因为这位藩主是从仙台藩的分支——宇和岛藩——来到仙台藩当养子的。几年前当他到仙台藩当养子时，我曾大力帮忙。当时大童任江户行馆长官，由于他交友广阔，选择养子的事情就由他一人担任。有一次他对我说："贵藩的主君出身宇和岛藩，其兄长目前仍在宇和岛，不知此人聪明才智如何？"我调查之后，将结果向大童报告，大童放了心，要我去和宇和岛家的人交涉。

于是我至麻布龙土的宇和岛行馆，向其宰相樱田大炊说明此事。樱田二话不说，立刻回答："能当本家的养子，实乃光荣之至。"所以目前这个仙台藩主当时能当仙台藩的养子，实在是我与大童两人在幕后斡旋奔走的功劳。

我参见藩主之后说："贵藩的大童、松仓两人，前些日子从仙台逃到江户，因为若待在仙台的话，准会被杀死，所以他们才逃到那里。假如现在他们两人形迹败露，藩主会杀他们吗？还是不想杀他们？""我绝无意杀他们。""既然这样，你可不可以进一步设法帮助他们，救他们一命？其实，藩主欠大童一份人情。这件事情不知你是否知情？你来仙台当养子时，曾经有过这么一段事……"

藩主听我严肃地说明之后回答道："我绝无意杀他们，这件事我完全交给大参事处理，假如大参事想帮助他们，那我绝对没意见。"藩主仍是个少年，所以一切事情都委任大参事处理。我又说："那你这方面确实没问题吧！""没问题。""那么我去见大参事。"

大参事就住在隔壁的房子，我立刻到隔壁去。我对大参事说："我刚拜访过藩主，藩主说一切都委任于你，因此生杀大权都操在你手里。

你究竟想不想杀他们？你如果想杀他们，他们绝对不会露面。我知道他们的住处，如果你想找到他们，就尽管去找吧。我一定会尽我最大的力量保护他们，保证你们怎么搜都搜不到。问题是，你想这么折磨人家吗？"我软硬兼施，大参事说不出话来。

最后，大参事才说要帮助他们，不过他希望萨摩藩能够出面说句话那更好。我说："好，我去找萨摩藩。"我到萨摩藩的办事处，说明事情的始末。萨摩藩说他们是个大藩，为这种事情插嘴发表意见实在不妥，不过这也不是什么困难的事，他们可以通过宫内省探听政府的本意。萨摩藩得知政府的本意之后，告诉我："政府希望他们出来自首，自首的话，只要关八十天即可释放。"

我为了慎重起见，又到仙台藩行馆找大参事，我说："政府说自首的话，只要关八十天即可，我担心你们会把他们关得更久。所谓自首，是要到此处自首，我担心你会不会擅自将八十天改判为八年。我希望你能给个保证，否则我不交人。"我获得他们的保证之后，还威胁他们，如果违约的话，我会报复。

翌日，我带着他们两人至日比谷的仙台行馆。一进行馆，那里的吏员全是大童、松仓两犯人从前的属下，犯人在该处反倒凸显其伟大，一见到从前的属下就说，喂！某某，最近好吗？我在旁边看得真想笑。

他们两人在宇田川町的仙台藩行馆二楼住了八十天，终于无罪释放。之后两人恢复清白之身，可以在外面自由走动。我们至今仍有往来，互通书信，相信此交情一辈子都不会改变。这件事情，我除了为仙台藩的无能残酷感到愤怒之外，也为这两位少有的名士的处境感到同情。我为他们两人四处奔走，看起来好像不费什么力气似的，不过在那没有人力车的时代，一切都靠步行，真是累得说不出话来。

接着来谈榎本武扬的事情。

前面说过，古川节藏可以说是从我家逃走的，后来我听说他比榎本更早逃走。首先，他召集房州锯山的佐幕党搭乘长崎丸，让这些人至箱根山上反抗官兵。古川节藏从品川港脱逃时，是长崎丸的舰长，及长崎丸至北海道函馆后，他又成为高雄丸的舰长。他为了要抢夺官军的东号舰——亦即我们从美国购买的东号舰——于奥州宫古港发动攻击，结果败阵投降，被护送回东京。

当时既没有法律也没有法院，只有名为"纠问所"的牢房。而古川节藏与小笠原贤藏——与我一起至美国的海军士官——两人被关在霞关的艺州行馆。虽然之前我曾经骂古川不要做无谓的反抗，但今日他身系囹圄终究是件值得可怜的事。

幸好我有一个医生好友在艺州行馆任职，我向该医生拜托让我见古川一面。因为没有看守人员，所以在医生的安排之下，我们得以见面。牢房是个黑暗的地方，我看见他们两人被关在里面，我开口说："活该！你不听我的话，才落得今天这种下场。现在你们大概吃不饱穿不暖吧！"我回家拿毛毯给他们，并炖牛肉给他们吃，还询问他们战争的情形及被监禁的痛苦。我去见过他们几次面，所以对牢房的情形非常了解。

言归正传，现在来谈榎本釜次郎。榎本釜次郎比节藏还晚回到东京，他们同遭牢狱之灾，可是我一直没有榎本的消息。

我虽认识榎本这个人，但仅止于一面之交，所以我也没特别将他放在心上。榎本的母亲系日本第一马术名人林代次郎的女儿，而林代次郎乃贵族一桥家的养马师傅。榎本釜次郎的母亲嫁给幕府的武士榎木圆兵卫，其次男即榎木釜次郎。而林家与我内人的娘家是亲戚，因此榎本的妻子也曾到我家，我内人小时候也曾随同祖母去过榎本家，我们并非完全不熟。

此次榎本身陷囹圄，其母亲、姊姊、太太全都住在静冈，由于音讯全无，全家忧心疾首。恰巧榎本的妹婿江连加贺守因曾任职于幕府的外交部，而我也在外交部的翻译局工作，因此我与他很熟。此次江连从静冈写信告诉我："榎本的近况究竟如何？由于音讯全无，全家人都替他担心。我们听说他被关在江户，但是无法证实。我们虽然问了江户的亲戚，可是他们都怕惹祸上身，没有人愿意回信。因此我才写信给你，如果你有消息，烦请通知我们。"

◎ 母姊探监　榎本出狱

我看到这封信，真是火冒三丈。榎本的亲戚明明住在江户，却怕惹祸上身而不敢写信，真是卑鄙无情。幕府的人员皆如此。我下定决心要扛起这个重担。由于我曾探望古川节藏，所以大致了解牢房的情形。我立刻写信告诉江连："榎本目前被关在牢房，不知道将来是否会被处死刑。虽然前途未卜，但身体无恙，请将此事转告给其母及家人。"

江连又来信说："榎本的母亲及姊姊想赴东京，不知是否适宜？"我回答："没问题。我乃清白之身，不怕被连累，你们尽管过来。"不久榎本母女两人来到东京，我向她们说明牢房的情形之后，正准备探监的物品时，他母亲说想亲自去见釜次郎。

然而当时是个没有法律的社会，不知要向何处申请探监手续。于是我替榎本的母亲写了一封请愿书，内容是："此次小儿釜次郎触犯法网，诚感惶恐羞愧。釜次郎于其父圆兵卫生前极尽孝道，其事父的事迹如下……在其父生病期间，他又如此这般尽人子之孝。老天有眼，如此孝顺的人，怎么会做出不忠的事情来？他的品格里，找不到一点不义的地方。我来日不多，请阁下手下留情。如果釜次郎必须接受刑罚，我愿意代替儿子接受死刑。"我在这封请愿书里，夹杂一些不知所云的句子，并请榎本的姊姊阿乐誊写，然后由老婆婆拿着拐杖与请愿书到牢房去。这封请愿书似乎感动了看守的人员，当然人犯不会因此得到释放，但母子两人终于可以隔着铁窗见面。

真是无巧不成书，此时发生了一件妙事。榎本于函馆投降时，将自己于荷兰留学时的海上公法笔记赠给官军，最后这本荷兰文的珍贵笔记落到黑田良助（黑田清隆）将军的手里。有一天黑田派人拿该书至我处说："这本荷兰文的书不知写些什么，请你帮我们翻译。"

我看了之后，即知这是榎本的讲义笔记。虽然荷兰文对我而言并不难，但我为了让对方焦急，故意不翻译。我仅翻译了起初的四、五页，然后连同原书奉还对方，我说："你仅看起先的四五页也知道，这本书对航海而言是不可或缺的一本好书。不过，如果这是印刷的原文书，那我就可以翻译出来，可是这是一本上课的笔记，只有抄写此笔记的人才能了解内容。真是可惜，一本宝书却无法看得懂。"我明知这是榎本的笔记，却故意不翻，那是因为我有深谋远虑。

当时，黑田来过我的住处，我也去过他的府上。有一次我送黑田一张相片。那是一张美国南北战争时，南方某大将穿着女装落荒而逃的相片。那是我从美国带回来的一张照片，我将它送给黑田，我说："这是美国南方的大将，你看他逃走的样子。虽说我们不该苟且偷生，但是生命诚属可贵。当人想要求生时，也顾不得自己的形象了。一旦将他处死了，想后悔也来不及。榎本虽然与官军作对，但是我认为还是不要将他处死为好。这张相片请您笑纳。"

隔一段时间之后，榎本终于获得释放。不过榎本获得释放并不是我四处奔走的功劳。据云，当时长州方面的人想要杀掉榎本，而萨州的武士却想救他。由于西乡隆盛等人的大力帮忙，榎本终于得救。此事对我而言，比大童信太夫的事件更加棘手，我四处奔走，终于得病，一直到我快要痊愈时，也就是明治五年（一八七二），榎本才被释放。遗憾的是，其老母在爱子出狱前即已病故。

前面说过，榎本釜次郎与我并非刎颈之交，我实在没有必要为他出那么大的力。只是我气愤仙台藩武士太过窝囊，也气愤幕府人员软弱无力，不近人情。因此我才为了救他而四处奔走。

我好几次都对妻子说："我为了榎本而疲于奔命，完全是为了想救一条人命而已，此外没有别的意图。我与他不熟，不过我看得出他非池中之物。虽然他的想法有点怪异，可是终究是个幕府臣下出身的人，一定喜欢当官。他现在虽然身陷囹圄，将来若是出狱，或许又当明治政府的官，届时一定又是个威风凛凛的官员。那时如果我们笑他忘记从前的遭遇，笑他厚颜无耻，那绝对不是榎本的不对，反而是我们的想法太肤浅、卑鄙。如果将来我们有嘲笑他的念头，倒不如现在就不要帮助他。"妻子也同意我的话，说我们绝不会有那种肤浅卑鄙的想法。

我的预言果然成真。榎本步步高升，当了公使、又当了大臣，成为伟大的政治家。我宛如是个卜卦算命的半仙。其实我与妻子两人早已有所约定，这世界上只有我与妻子两人知道此事，不管榎本当了多大的官，在我们家绝对不提他的名字。我们家的小孩，一定是现在看到这个记录才知道此事。

13 维持生计

前几年第一次公布所得税法时,发生了一件趣事。我们这地区的所得税官员说我家的财产约有七十万圆,他要以这比例课税,我对他说:请你不要忘记你说的话。我们全家就在你面前裸体走出家门,剩下的东西,你就用七十万圆买下来。

现在来谈我家的经济问题。这世界上最可怕的事情,除了暗杀之外,就是向别人借钱了。当我下定决心绝不在金钱上占人便宜时,我越感到向人借钱是一件可怕的事。我们家兄弟姊妹从幼年开始,即尝尽贫穷的滋味。我们永远无法忘记母亲含辛茹苦的情形。

◎ 还互助会钱

我们是贫穷的下级武士,在艰苦的生活中,母亲的为人处事经常感动我们,兹介绍一例如下。当我十三四岁时,母亲曾吩咐我去还钱。事情的始末是这样子的，天保七年（一八三六），由于父亲的去世，我们随着母亲回到故乡中津。

我们欲修缮住屋，然而阮囊羞涩。此时有人帮我们筹组互助会，一口二朱钱，我们标到几两钱，遂能缓一时之急。以后我们这些会员每年都筹组几次会，每口出二朱钱，用抽签方式轮流标走，直到大家全部轮完。可是有钱人认为只为了二朱钱，一个互助会要拖好几年才能结束，因此有人缴了二朱钱之后便退出，这种情形即称为"中途停止缴纳而不退还"。此时，会头就好像白白拿了人家的钱似的，可这是当时一般的习俗，没有人觉得不对。

轮到我们当会头的时候，有一个航运行的老板，名叫大阪屋五郎兵卫，他缴了二朱钱后即退出。当时我才三四岁，完全不懂事。至十三四岁时，母亲对我说："有一件事一直没告诉你，十年前我们起了会，大阪屋缴了钱后退出，福泽家等于从大阪屋拿了二朱钱，我一直觉得很过意不去。武士接受商人施惠，这些钱，我们不能放进口袋后不还人家。我很早便想还，但是一直缺钱，直到今年，我们家经济才好些。现在你把这二朱钱还给大阪屋，向他们道谢。"母亲把钱用纸包妥交给我。

我把钱拿到大阪屋，大阪屋大感意外，推辞说："你把钱还我们，我们反而于心不安，这件事已经那么久了，你们不用放在心上。"他再三推辞，然而我因为母亲吩咐一定要归还，所以我们两人推来推去，几乎争吵起来，最后我才把钱交给他。这件事距今已经五十二三年，然而当时母亲的叮咛，以及大阪屋的言词，我至今记忆犹新。我不记得确切的年月日，只记得是在早晨，我到丰前中津下小路的大阪屋五郎兵卫的家，主人五郎兵卫不在，我把钱交给其弟源七。这件事深印在我年少的脑海里，所以我对金钱的处理一直都很谨慎，不敢胡作非为。

◎ 绝不向人借钱

后来我逐渐长大。在中津时,一边学习汉学,一边打工,多少对家计有所帮助。下级武士家庭出身的我,备尝艰辛,既在园子里干活,也舂米煮饭,可谓无所不能。

我二十一岁时,第一次到长崎,当然没钱缴学费。我替佛寺看门,也当过炮术家的食客,虽然捉襟见肘,但是我也学了一点荷兰学。后来我又到了大阪,在绪方老师的学堂求学时,我仍然对金钱戒慎恐惧,不曾向人借钱。

我的想法是,向人借钱一定要还,既然一定要还,即是将来有钱可还,那不如现在忍着不借,一直等到将来有钱的那一天。因此我不仅没向人借过二朱钱或一分钱,连一百文的钱也没向人借过。我一直等到我有足够的钱的那一天。

我也从未典当东西。在学堂时,我的冬夏衣物都是母亲从故乡寄来的棉织品。若是拿衣物典当,将来总有一天要赎回来。既然有赎回来的钱,那不如等到有那笔钱为止,因此我虽有需要钱的时候,却不曾典当东西。

然而急迫时该怎么办呢?譬如,我的恶习——酒瘾发作的时候,该怎么办呢?那时我会把衣物卖掉。举例来说,当时典当一件睡衣可借得二朱钱,若卖掉的话,则可得二朱又二百文钱。

而且我也不去抄书赚钱。我身负求学的大任,为了金钱而浪费时间未免划不来。对我而言,真是一刻值千金。没钱的话,就下定决心不花用。我在大阪的时候,不曾向人借过一分钱,之后来到江户也不曾向人借钱。

我有时会想,若是我欠别人钱,债主来讨债时,我该怎么办?我一想到那情形就不寒而栗。我经常听说朋友遇到债主讨债时,便从张三处借来还给李四,接着又从王五处借来还给张三。我对这种做法一点都不能认同。说句抱歉的话,我很同情那种为借钱还钱而四处奔走的人。总之,我胆子很小,不敢借钱。我恐惧债主前来催讨的那种情况,那就如同有人拿刀子从后面追赶而来一般。

◎ 买伞与木屐代替乘轿

现在举一个我重视金钱的例子。我至江户时,有一个朋友在下谷练塀小路的大槻俊斋老师的私塾求学。当时我住在铁炮洲,我赴朋友处聊天,到了晚上才回家。回家途中经过和泉桥时,突然下起雨来。看来是无法走到铁炮洲了,刚好和泉桥旁有一家轿子店,我问那抬轿的到铁炮洲要多少钱?他回答三朱钱。我想,我有两只脚,拿出三朱钱来搭轿子实在浪费。再往前走,又有一家木屐店,我进入店里,买了一双木屐与一把伞,合计二朱多钱,还不到三朱钱。

我将脚上穿的皮拖鞋放进怀里,换上木屐,撑着伞走回铁炮洲。我边走边想,这双木屐与这把伞以后还用得上,若是坐轿子,就什么都没有,钱真的要花在刀口上。从这件小事就可以类推其他的事情,我不曾浪费过一分钱。我曾将二三分钱放进纸袋里,不管放多久,那些钱永远在那里。

我天性嗜酒,有时候会和朋友去喝酒。喝酒当然要花钱,不过我不会自己一人到酒店喝酒,从这一点就可以知道我多么爱惜金钱。另一方面,我绝不贪财,唯一的例外是,我对奥平家表现得像个朝鲜人那么爱钱。除了那件事之外,我绝不贪财,我一再告诉自己,要独立自主、自食其力。

◎ 革命当天如期交钱

明治维新的前一年冬天，我买下芝区新钱座的有马家（诸侯）约四百坪的避难行馆。

依照德川家从前的法律，武家行馆只准更换，不准买卖。可是到了江户时代末期，各种制度都面临大改革，即使是武家行馆也可以自由买卖。当时我听到新钱座的有马行馆预定出售时，我即托同样住在新钱座的木村摄津守的佣人大桥荣次，帮我买下有马行馆，价钱为三百五十五两。

当时的社会，武士与武士之间的买卖，都没有交订金或订契约的习惯，双方都只有口头上承诺而已。我们约定于二月二十五日一手交钱一手交屋，因此我于前一天筹好三百五十五两，并用布巾包好。

第二天早晨，我到新钱座的木村家，然而大门深锁，连小门也关上。我对看门的人说："请开门！为什么把门关上呢？""不能开门。""为什么不能开？我是福泽谕吉啊！"由于去美国前，我经常出入木村家，仿佛是木村家的一分子，因此看门的人一听到我的名字便打开小门让我进去。

进门后，我听到门前传来嘈杂的声音。我不知道发生什么事情，往南边一望，只见黑烟直冒。我走进木村家，见到大桥。我问大桥："门前怎么吵吵嚷嚷的？"大桥细声说："你真的不知道？发生了大暴动。酒井的人马说要烧毁三田的萨州行馆。一切乱七八糟，战争爆发了。"我听了大吃一惊，说："我真的不知道发生这么大的事情。不过，我今天是来缴那间行馆的钱。"

大桥说："这个时候还在谈买行馆的事情！江户的所有行馆，现在都不值一文钱,只有傻瓜才会在这时候买房子。你还是把钱拿回去吧!"他不收我的钱,可是我坚持说:"话不是这么说,我们约定今天一手交钱一手交屋,所以我必须缴钱。"大桥把头转到一边,一副不理我的样子,他说:"虽然我们有约定,但是现在时局变化这么大,哪有人在战时买房子的?如果你现在非买不可,你出一半的价钱,对方也一定卖。说不定你给他一百两他就高兴得不得了。你再考虑看看。"

我反驳:"不,不能这样。大桥先生,你听我说。前些日子,我说要买有马行馆时,你当时是怎么约定的,你当时只说,十二月二十五日,也就是今天,我把钱交给你,此外我们没做别的约定。你当时并没有说万一时局变化就解除契约,或是价钱就减为一半,我们当时没有这种约定。虽然我们没有写契约书,但是我们所说的话就是最好的证据。既然约定了买卖,不付钱的人就是不对。不管怎么说都要付钱。不仅如此,我还有话要说。如果照您所说的,我只付三百五十五两的一半,或是只付一百两,现在时局变成这样,有马家大概也会答应。也就是说,价值三百五十五两的房子,我只花一百两就能买到。然而这个动乱结局如何还不知道。虽然现在酒井的人马把三田的萨州行馆烧掉,但这也不算什么大动乱,说不定一下子就天下太平了。等到太平之世,我已经住进买来的房子里。而有马的部下众多,他们每经过我家门前,一定会瞪我家一眼。他们心里一定想,那间房子本来说好要卖三百五十五两,然而要付钱的那天,刚好发生三田的大动乱,结果只卖了一百两,这福泽赚了二百五十五两,而我们有马家亏了二百五十五两。所以他们每经过我家,一定狠狠地瞪我家一眼。虽然他们嘴巴不说,但是心里一定这么想。我不想住得这么不愉快。总之,请把这些钱收下来,就算我全亏了也没关系。并非我把钱交出去就可以住进来,说不定这动乱越演越烈,我不得不逃走。如果真是那样,那也没办法。这世界上没有人知道将来会怎样,有人自认为会活着，结果死了，何况是金钱的事，更不可预测。我还是必须把钱交给你。"

大桥听了我的话，终于收下了钱。从这件事就可以知道我对金钱极为严谨，这大概是昔日武士的风骨所致。当时的武士认为，为了金钱的得失而心生动摇乃是一件卑鄙的事情，也是没有骨气的表现。

◎ 谢绝孩子的奖助金

还有一件与此类似的事情。明治初年时，横滨有个大商人设立学校，他聘请庆应义塾的年轻学子当教师，并让他们负责学校的一切事务。那所学校的创办人告诉我，他希望我到他们学校兼差，帮他们整顿校务。

那时我们家有两男一女，哥哥七岁，弟弟五岁。我计划他们长大之后送他们出国游学。然而当时社会的一般风气是，学者或政府官员老是想依靠政府，让自己的子弟公费留学。当他们运用种种关系达成目的时，便欣喜若狂。这种心态我实在不以为然。

我认为，让自己的儿子出国留学是件好事，但是经济情况不好而到处向人拜托请求，我会窃笑他们就像乞丐似的，没有骨气。然而，我自己有两个男孩，我的孩子到了十八九岁时，我打算送他们出国。但是出国留学的前提是，必须有钱。我虽然会努力赚钱，但是前途未卜。要让两个人到外国留学数年的学费可是一笔大数字，我究竟能否靠自己的能力筹到这笔钱，完全没有把握，我经常为此感到烦恼。这件事我一点都不引以为耻，常坦率地对人说："我很需要钱，我想让孩子去留学。现在我的孩子一个七岁，一个五岁，再过十年，我就必须面临这个问题。我担心到时候是否能筹到这笔钱？"

有人把这件事告诉那个大商人。有一天那个大商人来找我："我希望你来当那所学校的校长。我并非每个月要给你几百圆的薪水，我知道你不会向我要薪水的。我想出一个好方法。你有两个小孩，我现在就把你那两个公子的留学费用交给你，你认为如何？我现在就把一万圆交给你，可是你现在不需要这笔钱，所以我们把这笔钱存在别的地方，等到小孩子长大了要出国留学时，那笔钱本金加上利息，数目将相当可观，我相信可以很顺利地修完学业。你认为我的想法如何？"

他的想法的确不错，我也正为钱的着落而焦急，现在两个小孩的留学费用好像从天上掉下来一般，本来我应该立刻答应，可是我开始犹豫起来。我想，当初我拒绝担任该校的校长，当然有其理由，现在一听到有一大笔钱可拿，立刻改变自己的说法，答应担任校长，到底是从前不对还是现在不对？若是为了金钱而否定自己的说法，那岂不是为了金钱而不择手段？

这一点我做不到。我今天之所以想要钱，那是为了孩子。让孩子到国外留学，目的是要让孩子学些有用的东西，或是使其成为学者。可是我必须考虑，使孩子成为学者，究竟是否是父母的义务？小孩虽是自己的亲生骨肉，可是父母亲所应该做的，只是供给他们衣食，让他们接受父母亲经济能力所能负担的教育，这就够了。我们不能说没让他们接受最好的教育就是没尽到父母亲的义务。

若是父母亲因为小孩而改变自己的信念，那他的信念又何在呢？虽说父子关系是密不可分，但是父亲还是父亲，孩子还是孩子，两者是独立的个体。所以父母亲没有义务为孩子改变节操，百般侍奉他。于是我告诉自己，若是今后我的孩子因为没有钱而不能接受良好的教育，那么这也是那孩子的命。将来我若是有钱便让他受教育，若是没钱便不让他受教育。

我虽然已经下定决心，然而对方是出于一番好意，何况他不知道我的想法，所以我很有礼貌地拒绝他。在我们谈话之间，我看着我的孩子，考虑到他们的前途，再想想自己目前的处境，内心起伏不定，犹豫不决。等到我们谈完了，我仍照以往养家口，翻译著书，没想到我赚了不少钱。在我孩子还没大到可以留学时，我已经存够了钱。因此我让唯一的侄儿中上川彦次郎先到英国留学。我只有一个侄儿彦次郎，彦次郎也只有一个叔叔，因此我把他当作亲生孩子看待。

彦次郎在英国留学三四年，花了不少钱，可是我还有钱让孩子出国留学。我的两个孩子都在美国留学六年左右，现在回想起来，仍然觉得非常高兴。幸好当时我没拿他的钱，若是我拿了他的钱，我会一辈子不安。我现在的心境就仿佛是把一块宝玉保存得毫无瑕疵一般。

◎ 不虚报年龄

不只是前述的大金额的钱财，即使是一点点小钱，我也不贪婪。

明治九年（一八七六）春天，我带着长男一太郎与次男舍次郎两人至大阪、京都等地观光。一太郎当时满十二岁，舍次郎满十岁，我们父子三人不带随从，从横滨搭乘三菱会社的轮船。上等的船票约十圆、十五圆左右，我们付了钱，抵达神户，在好友金场小平次的店铺住了一晚。然后我们至大阪、京都、奈良等地观光，之后返回神户。

我们打算再度搭乘三菱的轮船，于是托店铺的掌柜买船票。他买完票之后，我们一看，一张全票，两张半票。我对掌柜说："刚才我对你说，我要买两张全票，一张半票。你大概买错了，麻烦你去帮我换。"掌柜沉着地说："不，我没买错。我问了大公子的年龄，他满十二岁又三个月，当然买半票。虽然规定满十二岁以上要买全票，但是我没看到过满十三四岁的人买全票的。"

我说:"不管是超过两三个月或两三天,我们还是要遵守规定。"掌柜仍坚持他的意见:"我才不去做那种傻事。"我只好说:"不管怎样,钱是我出的,你只是帮我买票而已,你不要再说了。"我把钱交给他,在出发前,才换好票。我认为这是理所当然的事情,就如同我们买东西当然要给钱一般。然而现在有很多人搭火车时,买了普通车票却去坐上等车厢。前些日子,我返回箱根时,看到有人从横滨上车,他拿着普通票却去搭上等车厢。我极不欣赏这样的人。

◎ 辞退中津藩的米俸

从上述的事情看来,仿佛我是个清廉之士似的,其实不然。我这清廉之士对中津藩政府可说做了不少卑鄙的举动。这事说来话长,我先说明这数年来我对金钱的态度有所改变的原因。

明治维新之时,幕府对幕臣提出三项问题:第一,是否要当皇臣?第二,是否要至静冈当幕臣?第三,或是要回乡当平民?我当然回答要返乡当平民。当时,我舍弃长短武士刀,马上成为布衣。

从前,我虽然算是幕府的臣子,但仍半属中津藩的藩臣。现在我已经成为平民,当然没有理由领幕府的薪俸,同时我也辞退了中津藩六人份的米俸。当时我的生活极不稳定,只能勉强口。然而如前所述,我生平极为节俭,我的著作与翻译带给我一些收入,同时我绝不浪费,因此我仍有一点积蓄,不能说是赤贫。如果我以后身体康泰,我相信可以不靠别人的援助即可维持生计。因此我辞退了中津藩的米俸。

不料中津藩的官员反而不悦,他们说:"你何必做得这么绝?还是照往常一样领取米俸吧!"我们为此起了争议。说起来真奇怪,当我们想申请米俸时,他们百般刁难;现在我们不想要了,他们反而强迫我们接受。在双方坚持之下，对方说："你这种态度真没礼貌，你对藩主既无情又不忠。"

我也不认输，反驳说："你们既然这么说，那么我就领下米俸。不过，我要你们每个月把那些米俸舂成白米，顺便煮成白饭拿给我，不，不是每个月，而是每天。至于那些费用，你们就从米俸里面扣除。我辞退米俸，你们就说我无情不忠。我既然戴不起这顶不忠的大帽子，那么我就继续领取米俸，只是你们要每天将它煮成白饭或米粥。我要在我家附近张贴布告，通知乞丐每天来吃。我要将主君的米饭分发给那些乞丐。"那些官员看我反应激烈、蛮横，也就不再坚持他们的意见。我与中津藩的关系就此结束。

◎ 我对中津藩的态度

表面上看起来，我好像是个高风亮节的君子，可是底牌一掀，只是一个大笑话。不止我一个人如此，中津藩的武士皆如此，不，全国各诸侯的属下皆如此。

从藩主那里拿到东西称为"拜领"，其实藩士的心中根本没有还礼的念头。若是藩主请客，藩士也不会觉得不好意思，只是鞠躬道谢，心中没有礼尚往来的念头。关于金钱也是如此。

中津藩给我钱，我不但不会辞退，反而想拿更多一点。我若能够多拿一两或十两，那种心情就好像出去打猎获得猎物似的。所谓的"拜借"，也是只借不还。只要拿到手，借的钱就变成自己的钱，完全没有礼义廉耻的观念。大家为了免费拿藩国的东西，既说谎也谄媚，无所不用其极，真是可笑之至。

◎ 掠夺一百五十两

兹介绍两、三件事如下。小幡等人来到江户，由我负责全程的接待。藩国当然没给他们旅费，因此我得绞尽脑汁筹钱。譬如，当时横滨发行类似今日的西文报纸。那西文报纸一周发行一次，我将该报纸翻译成日文，然后拿到佐贺藩或仙台藩的办事处推销，如此，我可以卖得一点钱。

此外，我从外国带回的原文书，若有不需要的便出售，以换取金钱。可是我必须照料许多学生，所以这些钱尚不够用。那时，我听说江户的藩邸有一笔钱进来，于是我乃虚拟一文曰：某月某日由于某事，我将获一笔款项。我将该文拿到大臣家里，深深鞠个躬，行大礼，轻描淡写地说："由于这个原因，我希望藩国能替我代垫一百五十两。"大臣逸见志摩是个正直而不会刁难别人的人，他模棱两可地说："如果只是暂时借钱，那就借给你吧！"

他一说完，我立刻到财务主管那里，我说："刚刚我向志摩大臣如此说，他回答没问题，我现在来请求借钱。"财务主管对我的话有点怀疑，他说："我不知道这是什么时候的事情？目前我还没收到通知。"我说："虽然没有通知，但是这件事已经成立，你只要把钱交给我就好了。"财务主管只好说："大臣既然这么说，我们这边并非没有钱，应该没什么困难。"

财务主管的回答虽然不是很肯定，可是我视为已经答应，立刻到掌管金库钥匙的出纳那里，我说："我来借钱，请把钱拿给我。我已经办完合法的手续，不会陷你于失职的。只要三个月，我这边会有一笔钱进来，届时我会还钱。"我以迅雷不及掩耳之势，趁官员与官员之间还没协调沟通，立刻夺取一百五十两。当时我宛如抓到龙宫的珍珠，而且我完全没有归还珍珠的念头。说起来，我真是个无法无天的家伙，不过由于这些钱，我舒舒服服地过了一年。

◎ 卖原文书大捞一笔

有一次，我拿原文书到奥平壹岐处，拜托他买下来。奥平大臣是个内行人，他看看那本原文书说："这本书很好，我想价钱一定相当贵。"他频频赞叹，可是我知道他心里想什么。我若回答这本书虽然很有价值，可是价格低廉，那么他一定会说，既然物美价廉，那么请拿到别的地方去卖吧。

于是我出其不意地说："没错，这本是很重要的原文书，而且价钱很贵。今天我来请奥平大臣买下，其实我的目的是，卖给藩国拿到钱之后，再向藩国借书，说穿了，我只是要白拿这笔钱。我现在已经把真心话向您报告，请您就以买这本书的名义给我钱。换言之，我就像个体面的乞丐。"我这么一说，大臣也拿我没办法。

其原因是，我知道大臣自己曾经以一本原文书强卖给中津藩，捞到二十几两，因此我也如法炮制。如果被他拒绝，我打算翻脸，把他的事情掀出来。我的做法可以说是采取恐吓手段，奥平只好勉强答应。我即以卖原文书的名义捞到二十几两，其中十五两寄回故乡给母亲应一时之急。

◎ 人是社会的寄生虫

我的手段极为卑鄙，而且丝毫不感到羞耻，也不觉得做错事。当时我的想法是不拿白不拿，就好像打猎时，捕到雁会比射到麻雀还伟大。

因此，我若是捞到一大笔钱，就觉得很伟大，当然这是极为肤浅的想法。

本来我的天性并没有那么卑鄙，而且我出生在家教严谨的家庭，母亲为人正直，从小教导我们绝不可心存贪念。为何我会对中津藩做出这种不知廉耻的事情，我也不知道。如此说来，人可以说是社会的寄生虫。若是社会维持不变，这寄生虫则不断无限制地繁殖。要除去这寄生虫，亦即习惯的奴隶，让社会焕然一新，只有等待发生激烈的大变革才有可能。

现在维持了三百年的德川幕府已经垮台，日本社会产生大变革，我也宛如大梦初醒，自觉对藩国应该改变原有的态度。我从前之所以对藩国做出那么多无耻的事情，那是因为我们过于尊崇藩主，把他当作比一般人更高超的人物，而且认为他的财产就是大家的共有物，不知不觉产生了卑鄙的想法。现在藩主也与我们一样平等，既然是平等的，那么我贪想别人的财产就不对。

维新当时，我并没有特别的思考，也没有自创学说，只是我的心境变化激烈。为何一个原本专对藩国做卑鄙无耻勾当的人，后来会推辞藩国的薪俸？即使不推辞也没有人会嘲笑我，为什么我的变化会这么大？这就好像贪婪的朝鲜人严厉拒绝别人的礼物，一下子升华成伯夷叔齐般的圣人。我对自己的这种激烈变化感到吃惊。追根究底，我认为是封建制度的政府垮台之后，个人的奴隶心也随之一扫而空。

◎ 无法指望中国成为文明国

谈及此，顺便提到中国的前途。纵观今日中国的情势，我认为只要满清政府存在一天，中国就无法迈向文明开化的大道。换言之，必须彻底推翻这个老朽的政府，重新建立新的国家，人心才能焕然一新。不管满清政府出现多少伟大的人才，或是出现一百个李鸿章，都无法进入文明开化之国。要使人心焕然一新，将中国导向文明之国，唯有推翻满清政府，此外别无他途。

将满清政府推翻之后，中国是否能像日本的明治维新那么成功，谁也不能保证。不过，为了国家的独立自主，无论如何一定要打倒满清政府。中国人所要的，究竟是国家的政府，还是政府的国家，我想中国人自己也很清楚。

◎ 中津藩的平静有其原因

话题越扯越远，不过我还是要来谈中津藩的情形。如前所述，我绝不介入勤王佐幕这种天下事的政治议论，至于中津藩的藩政，我更是毫不关心，因此我一直过着心情愉悦的生活。

明治维新时，纵观诸藩国的情势，勤王派与佐幕派激烈对立，动辄命令旧大臣切腹自杀，或者因为藩政的大改革而引起党派的流血冲突。诸藩国当中十之八九皆是如此。如果当时我在政治上有求取功名的企图心，至中津藩提出佐幕或是勤王的主张，必定会引起一阵骚动。

然而我不发一语，如果遇到有人争论，我会对他们说大家不要吵了、冷静下来吧。我就是如此淡泊，也因此中津藩极为平静，不但没有发生杀人事件，也没有处罚官员的事情发生。

◎ 向中津藩大老劝说以不变应万变

我于明治三年（一八七〇）至中津迎接母亲。当时藩政也已经过大幅度的改革，众人听到我从东京返乡，便想听取我对局势的看法。我被叫到大老的家里，一看，里面坐满了文武百官。我猜测，他们一定认为我会发表惊人的见解。大老们担心地问："中津藩下一步应该怎么走？我们如坠入五里雾中，不知怎么走。"我回答："不用担心，一切以不变应万变。有很多藩国想平均俸禄而闹得鸡犬不宁。我认为我们不需要做任何改革，一切按照旧制度，拿千石俸禄的人维持千石，拿百石的人维持百石，天下太平、无为而治才是上策。"我一说完，在座的官员皆目瞪口呆，另一方面却露出放心的表情说："阁下的言论是个稳健的建议。"

◎ 劝说贩卖武器

接着我又提出一个建议，我对他们说，虽然刚才我说薪俸与身份阶级没有必要改变，不过我要提出一个忠告。今天中津藩既有枪又有大炮，很明显的企图以武力立国，然而以现今中津藩内的武士与武器究竟能否作战？我认为是不可能的。因此，如果今天长州人攻了进来，我们只好顺从长州，要是萨州军队来袭，我们也没有办法抵抗，只好顺从萨州。

关于此事，以我的话来说，即"弱藩无罪，武器祸水"，因此不如把武器全部卖掉。中津藩的大炮全是库鲁普大炮，现在卖掉，还能卖得三千、五千，或是一万圆。我们如果全部卖掉，就如同琉球一样没有防备武器。如果长州入侵，我们也不抵抗，萨州入侵，我们也不抵抗；若萨州提出要求，我们可以请他们直接和长州谈判，相反地，长州提出要求，我们请他们直接与萨州谈判。亦即把难题丢给别人，自己袖手旁观，我们这样做，对方既不会杀我们，也不会拘捕我们。

另一方面，这社会迟早要面临文明开化，目前最重要的事，即广设学校，让藩中的年轻子弟了解何谓文明开化。然而一边要废弃武器，另一方面又要广设学校,未免太过理想化了。因此我想出个办法来。据我的观察,东京的新政府拟大幅改革陆海军,却苦于经费不足。此时我们若提出申请书,说由于中津藩废除武器,每年剩余几万圆的经费,我们愿意将这些经费捐给政府,请政府自由使用。如此一来,陆海军一定非常高兴。

就政府的立场而言,诸藩的三百个诸侯皆各自拥有不同的武器与军队,政府将非常头痛。不用说,政府一定想将其统一。甲藩使用库鲁普大炮,乙藩则使用阿姆斯特朗大炮,丙藩使用法国枪支,丁藩则使用荷兰的哥贝尔枪。日本国内拥有千万种枪支,一旦发生战争,政府将束手无策。因此我建议捐钱给政府才是上策。如此一来,不独政府高兴,中津藩也可享受清闲,可谓一举两得。

◎ 武士解除武装

然而有人极力反对我的建议。负责军事的官员有三四人在场,其中菅沼新五右卫门等人极力反对,结果导致众人皆反对我的看法。他们认为武士绝不能解除武装。我不愿与他们做更深入的讨论,只说:"既然你们认为不行就不要做。没关系,随你们,我只是谈谈我的想法而已。"

一个不可否认的事实是,由于我不热中政治,中津藩的武士皆没受皮肉之伤,此点可以说是我对中津藩的功劳。而且中津藩的武士,不但没有减俸,普遍来说,还增加了薪俸。譬如,我妻子的娘家,原本领取二百五十石的米粮,后来改领三千圆的公债券;今泉秀太郎原本领取三百五十石的米粮,后来薪俸改为四千圆。然而正如俗话所说:"恶钱留不住。"武士的钞票最后也都花光,变得空无一物。总而言之,中津藩与其他藩比起来可算极为太平。

◎ 对商业一窍不通

现在言归正传,再来谈经济的问题。我虽然非常节俭,但对商业一窍不通。所谓一窍不通并不是不知其原理,只是我觉得亲自去做买卖非常麻烦。而且我还残留着武士的风骨,脑子里深印着君子不该贪利的思想,觉得做买卖很令人难为情。

我第一次到江户时,中津藩的前辈冈见彦三翻刻荷兰词典出售,一本定价五两。当时这个价格算是很便宜,也有很多人想买。我介绍朋友买了一本,当我拿五两钱去时,冈见包了一分钱给我,我大感惊讶,不知所措。介绍人买书居然还可以抽佣金,这是什么话?我心想,他一定瞧不起我这少年书生才这么做,我有点生气,跟他争论起来。对我这个书生而言,根本不知道买卖抽佣金是商人的习惯。

◎ 买炭火铲得知货币法有误

一介书生不知商人的习惯,那是理所当然的事。然而关于经济的原理,我可注意到当时商人所没注意到的地方。

有一次我至五金行买炭火铲,价格是一贯二三百文钱。当我将钱交给老板时,突然想到,这铜钱的重量大约是七八百目至一贯目,而我所买的炭火铲才二三百目。这铜钱与炭火铲同样是铜做的,为何货币便宜而商品价格高昂?这里显然经济法有问题。若继续维持这个制度,干脆把铜钱熔解再铸成火铲即可获得一笔利益,因此我认为日本铜钱的价格一定高涨。

我又想,西方各国的金、银的价值比是一比十五,而日本的金币银币比却不是如此,换言之,日本的货币法犯了大错。由于我这么一说,外国商人在日本门户开放时,立刻将日本的金币外销到海外,赚了不少钱。我也劝过有钱的朋友多买些金币,而我自己却不想买。

我记得安政六年(一八五九)冬天,我去美国前,我向某人提及金银的事情。来年夏天回国时,那个人因为获得不少利益,为了感谢我,他拿一大把银钱送我。我向他道谢之后,立刻偕同朋友到酒店畅饮一番。

◎ 翻译簿记法却不喜簿记

明治维新后,我翻译了簿记法的书籍,今天坊间的簿记法书籍皆是仿效我的翻译而写成的。因此照理说,我应该是个簿记专家,可是读书人与商人的想法有如天壤之别,我不但不能学以致用,单看别人的账簿也觉得很辛苦。我若是花点心思的话,应该可以看懂,可是总觉得很麻烦。

举凡庆应义塾的会计、报社的记账,或是复杂的财务,我一概委托他人,我只负责看最后的数字,因此我也自知无法做生意。譬如,义塾的书生缴交学费时,他说要将所有的钱寄放在我这里,每个月来我这里取出需要用的钱。贵族院议员泷口吉良从前当书生的时候,也是将几百圆存放在我这里。我将那些钱放进柜子的抽屉里。他每个月来拿十圆或十五圆,我用纸张将剩余的钱包好,再放进抽屉。

我明知将钱存放在银行会更方便,可是我不会这么做。我不但不会存放在银行里,也不会将那些钱与我的钱混在一起,等他们来拿时,再拿一部分出来。总而言之,这是我天生的武士个性,或者可以说是书生的抽屉会计法。

◎ 拿得出我的借据便给一百万圆

有一次，我前面提过的那个大金融家来找我。他谈到钱的问题，而且谈得很深入复杂，使我头昏眼花。因此我说："这么麻烦！这些钱给甲，那些钱给乙。既然有钱借人，那又何必再向别人借钱？我也知道商人借钱来做生意，可是如果有钱借人，那就表示有多余的钱才会去借人。即使是商人，如果有钱借人，那倒不如自己使用那些钱，而不要再去向别人借钱。自己明明有足够的资金，还特意向别人借钱，这岂不是吃饱了没事干，白费苦心。"

那人笑着说："阁下之言差矣！您只能用迂腐不通来形容。商人用很复杂的方式周转金钱，这当中蕴藏深奥的道理。我们怎能照您说的那样做？不只商人要借钱，这世界上有谁不必向人借钱的呢？您能举个例吗？"

由于他泼我冷水，我突然灵机一动，我说："你说这世界上有谁不必向人借钱的，这个人远在天边近在眼前。至今为止，我不曾向人借钱。""少骗人了。""真的，我活了五十年（这是十四五年前的事），没向人借过一分钱。如果我骗你，只要你找得到我写的借据，我立刻用一百万圆买下来。在日本国内，你一定找不到我的借据。"

当时我才想到，我一辈子不曾向人借钱。对我而言，这是不足为奇的事情，然而在世人的眼中，或许这是极为不寻常的事。

◎ 懒得把钱存银行

我现在多少有点财产，虽然有点钱，但是我家的会计极为简单，绝没有这笔钱必须还谁,那笔钱要去拿回来的麻烦。我也知道手边有没有两三百圆没关系,因此大可将钱存在银行,必要时开张支票即可,如此,还可赚到一点利息。虽然我很清楚这个道理,也希望大部分的人皆如此,但是我自己却觉得麻烦。与其为这种事情伤脑筋,不如把现金摆在抽屉里,付钱时,数数纸钞就可给人了。我与内人想法一致,亦即我家属于封建武士的抽屉会计法,与文明的金融法格格不入。

◎ 绝不抱怨

其实世人对我的看法不能说不对,我从年轻时开始,便没有说过一句抱怨的话。譬如,因为家庭变故而需要钱,或今年因时运不济而陷入困顿等,我都不曾向别人提起。在我的眼中,别人那样的言行反而可笑;动不动就抱怨自己贫穷困顿,事事不如意,没有希望等等,不然就是说要向人借钱。或许有的只是不经意地说了出来,或只是开开玩笑,但是我无法了解他们的想法。

我认为不管自己有没有钱都与别人无关,不要在别人面前谈自己的利害关系。我的作风是,没钱的话就不要花,即使有钱也不浪费。我不管花多少钱都不去麻烦别人。不想用时即不用,想用时即用。我不曾与别人商量,也不想让别人干涉我用钱。不管贫富苦乐,皆独来独往。即使经济陷入困境,我也绝不透露半句,一直表现出悠哉游哉的样子。一般人看到我,或许有人会以为我是个有钱人。然而我也不在乎有没有人猜测我的经济情形,也不会去想他猜测得准不准。

前几年第一次公布所得税法时,发生了一件趣事。我们这地区的所得税官员说我家的财产约有七十万圆,他要以这比例课税,我对他说:请你不要忘记你说的话。我们全家就在你面前裸体走出家门,剩下的东西，你就用七十万圆买下来。我把账簿交给你，住屋、仓库、衣服、器具、锅子等，全都给你，不过你要拿七十万圆来换。你随便估价显得不负责任，最好用现金来买，如此一来，我就成为富翁了，后半辈子可以好好享受一番。

◎ 不与他人谈论私事

我在经济方面极为保守，不敢大开大阖，这虽是我先天的个性，但也与我的境遇有关。我今年六十五岁，自从二十一岁离家以来，我就得照料自己。二十三岁时，家兄去世，之后我还须负责老母与侄女的经济。我二十八岁娶妻生子，全家的责任都由我一人肩负。至今年为止，约四十五年之间，除二十三岁时向大阪的绪方老师表明我的贫困而接受老师的大恩外，我不曾跟别人谈论自己的私事，也不曾拜托别人。

我不想借重别人的智慧，也不想接受别人的指挥，一切听天由命。该努力的地方即加倍努力，至于运用交际等手段，或是与朋友商量、建议等事情，我则与一般人无异。如果在一般的交际上尚无法达成愿望，我不会更进一步请求别人，只会回到原点独自冷静思考。总而言之，我不想依赖别人的帮助。至于我从何时起有这种念头，我也不记得了；大概是从年少时即有这种想法，不，与其说是想法，不如说是我的个性。

◎ 学习按摩

我十六七岁时，在中津跟一位白石老师学习汉学。当时私塾之中有两位极为贫穷的书生，我记不得他们是汉医还是和尚，他们两人皆靠按摩谋生。由于我极想离开中津藩，所以也想仿效他们。我打算不带分文离开中津，万一穷困潦倒，至少还可以靠按摩自食其力。因此我向他们两人学习按摩，并且不断练习，最后颇有成果。

幸好后来我没有潦倒到需要靠按摩谋生，不过，学会一技之长就一辈子都忘不了了，现在我按摩的技术还比乡下的按摩师高明。有时我们去洗温泉，我还会替妻儿按摩，让他们笑成一团。

这就是我常说的自食其力。若是有人要替我做传，一定会写某某人夙怀大志，几岁于私塾时即学习按摩等等一大堆严肃的字眼。其实，我十六七岁时并无大志，只是因为贫穷而想读书，况且我也不希望接受别人的帮忙，最后只好去学按摩。我认为人的志向会因为他的环境而改变。幼年时所说的话，长大后未必能兑现。一切只靠天资，再加上教育，以及不屈不挠的毅力，不可犹豫，如此坚持到最后才能成功。

◎ 一大投机

虽说我拙于做生意，但我一生当中却做过大投机，而且圆满成功。

我从幕府时代开始，即致力于著书翻译的工作，而我将书本的贩卖全部委托书商。江户的书商未必全是奸商，但多少都会坑人。我们写完草稿后，从排版、印刷到买纸，完全由书商包办，价格也由书商决定，大部分的作者都只拿一点点的版税。

我知道自己的书籍极为畅销，若委托别人出版，实在不划算。那些书商没有什么智慧，只可说是脑力有限的商人。我决定要将我的权利全部争取回来，然而实际的运作可说相当困难，不知从何着手，真有望洋兴叹之感。首先我要募集工人，而工人全都在书商那里，不属于我的管辖范围。

因此我想出一个方法。当时是明治初年，我手边有相当多的钱，我凑了一千两左右，派人到纸张批发商那里买纸。我买了一千两的纸，而且以现金付清。书商听了大吃一惊，因为他们一次顶多买二百两钱的纸。由于我付现金，所以价格较便宜，纸张质量也较好。买来的纸张，我堆放在新钱座的仓库里，然后向书商调度印刷工人。

  这些工人从早到晚将纸张搬进搬出，他们看到仓库里堆积这么多纸张，认为若在这里工作，这工作一定能够持续下去。而且我付给他们的工资相当多，这些工人自动将他们的知识说了出来。另一方面，我们派去的监督者，虽然看起来好像是内行人，其实都是门外汉，可以说是暗中学习工人的知识，在工作中逐渐有所进步。接着我们又雇用版木师傅及装订师傅，将书商的工作全部接管过来。我们只让书商负责贩卖，并付他们手续费。这件事情是著作界的大革命，也是我唯一尝试经商的例子。

14 品性家风自成一格

> 或许有人会认为我是孤僻的怪人，其实绝非如此。我与人交往，尽量保持无憎恨爱欲，不论贵贱贫富、君子小人一律平等，遇见艺妓、妓女也不会觉得有什么特别之处。我绝不会认为此等人乃低贱之辈，不能与我同座，而一个人生闷气，或露出难看的脸色。

◎ 无莫逆之交

关于经济问题，如前所述，我的态度恐怕终身都不会改变。接下来谈我的个人行为及成家之后的家庭状况。

首先谈我年轻时的往事。我在中津时，从童年至成年为止，无法与同藩的人打成一片，亦即无法与他们真诚地交往。我没有一个可以谈论心事的莫逆之交，不仅在社会上找不到金兰之交，即使在亲戚当中也找不到，听起来我像是个性情孤僻的人，从不与人交往。其实不然，我不管与男士或女士在一起,都非常健谈,不过这仅止于表面而已。

我不曾想模仿任何人,也不羡慕别人。被人夸奖时既不喜悦,被人批评时也不会动怒,什么事都不放在心上。其实批评别人就是瞧不起别人,所以我从来不与人争吵,最明显的例子是,我不曾与同年龄的小孩吵架,不吵架就不会受伤害。我不曾与别的小孩吵架而流着眼泪回家向母亲哭诉。我极为饶舌,但却是个不用让人担心的小孩。

◎ 虽豪言壮语但谨守分寸

我离开中津藩至长崎、大阪求学时,虽常与朋友嬉闹谈笑,但我的行为举止都中规中矩,这并非我特别努力谨慎,而是天性使然。虽然我经常说得天花乱坠,但绝不谈论粗俗不雅之事。同窗书生若有人提到昨晚到风化区冶游的事情,我也不会刻意避开,只会对他说:"少提这些没营养的事情。"

到了江户之后,我的作风也没有改变。朋友一多,交际自然就多,杂谈也就跟着多起来。然而一提到吉原、深川等风化区的事情,他们就没有办法与我谈下去。其实我非常了解风化区的事情,根本不须看风花雪月的小说也能了解。由于朋友经常谈及寻花问柳的事情,所以我也知之甚详。

虽然知之甚详,但是我不曾想学他们冶游,不但没去过吉原、深川,也没去过上野赏樱花。我于安政五年(一八五八)到江户,唯一的坏习惯就是喜欢喝酒,可谓口腹的奴隶。家里没酒就到外面喝,我虽常与朋友相偕喝酒,却不曾去赏花。

◎ 首次看到上野、向岛

文久三年（一八六三）六月，绪方老师去世时，由下谷的自宅出棺，于驹进佛寺举行葬仪。当时途中经过上野，那是我第一次看到上野，也就是我至江户的第六年。当经过上野时，我边看边想：原来这里就是赏花的名胜上野！

至于向岛也是如此。我来到江户之后，每每听人提起向岛，可是一次都没见过。直至明治三年（一八七〇），我罹患伤寒，病愈之后，医生与好友皆云骑马是最好的康复运动。那年冬天，我骑马东奔西驰，第一次看到向岛与玉川，我也在东京市区内外绕了一圈。

当时向岛的风景与道路皆甚佳，每次骑马，我都会绕道向岛。从上野回来时会经过土堤，土堤的那一边就是吉原。我说想骑着马到吉原观光，但骑马的同伴回答："骑着马到那种地方去不成体统。"至今我还不曾踏进吉原一步。

◎ 向小和尚敬酒

或许有人会认为我是孤僻的怪人，其实绝非如此。我与人交往，尽量保持无憎恨爱欲，不论贵贱贫富、君子小人一律平等，遇见艺妓、妓女也不会觉得有什么特别之处。我绝不会认为此等人乃低贱之辈，不能与我同座，而一个人生闷气，或露出难看的脸色。

四十多年前，我在长崎时，中津藩的大臣亦住在光永寺。有一天大臣招来五六名不知是艺妓还是妓女陪酒，当时正值我禁酒期间，但我仍被命令陪座。酒酣耳热、杯盘狼藉之际，大臣向我敬酒："先喝下这杯酒，然后再拿这个酒杯向你最喜欢的人敬酒。"

在那酒席上有几个美女，我若向美女敬酒也不是，故意避开也不是。我看清楚大臣故意为难我，可是我毫不犹豫地把酒喝干，然后向住持的六七岁么儿敬酒："小高，我奉大臣之命向最喜欢的人敬酒。"由于我哈哈大笑，大臣也占不到我的便宜。

今年春天，我听说日本时报社的山田季治要去长崎，我突然想起光永寺的这段往事，于是我托山田帮我打听光永寺的消息，以及小高那小和尚的近况。山田回话说，光永寺仍在，并没烧毁；高先生也很平安，已是五十一岁的老僧了，现已退休。山田还拿照片让我看。上述的事情是我二十一岁时的往事，算起来小高当时应该是七岁。唉！真是逝者如斯！

◎ 不避嫌

也就是说，我从年轻时即对女人谨守分寸，即使喝醉了，该规矩的地方一定规矩，绝对不会说出让女人难堪的话。我酒量甚佳，虽然谨守分寸，但与女人谈话时仍然谈笑风生，神态自若，根本不避讳世间的嫌疑。我认为近朱而不赤才是男子汉大丈夫的真本事，从前那种如男女授受不亲，或是男女夜行必须点灯等古老的教训，我都觉得可笑。

以这么偏狭的态度处世，怎么能够应付广大复杂的社会呢？在那么小的地方执着，想必世人皆忙碌不堪吧！我不被古人的教训所束缚，我相信自己，毫不犹豫地在别人家里出入。不管他家里有没有小姐，或是只有年轻的太太一个人看家，或是在杯盘狼藉的宴席上有艺妓在喧闹，我都不避讳。我喝了酒就大声说话，喝醉了就嬉笑喧哗，或许在别人的眼中我是个怪人也说不定。

◎ 不惧传闻

有一天中津藩的大臣特意找我过去，他说："你近来经常在某人家进出，而且我听说你在他家喝酒喝得很晚。他们家有个未出嫁的女儿，而且经常有艺妓进出，可谓家风不佳，由于你经常接近他们，外面对你的风评也不好。古有名言，君子瓜田不纳履，李下不正冠。你还年轻，今后还大有可为，希望对自己平常的行为多加检点。"

虽然他诚恳地提出忠告，可是我丝毫不认错，讽刺他说："或许我曾经信口开河、嗓门过大而惹人厌，但是我第一次被人说是花花公子，这毋宁是我的荣誉，我觉得很有意思，今后我还要继续进出他家。我不是一个软弱的人，不会因为你的告诫就痛改前非，不过我会感谢你的好意。我不会在乎别人的想法，反而觉得很有趣，希望别人多给我些封号。"

◎ 首次看东京戏剧

前面说过，我到东京的第六年才首次到上野，第十四年才到向岛，可说是个土包子，因此当然不曾看过戏。

我年少时，中津藩主曾邀请乡下演员在城内的能剧舞台表演戏剧，藩主请藩中的武士前来观赏，我当时曾看过一次。后来在大阪求学时，现在的市川团十郎的父亲海老藏在道顿堀表演，有一天晚上，同窗书生对我说："我现在要去道顿堀看戏，你也一道去吧！那边有酒可喝。"我一听到有酒可喝，立刻拿着酒瓶，两三个好友相偕去看戏。当天晚上我看了两三幕，这是我生平第二次看戏。

之后我来到江户，从那时起，一直到江户改名东京，我既不想看戏，也没机会看。直至十五六年前，一个偶然的机会，我才第一次在东京看了戏。当时我作了一首诗：

谁道名优技绝伦　先生游戏事尤新
春风五十独醒客　却作梨园一醉人

表面上看来，我宛如一个怪人。其实我极喜欢音乐，我不但让女儿、孙子学古琴、三味线，也让他们学舞蹈当作运动。这是我老年余生的唯一乐趣。

◎ 不解情趣的缘由

其实我并非天生不解情趣。我相信没有人天生就是煞风景的，我想大概是我少年时的种种环境使然的吧。

首先，由于从小就没有人指导我接受教育，所以一直没有机会正式学习写字，至今我仍然不懂书法。长大之后，虽然有机会自己看着书法模板临摹，但是当时已进西学之门，视儒学者为眼中钉。儒学者所做的事，没有一样看得顺眼的，尤其他们的行为更令人讨厌，满嘴仁义忠孝，实际上却不是那么一回事。特别是那些品性不好的人，会喝酒写诗，写得一手好字，这些人的评价反而较高。我对这些甚为反感。

因此我们这些西学者乃决定彻底与他们作对。例如，在江户剑术全盛时期，我故意把刀剑卖掉，虽然我懂得瞬间拔刀法，却假装对剑术一窍不通。他们注重书法，我就故意写得更难看些。我在不该反抗的地方反抗，刻意不学习书法，这成了我一生的一大遗憾。

以我们家的家风门第而言，家父与家兄皆是文人，特别是家兄擅长书法，也善于绘画与篆刻，是个多才多艺的人。而他的弟弟在才艺方面一无是处，不但不懂书画，连古董与美术品也不懂得欣赏。我兴建房子时，全权委托木匠，庭园的设计则交给园艺店。我不懂衣物的流行，也不想知道，人家给我衣服我就穿上。

有一次，我太太不在家，我因急事必须外出，于是打开衣橱的抽屉，拿起最上面的一件衣服穿上。回家后，太太看到我的穿着之后说："你怎么穿内衣出门呢？"此时我才知道闹了一个大笑话。

我的不解情趣也实在太过分了，真是不值一提。总而言之，我从少年时即被环境所迫，终于成为今日的我。此生此涯，大概不会改变了吧！世人所喜欢的事情，我丝毫不感到乐趣，可谓一大损失。因此，近来我偶尔会去看看戏，有时还会邀演员到家里来，不过我并不觉得特别快乐。只是我可以藉此聚集儿孙满堂，让他们表演种种才艺，品尝各种佳肴，在欢笑中享受含饴弄孙之乐。这种欢笑对我而言就是一种音乐，也是我老年的最大乐趣。

◎ 娶妻生九子

现在来谈我家的私事。文久元年（一八六一），通过中津藩武士的媒妁，我娶了同藩的武士江户定府土岐太郎八的次女，现在已是我的老妻了。结婚当时，我二十八岁，妻子十七岁。以藩制的身份而言，妻方属上级武士，我则属下级武士，似乎门户不大相当，然而我们两人的血统皆甚佳。年代久远的祖先就不论了，至少我们双方的前五代都没有遗传疾病，也没有罹患恶疾的祖先，现在我们夫妻俩身体都非常硬朗。妻生了四男五女，总共九个孩子，这九个孩子成长皆很顺利。九个孩子当中，前五个小孩喝母奶养育，后四个小孩则为了母亲的健康与卫生，我们雇用奶妈喂养。

◎ 教养子女从尊重做起

我们养育孩子，不注重衣着，对食物则极为用心。即使穿着粗衣，但一定让他们吃营养品，九个小孩没有一个营养不良。我们的教育方针是温和与活泼并重，尽量让孩子自由发展。

譬如，我们不强迫小孩进入热水浴缸内洗澡。我们会在浴缸旁边放着大水桶，让小孩子依照自己的喜好调节洗澡水的温度，另一方面，我们不让小孩子只选择自己喜欢的食物。而且我们既然要求孩子活泼，就没有办法要求室内装潢美丽，举凡纸门被戳破，或打破东西等，我们都不会大声怒骂。只有小孩极度耍脾气时，我们才会怒目以视，但绝不动手打他们。

我们叫喊自己的小孩或是媳妇，不会只叫名字，一定加上敬称，兄姊称呼弟妹亦如此。我们家中没有所谓的严父慈母之别，严格时，父母皆严，慈爱时，父母皆慈爱。全家都宛如朋友似的，我的小孙子说，妈妈有时候会骂人，但是祖父一点都不可怕。若以世间的标准来看，我们管教孩子似乎太过宽松，然而以我的孙子为例，他们并不会特别不听话，虽然我们一起嬉戏，但他们仍会听长辈正经时的训诫，这或许是不严格的好处。

◎ 家中无秘密

我们家中没有秘密，夫妇亲子间皆不隐瞒。孩子长大之后，我们不会只告诉这个孩子，而不告诉另外一个孩子。父母亲会指摘小孩的缺点，小孩也会嘲笑父母亲的失误，这若以古代的观点来看，似乎丧失了长幼之序。

◎ 宛如欠缺礼仪

以一般世间的礼仪而言，一家之主进出家门时，妻子皆至玄关送迎，可是我家则没有这一套礼仪。我外出时，有时从玄关出门，有时从厨房出门，回家时亦如此，我总是从最接近返家方向的门进来。有时搭车回家，我会吩咐车夫或马车夫不用特别打招呼，因为不管在我家玄关喊得多大声，也没有人会出来迎接。

关于这一点，我们邻居的一个老妇人觉得我家的作风很不可思议。她今年七十七岁，是中津藩武士土岐家的寡妇，由于她严守武士家门的礼仪，对我们家的做法觉得不成体统，可是另一方面，她也找不到哪一条礼仪规定不可如此。

◎ 爱护子女一视同仁

我有九个小孩，我对他们一视同仁，而且四男五女，男女平等，毫无轻重之分。一般人若是生了男孩则非常高兴，生了女孩，倘若身体健康，则还勉强可以接受，无形中表现出重男轻女的观念。我认为这种观念愚不可及，生了女儿又有什么不好？倘若我的九个孩子都是女儿，我也一点都不遗憾。

目前我只觉得我们生了四男五女实在分得恰到好处。在我的内心深处，对于男女长幼之爱丝毫皆无区别。道德学者不是呼吁我们对世界上的任何人都要一视同仁吗？那么对自己的孩子不是更要一视同仁吗？

只是，我虽说长男与其他孩子皆无区别，但是依照目前的制度，我死后，福泽家要由长男继承，既然由他继承，在财产的分配上自然要多分一点。而且若我家只有一样东西，无法分给其他小孩时，我会留给长男，除此之外，我对待所有的孩子都一视同仁。

譬如，明治十四、五年（一八八一、一八八二）的时候，有一天我到日本桥的某朋友家，他们房间内摆满了金屏风、漆画、插花盆子等等。我问这到底是怎么回事？他回答这些是要外销美国的货品。我看了看那些东西，没有一样是我需要的，可是如果我想买的话，全部都可以买下来。

当时我心血来潮，对他说："我不知道你这些东西卖到美国可以卖多少钱，如果你想卖的话，我全买下来。可是我买下来并不是要转手赚钱，而是要放在家里收藏。"我朋友也不是一般的商人，他回答："这些东西是从名古屋运来的，若是外销到美国，那么这些东西就无法留在国内了，要是卖给你，还可以保存下来。既然你要的话，那么就卖给你吧！"

那几百件东西，我没仔细看就全买了下来，总共花了两千三百圆。买了那些东西之后，我既没有拿来欣赏把玩，也不知道有哪些东西，甚至连数量都不清楚，只觉得放在家里碍手碍脚的。五六年前，我聚集孩子，命他们分成九等份，抽签领取自己的一份。有房子的人就拿回家去，没房子的人就放在我家仓库里。这即是我的财产分配法，绝不厚薄此彼，大家一视同仁，没有人感到不平。

◎ 不喜西式遗嘱

最近我写了遗嘱。关于遗嘱，我们经常听到西方人死后，大家一打开遗嘱对遗嘱的内容大吃一惊。然而我认为死后要拿给别人看的东西，在生前无法公布公开真是可笑。这一点，西方人还是执迷于传统。我才不会做这种傻事，我把我的遗嘱拿给妻儿看，笑着说："我的遗嘱放在衣橱的抽屉里，大家都可以看。若是我改变想法，重新改写，我还会再拿给你们看。我死了之后，你们不要争得你死我活的。"

◎ 注重健康甚于一切

关于孩子的教育，我最重视的就是身体的健康；年幼时，我不会强迫他们读书，我的方针是，先养成兽身之后，再培养人心。

至三岁、五岁为止，我不让他们看字母；至七八岁时，我会让他们学习写字，但是不让他们读书。我让他们为所欲为，尽情嬉戏。我所关心的只是他们的衣食，不过小孩子若是有卑鄙的举动或是讲脏话，我会责备他们。除此之外，一切任由他们自由发展，就好像养小猫小狗似的。

换言之，此即养成兽身之法。幸运的是，他们像小猫小狗一样平安地成长，直至八九岁，我才让他们受教育。我每天定时让他们学习，另一方面，绝不忽视他们的健康。世间的父母通常只注重念书，只要孩子静静地念书即夸奖他们。我不仅不曾夸奖孩子用功读书，甚至还劝孩子不要过于认真。

我的孩子现在都已长大成人，现在轮到教育幼小孙子的时候了。我还是用同样的方法，若是远足的距离超过他的年龄，或是柔道、体操有所进步，我即奖赏他们以资鼓励，相反地我不曾因成绩优异夸奖他们。约二十年前，我曾让长男一太郎与次男舍次郎进帝国大学预备科学习，结果两人皆得了胃病。我叫他们回家调养，等到他们恢复健康之后，再让他们返校。结果再度得了胃病，如此反复三次。

当时，田中不二麿担任文部省长官，我每每与田中谈及此事，我对他说："我把小孩送到预备科当实验，结果我发现，若照文部省的学校教学法教育下去，学生一定没命。即使保住性命，也一定发疯，否则将变成身心衰竭的行尸走肉。这预备科的修业年限为三四年，我本来认为这三四年当中会修改大学法，因此我才把小孩送进预备科。我希望大学法早一点修改，否则东京大学要改名为少年健康屠宰场了。"

由于他与我交情甚笃，所以我毫无顾忌地说出来。然而我的建议如同石沉大海，小孩复学三个月，就要回家养病三个月。我终于下定决心，让他们进入庆应义塾，他们于普通科毕业之后，再让他们前往美国留学。我并非指责日本大学的学科，而是认为这种教育太过严格，学生负担太重，因此我才不让小孩念文部省的大学。我的看法至今仍然没有改变，我仍然认为身体是最重要的。

◎ 一点一滴记录回忆

人长大之后通常都想了解自己童年时的情形。别人不知是否如此，起码我本人认为如此，因此我把小孩的成长过程记录下来。我记录小孩是几年几月几日几点几分出生，生产时是否顺利，童年时的健康情形，个性是否坚强，以及他们天生的习性等等。他们长大之后，如果看了我的笔记，就好像看到幼年时的照片似的，一定觉得很有趣。

我不记得父亲的长相，家里也没有父亲的画像。至于我童年时的情形，也只听我母亲说过，家里也没有保留纪录。我年少时，听长辈告诉我从前的往事，心里只觉得难过，不由得感叹自己身世的不幸。现在我自己当了父亲，为了小孩的将来着想，我将他们的成长过程一一记录下来，相信他们将来应该不会感到遗憾才对。

◎ 三百多封书信

我们亲子之间充满温情，即使现在我们都上了年纪，也不会坚持己见。我们夫妻皆认为，父母亲与子女尽量不要分离，要保持联系。例如，前几年长男与次男至美国留学六年。当时美国的轮船大约一星期一个航班，有时两星期一次往返美日两国。两个孩子在美国的六年间，有事情时当然会写信，即使没有事情，只要有船班，我一定写信。六年当中，我写了三百多封书信。

我写完信后就丢着不管，内人帮我校正并上封，所以他们可以看到双亲的笔迹。两个孩子也是每有船班即会写信回来。关于此事，我在他们赴美前严格叮咛："在美国期间，凡是有船只班次，就必须写信，即使没有事，也要写没有特别的事。在学问方面，与其当个面黄肌瘦的大学者回来，不如把身体锻炼得更强壮一点，绝对不要过度用功。能节俭的话要尽量节俭，但是若生了病，或是与身体健康有关的事情，就要大胆地用钱，不要犹豫。"这是我的命令。六年之后，他们两人皆平安归来。

◎ 主张一夫一妻制

我们家庭虽然和睦，我的品性也算端正，但这并没有什么值得夸耀之处。社会上品德高尚的君子甚多，而且我也不认为修身养性是人的唯一目的。不过，在我广阔的交际圈内，却也发生了意外的影响力。兹介绍一例如下。

若是问中津藩的武士，福泽谕吉是怎么样的一个人？大部分的人都会说："他是一个贫穷的下级武士，修西学，提倡奇怪的学说。他去过外国，也翻译外文书，口出狂言，轻视儒学者。总括一句，他是个异端分子。"藩中的一般武士皆如此认为，那么传到藩主的耳朵里就可想而知了。

然而物换星移，时至明治维新，中津藩对我的评价也有所改变，一般认为只要接近我，就能获得一点收获。当时中津藩有一个元老叫嶋津佑太郎，此人颇具真知卓见，他观察时势，发现把我排斥在外是一件不利的事情。在中津藩的宫内，有一位老夫人称为芳莲院。这贵妇人是从一桥家下嫁到中津藩的贵族，年纪已经老迈，在宫内身份地位极高。有一次，嶋津向此芳莲院老夫人说："西方诸国文学武备，富国强兵，既精医术，也通航海术，其风俗亦与日本迥异。西方人的男女并无尊卑之分，而且不论身份高低，皆是一夫一妻。"

这老夫人年轻时也曾接触过外国人，因此听到此番话时，内心为之一动，乃兴起接见我的念头。自从我晋见老夫人之后，藩中的层峰阶级也为我敞开大门，他们与我交谈之后，逐渐认识到我不是一个旁门左道的人，也不是什么牛鬼蛇神，只是一个很稳健的人，因此他们与我交往越来越密切。这些事情我是后来听嶋津说明才知道的。

话说一夫一妻制在上层阶级已经形成势力，虽然也有人批评这种制度不入流，但这只是不服输的气话，根本不足反驳。社会上大多数人都支持一夫一妻制，特别是上层阶级的妇女皆表示强烈支持。我不知还能活多少年，但在我有生之日，不管会树立多少敌人，我一定尽最大的努力对抗一夫多妻制，至少要看到一些具体的成果。

15 老年余生

于是我乃发起第二大愿：适合我的工作只有靠这三寸不烂之舌与一介文人之笔。我以身体的健康为后盾，致力于庆应义塾的校务，舞文弄墨，写出《劝学》、《文明论之概略》、《国会论》等书。我一方面教育莘莘学子，利用演讲传达我的思想，另一方面著书翻译，虽然忙碌万分，但我只想尽一份绵薄之力而已。

◎ 厌恶宦途的理由

我的一生始终立场如一，少年时代的艰苦与老年时期的安乐，并没有什么与众不同之处。我与一般人一样，遍尝人世间的苦乐，至今日为止，我没有做过愧对自己的事情，也没有后悔过，每天优游自在、心平气和过日子，这大概是我最大的幸福吧！

然而世间有各种各样的人，一定会有人对我的生涯不以为然，在背后指指点点。特别是有人会说，福泽并不是傻瓜，而且也颇为了解政治，可是却不愿当官。在日本的社会，可以说一百个人当中有一百个人都想在官场平步青云，只有福泽一个人远离宦途，实在居心叵测。不但有人在背后指指点点，也有人当面问我。而且不只是日本人感到怀疑，连外国好友也感到困惑，问我为何不出来替政府做事。有美国人对我说，如果身居政府要职，应可发挥长才，大展生平抱负，既有金钱又有地位，何乐而不为？对他们的好意，我总是一笑置之。

在明治维新当时，政府官员皆认为我是佐幕派，他们认为因我曾替幕府做事，为了坚守节操，所以不在新政府任官。他们还认定我喜欢将军政治，讨厌天皇政治。我知道他们的想法是：自古以来若改朝换代，即有忠心不二的前朝遗臣，福泽也自认为是前朝遗臣，虽然佯装不食人间烟火，但一定怀着孤臣孽子忧愤的心情。既然心怀不平，一定对新政府不怀好感。我们必须小心这家伙，不可大意。

其实他们所批评的所谓前朝遗臣，一向喜好德川幕府的门阀制度与锁国主义。在明治维新之际，当这些幕府的忠臣义士高唱忠义论，甚至企图远离江户，不愿当新政府的臣民时，我还劝友人不必如此，输了就输了。因此认定我是前朝遗臣的，其理论不攻自破。我认识一个前朝遗臣，在明治维新时，他是如假包换的幕府忠臣义士，然而曾几何时，他已经变成新政府的忠臣，因此他也不能称为"遗臣"。遗臣论就此搁下不谈。

如前所述，明治维新之时，因为我打从心里厌恶幕府的门阀制度与锁国主义，所以我不愿成为佐幕派。另一方面，拥护天皇派比佐幕派更加积极主张锁国攘夷，因此我更不可能加入他们的阵营，只是严守中正独立的立场。新政府刚成立之初，表面上虽然发出开国的命令，但实际的态度仍旧是锁国攘夷，丝毫不足信任。找遍全国，没有一个可以与之交谈者。我只好自求多福，一方面坚定开放门户的立场，另一方面大力倡导西方文明。随着时代的前进，政府的开国论逐渐付诸实行，日本的社会也慢慢转化为西方的文明社会，我的美梦终于成真，说起来真是不可思议，如今我的心中已经没有什么不满的了。

◎ 问题接踵而至

关于我自身是否踏入宦途的问题，实际上并没有解决。我一开始之所以不愿至新政府就职，那是因为讨厌政府的锁国攘夷主义。政府确立开国的方针之后，社会上很多人皆认为我会步入宦途，为引进西方文明而努力，然而我仍旧不为所动。

◎ 不愿与作威作福的人为伍

我从前不曾与别人说过不愿踏入宦途的真正原因，而且也认为不值一说，甚至连我的妻子也不知道我内心的想法。现在我将之说明如下：首先，虽然政府决定开国，引进西方文明，并大力改革政治制度，然而政府官员喜欢对国民虚张声势、作威作福。这种高压的姿态并不能解释为行政上的威严，只可说是作威作福。

举一个具体的例子，就是现在仍存在代表身份高低的"位记"。照理说，明治维新之后，应该废除位记制度，可是政府却没有废除，有了位记就好像身上镀了一层金似的，这制度使得日本国民有了上下贵贱之分，也使人以为官员与人民分属不同的人种似的。如果政府高高在上，那么替政府做事的人也变得高高在上，既然高高在上，那么对老百姓自然会采取高压的态度。这种高压的态度就是作威作福，大家明知不好，可是这是一种官场文化，一旦加入官员的阵容，自然就变成虚张声势。不仅如此，政府官员一方面对地位比自己低的人作威作福，另一方面则必须忍受地位比自己高的人作威作福，这种关系好像无穷无尽的锁链一样，毫无意义。

只要我不当官，即可以当个旁观者，在远处嘲笑那群虚张声势的傻子。以现今日本的风潮，只要当官，即使是最高的地位，都难逃虚张声势、作威作福的丑名。这一点与我的个性完全不合。

◎ 官员行为不检

我之所以不愿当官的第二个理由，实在难以启齿，那是因为，就全体而言官员的气质并不高尚。他们丰衣足食，住豪宅，用钱豪爽，做事果断，不管在社会上还是在政治上都不见其卑鄙的行为，然而他们喜欢仿效中国文人的风流倜傥，对私生活完全不加约束。

他们喜欢醇酒美人，以满足肉欲为人间最快乐的事情。家中大都蓄妾，并不因多妻而引以为耻，他们也不想隐瞒自己的恶行，旁若无人，我行我素。他们一边着手引进西方文明的新事业，另一方面却脱不掉日本与中国的老旧丑态。如果仅看此处，他们似乎可说是低一等的人。

但如果以世俗的眼光来看的话，他们的行为也没有那么丑陋，有时我也与他们交往，不管是谈论国家大事还是闲杂之谈，并不觉得有什么妨碍之处。但是如果要我成为他们的伙伴，朝夕相处，大家吃同一锅饭，我总觉得他们非常丑陋，令我厌恶。这可说是我个人的洁癖，也可说是我度量狭小，只是此乃天生的个性，无法改变。

◎ 讨厌忠臣义士的肤浅

以下叙述我不愿踏入官场的第三个理由。德川幕府末年，勤王派与佐幕派分据东西，当时我极度厌恶门阀制度与锁国攘夷，不仅不支持幕府，而且还扬言应该打倒幕府。但是另一方面，拥护天皇的一派，其锁国攘夷论比幕府还激烈，因此我也不想加入他们的阵营，只在一旁袖手旁观。

维新骚动之际，德川将军逃回江户。当时幕府官员与佐幕人士议论纷纷："东照神君（德川家康）三百年的遗业不可毁于一旦，身为人臣不可忘记三百年的君恩，萨摩、长州的军队有什么了不起，他们皆是三百年前关原战役时的投降武士，吾人乃德川家的正规子弟兵，堂堂的八万骑有何面目向投降的武士屈膝？"有人主张在东海道给贼军迎面痛击，有人搭乘军舰逃走。策士论客纷纷晋谒将军，力促背水一战，谏诤之极，遂放声号啕大哭，满座皆俨然伟大的忠臣义士。

尽管如此，这些忠义的言论也抵挡不住时代的潮流，幕府终究宣布解散。这些忠臣义士有人搭乘军舰至北海道，有人指挥陆军在东北地方苦战，也有人痛心疾首逃往静冈避难。那些忠心耿耿之士称东京为贼地，拒吃东京的食物，晚上睡觉时头不朝向东京就寝，一提到东京就认为口舌受到污染，一听到东京的事情就认为耳朵受到污染。他们宛如伯夷叔齐再世，静冈就犹如明治初年的首阳山。

然而一两年之后，这些伯夷叔齐咸感首阳山的蕨草日益匮乏，遂陆陆续续走下山来，有的人不仅至贼地探头，甚至还替新政府做事。那些从海陆逃走的人，以及据守静冈的伯夷叔齐，皆聚集到新政府身边，去晋见从前的贼军——今日的官员。他们会面时不须经人介绍，因为大家都是熟人。君子既往不咎，前言前行仅是儿戏，双方握手言欢，以大圆满收场。

这件事似乎可喜可贺，没有值得指摘的地方，但我不以为然。因为明治维新之争，本因政治见解不同而起。例如：拥护天皇者主张锁国攘夷，拥护幕府者提倡开国改进，待幕府败北，拥护天皇的人也大觉大悟，成为开国主义者，认同拥护幕府者的旧论。最后大家握手言和，共商国事。若事情演变的始末如此，我当然可以理解。然而当时根本没出现开国锁国之争，幕府派的人高举君臣名分的旗帜，高喊着德川三百年的天下云云，等到失去天下，争论的焦点也随之丧失，他们皆佯装若无其事。

此种行为，若是无名小辈所为吾人尚可理解，然这些发起人动辄高喊忠义论，以伯夷叔齐自居，另有一些人认为汉贼不两立，乃逃离东京，凡此种种，我实在无法理解。说起来，胜负乃天运，败北乃时不我予，委实不须感到羞耻。失败了，只能感叹自己命运不济，退而隐居山林，或出家当和尚，暮鼓晨钟，以度余生。然而这些人不但不遁入空门，现仍位居高官，志得意满，这是我不能接受的地方。

所以，忠臣义士也不可靠，君臣主从的名分论也能随时改变，与其和这种肤浅的人为伍，不如当个在野的独行侠。我坚定此念头，将政治之事完全委任他人，自己只致力于自身的事业。凡此种种虽然与我无关，我也不该去管别人的节操，但是我了解这些忠臣义士的来龙去脉，总觉得他们实在可怜，虽不想认为他们没出息，但心中仍无法排除这种想法。这是我个人的脾气，也是导致我远离功名利禄的原因所在。

◎ 自立的模范

第四点，姑且不论勤王佐幕这种政争，维新政府奠定基础之后，不仅国内的武士阶级，连农人、商人的子弟，只要稍微识字，皆想进政府机关求得一官半职。即使不能进入政府机关做事，也想与政府拉点关系来赚笔钱，其热中的情形宛如苍蝇逐臭一般。他们丝毫没有考虑到自立自主，以为必须依靠政府才能生存。

有一个归国学人，自豪地对我说："我决定一辈子自立自强，不想到官厅做事。"我本来就不相信他这番话，左耳听右耳出。好一阵子没见到那位自立自强的先生了，后来听说他已经在中央政府担任书记官。运气好的人还可当地方首长，因此我也不想谴责他，钟鼎山林各有天性，每人均可自由选择其前途。然而全国每个人皆认为唯有进政府机关才有前途时，这就是汉学的弊病，亦即所谓的青云之志，这是我们祖先流传下来的一种迷思。

要打破这种迷思，让全国人民了解文明诸国独立自主的精神，我认为必须有人以身作则成为人民的楷模。一国的独立自主来自于国民的自立之心，若举国皆带着古来的奴隶劣根性，那么国家如何维持？我认为不能再犹豫了，自己要以身作则，不在乎别人的想法，自己走自己的路，绝不依靠政府，也不拜托官员。

没钱就不要花用，有钱则随心所欲地用。与别人交往时尽量待人以诚，如果对方不愿意的话就不与他交往。招待客人时，以自家的方式招待，若对方不满意，就不要来。我们只尽我们最大的努力，满意不满意，褒贬喜怒是他家的事。被夸奖也不喜悦，被嘲笑也不生气。如情不投意不合，那就不要交往。我绝不趋炎附势，因此不愿至政府任官。至于我的作风究竟是否成为世人的好楷模或是坏示范,我都不去想它。好就好,坏就坏,我不负责任。

从第一点至第四点看来,似乎我当初即已立下一整套理论来约束自己不要当官,其实并非如此。只不过现在为了让人了解我的理由,我才思考当中的原因记载下来。而且因为说话总要有个顺序,这才整理出条理来。我将从前种种往事从记忆里挖出来,并加以记录。总而言之,我看轻政治,不热中政治,这是我不愿接近政界的最大原因。就如同世间有人嗜酒有人讨厌喝酒,如果说政府是酒店的话,那我就是不喜欢喝酒的人了。

◎ 我是政治的诊断医生而非开业医生

其实我并非对政治一窍不通,我既谈论政治,也写文章评论政治。然而我仅止于谈论、批评,自己却不碰政治,就好像诊断医生诊断病情而不治疗一样,而且,事实上我也无法治病。虽然病床上皆是专家在治病,但有时候也要诊断医生的帮助。因此社会人士看了我的政治诊断书就以为我会治病,那就大错特错了。

◎ 明治十四年的政变

关于此事,我要稍加说明。明治十四年(一八八一),日本政界发生了大骚动,我本身也闹了个大笑话。明治十三年冬天,当时的"执政"大隈重信、伊藤博文、井上馨三人有事与我商量,我们约在某个地方见面。他们说想发行一份政府官报,希望由我来负责。由于我不知道他们的目的,便推辞了。之后他们经常派人来劝说,我被他们说服得有点心动。最后他们告诉我一个秘密——政府准备开设国会,因此需要办一份报纸。我认为这件事很有意义,因此答应了。但是我不知办报的日期。

来年,也就是明治十四年,春去秋来,我仍不知道创报的日期。我本人对这件事也不着急,但是以前志同道合的大隈、伊藤、井上三人却起了争执,最后导致大隈下台。大隈辞职尚不足为奇,因为大臣换人并非稀奇的事情,可是他的辞职却波及到我身上,真是莫名其妙。

当时政府的骚动非同小可。政府一有风吹草动,政界的小辈也跟着鸡飞狗跳,因此也有很多人专门造谣。其中一个谣言是,大隈是个飞扬跋扈的人,终日结党营私,图谋不轨。他的背后有个智多星,名曰福泽谕吉,另外还有个金主,即三菱的岩崎弥太郎,他已经捐赠三十万圆。整个故事就像出一眼就让人看穿的闹剧一般。

大隈下台之后,政府的大方针也跟着底定,并且向人民预告国会预定在明治二十三年(一八九〇)开设。在种种改革当中,教育法回归到儒教主义,文部省的方针影响到全国,而且影响至今。我们现在看来,当时的政府官员好像发疯似的。大隈下台后,我经常被岩仓具视叫去隐密的茶室面谈。岩仓忧心如焚地说:"这次的事件,造成政府莫大的震荡,西南战争虽然带给政府不少的危机,但是这次的事件若没处理好,将造成更大的伤害。"

政府向人民宣告明治二十三年开设国会,就好像发出十年后宴客的请帖似的。然而在这十年间尽做人民厌恶的事情,不是把人抓到监牢,就是驱逐出东京。更有甚者,官员开始模仿从前的诸侯公卿,摇身一变为"华族"(贵族),这种明目张胆的虚张声势,更让人民忿忿不平。客人与主人尚未见面就先起冲突,真是可笑。

关于明治十四年政变的真相,我很详细地记载下来,并收藏于家中。事到如今,也没有必要公布,以免徒惹人厌。当时我与寺岛交情相当不错,所以把真相告诉他,我说:"我现在要是多嘴的话,政府官员一定有相当多人伤脑筋。"寺岛也附和说:"虽说政治本来就是丑陋的,但这未免太过份了。我赞成你把真相公布出来。"我笑着说:"你我都已超过四十岁了,这种杀生的事还是别做比较好。"

◎ 保安条例

其实,明治十四年的政变,我丝毫都没有参与,更没有尘世所谓的政治野心,我只像个路人看别人慌慌张张地演戏。从政府的观点来看,一定认为我这个旁观者举止可疑。保安条例公布时,听说我也遭到检举,将被逐出东京。当时庆应义塾的小野友次郎在警视厅有熟人,经他秘密打听结果,证实我和后藤象二郎同时列在放逐的黑名单里。我心想,又不是砍头,有什么了不起,到时候我去东京边界即可。没想到隔两天小野再来报告,他说我被放逐的命令已经取消了。

还有一件事,明治二十一年(一八八八)三月,井上角五郎一八五九～一九三八年。受福泽谕吉的帮助毕业于庆应义塾,后来在时事新报社、三井银行等地工作。不知在朝鲜做了什么事而被捕。当时引起一阵骚动,警察来我家搜查,并要我出庭做证。法庭问我一些无关紧要的事情,我只觉得似乎想陷我入罪。其实我是清白的,我只是袖手旁观政界与人心的种种动向。

我退一步静思,我之所以会被政界的人怀疑,最大的原因便是我不想当官。在众人皆四处奔走拜托,希望求得一官半职的世间,只有我一个人说厌恶做官,难怪别人会起疑。而且,我并没有退隐山林,反而住在大城市最繁华的地方,四处与人交际,而且我嘴巴滔滔不绝,手则勤写文章,自然容易得罪人,也会让人起疑。

◎ 一篇论说煽动人心

除了我不想当官之外,还有一个让人起疑的地方,即我的言论多少对政治社会有所影响。譬如,有一则别人都不知道的趣事。

明治十年(一八七七),西南战争也已结束,社会也平静下来,人们反而因太过平静而难过。当时我想到一个有趣的话题:国会论,于是开始起草写专论,我将草稿拿给《报知新闻》的主笔藤田茂吉与箕浦胜人过目。我说:"你们将我这篇文章当作报纸的社论刊登出来,世人一定会喜出望外。但是你们若将这篇草稿直接付印,别人一看就知道是出自我的手笔,所以,在不影响文意的前提下,你们稍加修改,刊登之后,看看世人的反应如何。"藤田与箕浦两人皆年轻气盛,拿着草稿欣喜若狂地回到报社,并刊登在《报知新闻》的社论上。

当时社会上还没有人讨论国会设立的问题,我们完全不知道这篇社论能引起多大回响。我的这篇文章,在社论栏里连载了大约一星期,藤田、箕浦更在文中加油添醋,企图煽动东京的同业。大约过了两三个月,不但东京的报纸议论喧哗,连乡下地方都波涛汹涌,最后甚至地方的有志之士都到东京请愿开设国会。

我自己思索了一下,虽然开设国会是一个文明进步的方针,但对我本身而言并不是必要的东西,纯粹是为了好玩。没想到这种玩票性质的政论却使得天下大乱,而且一发不可收拾,宛如在枯萎的秋原中放了一把火,自己却觉得害怕起来。其实国会论的种子在明治维新时即已埋下,在明治初年也有民选议院之说,然而没想到我一执笔社论,仔细说明开设国会的理由之后,转瞬间天下议论群起沸腾,因此《报知新闻》的社论可以说是导火线。

本来我已经忘了发表那篇社论的时日，前几天我与箕浦见面闲聊中问起那篇社论的事情，他找来了旧报纸，日期是明治十二年（一八七九）七月二十九日至八月十日。我一想到这篇社论竟然会促使召开帝国议会，自己也觉得好笑。虽说明治十四年（一八八一）的政变我完全置身事外，而且我一直远离政治圈，然而很多人怀疑我暗中参与政治，这其实是其来有自的。

若是我的言行对引进文明制度以及国家利益有所帮助，那是再好不过了，但若是造成反效果，那么即使我能幸免触犯现世之罪，死后阎罗王也不会轻易放过我。不只是报知新闻事件，其他的一切言行皆如此，我只是个诊察医生，不想占据政府官位，亲自掌握政权治疗天下。

我的最大志愿就是使日本成为军力强大、商业昌隆的大国。而我只做适合自己本分的事情即可，我虽与政界人士交往，但不去拜托他们，只把他们当作寻常人，我舒适地活在自己喜怒哀乐的世界里。有些官员想法与我不同，因此认为我特立独行，性情孤僻。其实我对政府丝毫不怀怨恨之心，而且我也认为政府官员当中没有一个是坏人。在封建门阀的时代，以我目前的作风，早就遭到凄惨的下场了。今天我还能够平安地保住性命，完全托明治政府法律保障之福。

◎ 时事新报

我于明治十五年（一八八二）创办《时事新报》，也就是在明治十四年（一八八一）政变之后，庆应义塾的校友频频劝我办一份报纸。我自己也思考过，社会形势不断改变，政治、商业皆不停地变动，因见解的不同而造成敌我逐渐分明，对立日益激烈。明治十四年的政变究竟谁是谁非姑且不论，此乃因双方见解不同而起的争执。政治上既起冲突，经济商业方面亦将发生冲突，而且将越演越烈。

在这个时节，最需要的就是一个不偏不党的论说，但是如果不偏不党只是口头上说说而已，却因自身的利害关系而偏心，那么就不能成为公正持平之论。我在内心自问自答，现在日本国内，能够经济独立，文思俱佳，本身对政治、商业没有野心，又能超然物外的，唉！真是舍我其谁？于是我下定决心创办《时事新报》。

既然已经下定决心，虽有朋友前来劝我不要办，但是我一概置之不理。不管报纸发行量多寡，我不想依赖别人，创办者在我，倒掉也是在我，即使失败而停刊，也不会改变我们家的生计，对我的名誉也没有损伤，因此我创办时即做最坏的准备。幸好直至今日，这份报纸发行还算相当顺利。这虽然是我不顾一切办报的结果，但我的朋友实在居功厥伟，他们大都是正直有为的君子，不管交代他们什么事，皆不需担心出差错。

《时事新报》刚发行的前几年由中上川彦次郎负责，之后是伊藤钦亮，现在则由我的次男舍次郎负责。会计则先由本山彦一等人负责，现在则由户张志智之助担任。由于我个人对金钱没有概念，因此从不过问金钱出纳的琐事，完全交给别人去做，至今仍没发生什么问题。我无为而治，却成为报纸长久持续的原因。

关于编辑的方针，我的信念是，执笔者应该鼓起勇气自由自在地挥洒，但是若论及他人之事，一定要面对面与对方沟通之后才可下笔。此外不管多激烈的论调，不管多大的事件都应勇敢面对，不可逃避。一个报业人员，如果担心与对方见面之后对不起自己的良心而不敢直言直语，另一方面，在不认识对方时又在远处放言高论，我称之为"背地是英雄，出外是狗熊"的文笔。这种"背地是英雄，出外是狗熊"的文笔即是不负责任的空论，亦是泼妇骂街、谄媚诽谤的毒笔。我常警戒自己，此乃君子之耻。

我年纪渐长，不打算永远如往日苦读苦学，希望老年余生能够闲静度日，因此我将报纸交给年轻一辈经营，我逐渐远离报业。目前报上的论说由石河干明、北川礼弼、堀江归一等人执笔。有时由我拟稿，他们写好之后再由我稍加润笔。

◎ 凡事必做最坏的打算

我这一生中最让我费尽心血的就是翻译著书事业。关于著书翻译的辛苦，真是一言难尽，其详细情形已经记载于再版的《福泽全集》的序言里，此处暂且不论。著书翻译之外，若有人问我居家处世之法，我可以用一句话来回答：凡事必做最坏的打算，届时绝不狼狈后悔。

有生必有死，我想每个人都想平静地面临死亡。同理，关于我们家的经济，我平常即已抱持不可对不起别人的方针，因此我不会有大风险。即使有赚钱获利的机会，相对的必有遇到风险而失败的情形，既然会有后悔的可能，我就不会去冒那个险。与其为使用钱而去赚钱，不如安贫乐道。我相信必要时我还可以去替人按摩，所以不怕饿死。也就是说，只要不畏恶衣恶食，人就变得坚强。

我在经济上之所以不积极，就是畏惧失败。但是在道德伦理方面，我便不能说不积极了。不管怎么失败，只要不妨害到我的自立自强的原则，我都勇往直前。譬如，自从庆应义塾创办以来，几十年来变化颇多，学生时增时减，学生减少还无所谓，有时因为收支的原因而导致教员不足，那时我也不会慌张。学生减少就减少，教员离开就离开，义塾变成空屋的话，还有我一个人留下来。我可以凭我自己的力气去教少许的学生。万一连学生也没有，那我也未必非教书不可。到底有谁规定福泽谕吉必须开个大学校来教导天下的子弟？我在创办庆应义塾的第一天就已经想到关门的那一天，所以绝不为义塾的兴衰而担忧。

我平常孜孜矻矻于校务，既治学亦为学校操心，然而治学与操心皆是虚浮的假象，我勤勉做事，心中坦荡荡。最近为了维持庆应义塾的校务，本义塾的校友到处募集资金。若是能成功，那对办学将有所帮助，本人当无上喜悦。可是我并没有得失心，只在一旁静静观察是否能够成功。

至于《时事新报》也是一样，刚开始时，我并没有誓言让它永远不倒，而且我对自己说，万一倒了我也不后悔。同理，我的著书译书也不曾拜托别人为我写序文，理由是托别人写序文或题字，本来是为了增加书本的信用，固然也是一种荣誉，但其实是想增加书本的销路。我虽然希望我的书能够成为畅销书，但另一方面却做最坏的打算，也就是说即使卖不出去也不后悔，因此我的书不曾托人写过只言片语。

我与别人交往也是这种态度。我年轻时是个爱出风头的人，交际虽广，但没与别人吵过架。我的好朋友也很多，可是与他们交往时，我仍不忘做最坏的打算。我与他们交情虽好，但很难说何时会变心。如果变心，即停止交往。纵使停止交往，只要对我没有危害，也无须憎恨对方，尽量不接近他即可。若是朋友因此而一一离开，最后自己变成孤立无援、孑然一身，我也不后悔、不痛苦。我从年少时即对自己说，绝不委屈自己的节操而去做痛苦的交际。

然而我这些操心都是多余的。这六十年来，我所认识的人不知有几千人几万人，有趣的是，我不曾与别人吵架或绝交。我用我的方式与朋友交往，亦即刚开始即做最坏的打算，即使失败了也不痛苦。我轻视浮生俗世，另一方面注重自立自主，凡事但求不断进步，不可停顿下来。我用这种方法养心，结果我的处世并没有遇到重大的困难，至今仍怡然自得。

◎ 养生之道

我的心灵养生法如前所述。至于我的身体养生法，说起来真惭愧，我有一个恶习，那就是从小即嗜酒如命，而且是个豪饮之人。一般所谓的海量之人，未必喜欢喝酒，有的人喝不喝都无所谓。可是我并非如此，我不但喜欢喝酒，而且喜欢喝好酒，对酒的良窳极为敏感。前几年买酒时，我不用问价钱，一喝即可判断，即使相差五十钱的酒我也喝得出来。

我喝大量的上等酒，品尝众多佳肴，之后再吃大碗的饭，可以说是个饕餮。像我这么沉迷于醇酒的人，若是喝得烂醉如泥，则尚有自我警惕的一天；可是我的酒品颇佳，喝醉了，顶多大声说话而已，不至口出恶言，与别人吵架。我不会因为喝酒而认真地与别人争吵，不会打扰别人，如此反而是一种不幸。我骄矜自满，一听到要喝酒就当急先锋，喝起酒来比别人多喝两三倍。这是我一生最感到羞愧的地方，但除了喝酒之外，我的养生法可说是非常寻常。

除了一天三餐之外，我很少吃其他的东西。这或许是从小母亲就没让我吃零食的缘故吧！特别是吃完晚餐之后，不管再怎么好吃的食物我都不入口。譬如，为亲戚守灵时，或是附近火灾而彻夜不眠时，即使大家在吃东西，我也不想吃。这大概是母亲训练我们的结果。我认为这是最好的养生习惯。

我个性相当急躁，不管什么事都迅速做完，经常被人当作笑料。可是一提到三餐，我就仿佛变了个人，一定细嚼慢咽。小时候我就因为吃早餐吃得太慢而被嘲笑不像个武士。我自己也想吃得快一点，但是不管怎么努力，还是无法狼吞虎咽。后来我看了西方的书籍，得知狼吞虎咽对身体不好，我的缺点一下子变成了优点。从那时起，不管在什么地方，我都细嚼慢咽，用餐时间比别人多出一两倍。我认为这是很好的养生之道。

◎ 开始节制喝酒

我虽然喜欢喝酒，但在故乡时，由于年纪尚小，不能随心所欲地喝酒。我在长崎那一年，严格戒酒。到大阪之后，虽然可以随兴喝酒，但是往往没有钱而不能喝。二十五岁那年，我到江户，口袋里开始有点钱，因此除了读书之外，最大的乐趣就是喝酒。我到朋友家也喝酒，朋友到我家时，表面上向朋友敬酒，其实自己喝得很高兴。我喝酒不分早上、中午、晚上，任何时间都喝得很痛快。

直到三十二三岁，我猛然觉醒，这样子喝下去，寿命一定减短。据我从前的经验，遽然戒酒的话，不能持久。追根究底，除了自我节制之外别无他法。我的戒酒就如同中国人戒鸦片般痛苦。首先我先戒朝酒，隔一段时间之后，再戒午酒。可是客人来访时，我仍假借客人来访的名义喝酒。渐渐地我能够忍耐酒瘾，我只替客人斟酒，自己一杯都不喝。好不容易克服了喝午酒的恶习。

至于晚上的饭酒，我知道没有办法完全戒掉，因此我用减量的作战方式。嘴巴想喝，可是内心不允许，口腹与内心激烈交战，慢慢喝得少了，直到心情平静下来，总共花了三年。我三十七岁的时候，罹患严重的热病，侥幸得以痊愈。据医生的说法，幸好我这几年来酒喝得较少，若是像从前那样狂饮，这次一定脱离不了死神的魔掌。

因此我这一生狂饮的全盛时期前后大约十年。之后开始减量，不再增加。起先我自我克制，后来自然减少，想喝也喝不下。这与其说是道德上的克制，不如说是逐渐老迈的缘故。有的人年至四五十岁，酒量越来越好，喝了薄酒还不满意，必须喝白兰地或是威士忌。我觉得这是不好的，即使痛苦也要戒掉。像我这种豪饮的人在三十四五岁的时候尚能够征服酒瘾，今日的所谓豪饮之人能够超过我的屈指可数，跟我比起来大都只能算无名小卒。我相信，慢慢自我克制的话，一定可以戒掉酒瘾。

◎ 运动练体魄

我出生在贫困的家庭，身体不想动也不行，从小养成的习惯使我终身不断地活动筋骨。少年时我尽做些粗重的工作，到了冬天，皮肤冻裂而滴血。我记得我用棉线将伤口缝起来，然后用热油滴烫治疗。到江户之后，皮肤不再冻裂，有一天我作了一首诗：

鄙事多能年少春　　立身自笑却坏身
浴余闲坐肌全净　　曾是绵系缝瘭人

在中津藩时，若不学武艺就好像不是人似的，因此我曾向中村庄兵卫学习剑道。后来我出外学习西学，由于不再干粗活，于是随时拿着练武的长刀，不管是在大阪的中津藩行馆，还是在绪方学堂，一有空我就做击剑练习。至江户后，因为当时攘夷论盛行，我不再练习击剑，改练习舂米，没多久，明治三年（一八七〇）我生了一场大病，病后便无法再如从前般运动。

来年，由于岩仓大使赴欧，我的好友长与专斋奉命随行。临别前他从怀中拿出一盎司的奎宁，他说："你这次得了重病，虽然已经痊愈，但是明年的这个时节会有后遗症复发，届时你一定需要服药。这是最好的奎宁，普通的药店买不到。我送给你，你要好好存放。我不在的时候，你会认为我说得很有道理。"被他这么一说,我反而不高兴地反驳:"你胡说!我已经痊愈,不需要再吃药了,你拿回去!"长与笑着说:"不知道的事不要说,这个药你一定用得着,收下吧!"后来果然如长与所料,他出国期间,我经常发烧,奎宁服了又服,终于吃完一盎司的奎宁。我专心养病,但没办法恢复往日的力气。

◎ 不向疾病谄媚

我的好友西门兹医生告诉我:"要穿法兰绒的衣服。"于是我从衬衫到裤子全穿法兰绒,连和式白袜里面也衬上法兰绒,可以说全身缠着法兰绒,可是一点都没效果,动辄感冒发高烧。这种情形持续两三年,有一天我发愤图强,认为自己身体一直好不起来,是因为听从医生的命令,太介意生病,换言之,即是谄媚疾病。我对自己的身体很了解,生病的时候固然要听从医生的指示,现在是病后的康复养生,应该没有特别的秘诀,于是我决定自己来试试看。

我本是乡下的武士,少年时吃杂粮饭,喝掺南瓜的味噌汤,穿的是过短的手织木棉衣服,根本没见过法兰绒。我这乡巴佬,门户开放后在东京过着西式的生活,以流行的养生法来康复真是不搭调。乡巴佬的身体不能适应这种过于高级的方法,因此才会感冒发烧。我立刻痛改前非,从那天开始,我脱下法兰绒的衣裤,改穿木棉的内衣,尽量不开暖炉。平常不管居家还是外出都穿纯正的日本和服,也不在乎寒风吹进宽松的衣服内。西服只在骑马的时候穿,成了我的骑马装。

除了饮食仍采用西式外,其他一切都恢复从前乡下武士的习惯。而且我开始用舂米砍柴来锻炼身体,与贫困的少年时代一样,每天汗流浃背地工作。结果,我的身体逐渐结实,既不感冒也不发烧,体重也恢复正常。我的体重除生病时减轻外，从十八九岁开始至今年六十五岁为止，都没有多大的改变。

我之所以恢复健康，究竟是乡下的养生法奏效，还是病后恢复期自然来到所致，我无法判断。总之，我相信只要注意生理上该注意的地方，乡下生活应该很不错。不过有些地方我还是不清楚，究竟我是让肌肤吹寒风才变得健康，还是锻炼身体之后才能抵抗寒风？或者根本不在乎寒风，每天过平常的生活才好起来？凡此种种该交给医学界来研究。

◎ 击剑舂米

我的养生是从明治三年（一八七〇）三十七岁时开始，亦即罹患大病后开始痛改前非，改变书生时代胡作非为的生活，尤其是戒掉十年来暴饮的恶习才谈得上养生之道。时至今日，前后约三十年，这三十年来，早期致力于读书求学，利用余暇运动养生；上了年纪之后，改以养生为主，读书则利用余暇为之。我现在仍是早睡早起，吃饭前与年轻学子一起从三光散步到麻布古川，路程约一里半，下午则花一小时击剑舂米，晚餐也定时进食。这样的生活，不管下雨下雪都不改变。去年晚秋我作了一首诗：

一点寒钟声远传　半轮残月影犹鲜
草鞋竹策侵秋晓　步自三光渡古川

我这运动养生法究竟要持续到何时，那要看我体质的强弱与恒心毅力而定。

◎ 人生行路多变化

常言道：人生如梦。回想我这六十余年来，如以梦譬之，我的梦是变化多端而且热闹非凡。我本是小藩的小武士，被挤压在小箱子里，在小小的中津藩中钻牛角尖。这微不足道的少年有一天突然跳出箱外，不仅离乡背井，而且还背弃我从前学习的汉学，昂首走进西学之门。我研读迥然不同的书籍，与以往完全不同的人交往，自由自在地活动。两三次赴外国之后，我思想逐渐广阔，旧藩就不用说了，连日本也觉得渺小起来。所以我说这个梦热闹非凡、变化多端。

说起以往的艰苦，那可是非比寻常。可是人总是健忘，艰难辛劳一旦过去，也不觉得苦了。贫穷是苦的，但是贫穷过后，回想起从前的贫穷，不但不觉得苦，反而觉得有趣。我修习西学之后，不向别人低头拜托，也没做出什么对不起人的事情来。我原以为只要能求温饱即大功告成，不料明治维新时日本开放门户，我真是感动得说不出话来。

在幕府时代，我出版了《西洋事情》一书。出版当时，我认为说不定没有人会读我的书，即使读了，也绝不会想认真地在日本实施。换言之，我自认为该书如同西方的虚构小说。没想到这本书不仅成为畅销书，新政府的勇气亦超越了《西洋事情》一书的内容，断然实施了更加先进的制度，政府的作为反而使我这个作者瞠目结舌。

因此我再也不能认为大功告成，干脆趁势打开更大的门窗，让西方文明诸国的空气吹袭日本，将全国的人心彻底翻覆，在远东建立一个新文明国，使日本与英国并驾齐驱，东西遥遥相对。于是我乃发起第二大愿：适合我的工作只有靠这三寸不烂之舌与一介文人之笔。我以身体的健康为后盾，致力于庆应义塾的校务，舞文弄墨，写出《劝学》、《文明论之概略》、《国会论》等书。我一方面教育莘莘学子,利用演讲传达我的思想,另一方面著书翻译,虽然忙碌万分,但我只想尽一份绵薄之力而已。

环顾国内,固然有不少难以忍受的事,然而整体来说,国家夜以继日地进步。新日本能有今日的进步富强,应是列祖列宗的功德所致,吾人恰巧生逢此时,方能亲眼见到祖先努力的成果。这上天的恩惠,祖先的功德,正是我的第二大愿望。

◎ 人的理想无穷无尽

回顾我的一生,不但没有遗憾,可以说尽是些愉快的事情。但是人的理想是无穷无尽的,若想抱怨的话,仍然不胜枚举。外交与国内的宪政,就交给政治家去讨论。除了外交与宪政之外,在我的生涯中仍有三大理想: 第一,我希望全国男女的气质日益高尚,不忝成为真正文明进步国家的国民。其次,希望能用佛教、基督教或其他的宗教使民心祥和宁静。第三,投下大笔资金,以资研究有形或无形的崇高学理。以上即是我的三大理想。人即使年老,只要身体健康就不得一日安闲。我现在身体仍然硬朗,心中只求能够鞠躬尽瘁死而后已。

附录　福泽谕吉年表

（楷体表日本政经社会文化大事）

年号	公历	虚岁	事历
天保5	1834（1835）	1	十二月十二日（阳历为一八三五年一月十日）诞生于大阪玉江桥中津藩仓储批发处（现在的大阪大学医学院）。父亲百助，四十三岁，为中津藩中下级武士，母亲阿顺，三十一岁。福泽谕吉有一兄三姊，排行第五。
7	1836	3	六月十八日父百助殁，享年四十五岁。母子六人返回中津藩。兄三之助继承户长，年十一。
天保8～嘉永6	1837~1853	4~20	幼年（年月不详）当叔父中村术平之养子，改姓中村。 十四五岁左右开始学汉学，师事白石常人，通经史。 *一八五三年二月，关东大地震。* *一八五三年六月，美国东印度舰队提督佩里（Matthew C. Perry，一七九四～一八五八年）率领四艘当时世界最先进的军舰擅自在浦贺（神奈川县横须贺市）港口停靠，要求日本开放港口。*
安政元	1854	21	二月，听从兄长三之助的建议赴长崎学习荷兰学。于长崎桶屋町光永寺当食客。接着成为炮术家山本物次郎的食客，边工作边向荷兰翻译员及荷兰派医生学习初级荷兰文。 *三月，二十三岁的吉田松阴为了远渡西洋于下田港（位于静冈县）偷渡不成，被捕入狱。吉田松阴创办的松下村塾（位于山口县荻城下）培养出许多大人物，例如伊藤博文、高杉晋作、久坂玄瑞、山县有朋等人。*
安政2	1855	22	三月九日，赴大阪，入绪方洪庵之门，学习荷兰学。 *设置"洋学所"（翌年改称"蕃书调所"，为东京大学前身）。*

续　表

年号	公历	虚岁	事　历
3	1856	23	一月，兄长三之助罹患风湿。三月，福泽谕吉罹患伤寒。五六月，三之助任期结束，兄弟相偕返回中津。八月，福泽谕吉再至大阪绪方私塾。之后接到"九月三日兄三之助病死"的通报，于十日左右回到中津，成为福泽家的户长（原为中村术平的养子，此时回复福泽的本姓），服丧五十日。十一月成为绪方私塾的正式生。
4	1857	24	成为绪方私塾长。
5	1858	25	奉中津藩之命赴江户。赴江户前，回中津向母亲告别。至江户后，目睹江户工艺进步而大开眼界。十月下旬，借用筑地铁炮洲的奥平行馆开设荷兰学私塾——此为庆应义塾的起源。
6	1859	26	于横滨观光之际，发现荷兰语无实用性，乃立志改学英语。因求师无门，于是靠英荷词典自学英语。 十月，吉田松阴被处死。
万延元	1860	27	一月十九日以仆从名义搭乘咸临丸号至旧金山。闰三月十九日从旧金山出发，经夏威夷返国。此次旅行，与口译员中滨万次郎各买韦氏词典一册，为日本最早进口的韦氏词典。回国后，担任幕府的翻译员。 三月，萨摩藩浪人于江户城樱田门外暗杀了幕府的大老（相当于宰相）井伊直弼（樱田门事变）。十月，敕许皇女下嫁将军家茂。
文久元	1861	28	从铁炮洲迁居至新钱座，与中津藩武士土岐太郎八的次女锦（十七岁）结婚。
2	1862	29	跟随遣欧使节团，一月一日从长崎出发，考察先进文明诸国的实况，于十二月十一日返国。 八月，萨摩藩主一行于生麦（横滨市）杀死扰乱队伍的英国人（生麦事件）。
3	1863	30	开始专攻英文，并教授学生。六月参加恩师绪方洪庵的葬礼。秋季，从新钱座移居至铁炮洲。十月十二日，长男一太郎出生。因攘夷论盛行，夜间不敢外出。 五月，长州藩于下关海峡炮击美国、法国、荷兰船舰（下关事件）。七月，萨摩藩（鹿儿岛）炮击英国军舰（萨英战争）。

续 表

年号	公历	虚岁	事　历
元治元	1864	31	三月二十三日从江户出发，返回中津，六月二十六日回东京。十月，受聘于幕府外国翻译局。
庆应元	1865	32	九月，次男舍次郎出生。
2	1866	33	出版《西洋事情》初编。
3	1867	34	一月二十三日加入幕府军舰采购团再度赴美，六月二十七日返国。十二月二十五日以三百五十五两买下新钱座的有马屋行馆。
明治元	1868	35	明治维新。四月，私塾移至新钱座，取名为庆应义塾（九月改元为明治，庆应为明治前的年号）。辞去幕府工作，亦拒绝出仕明治政府。
2	1869	36	东京与神户出现牛肉寿喜烧店。发明人力车。三月，明治天皇赴东京，东京成为首都。六月，许可版籍奉还，原"藩主"改为"知藩事"。十二月，电信开通。
3	1870	37	初冬，出版《西洋事情》二编。受东京府之托，提出西洋警察制度调查书《取缔之法》。九月，允许平民使用姓氏。
4	1871	38	三月，庆应义塾从新钱座移至三田。一月，制定邮政制度。五月，制定"新货条例"（金本位、圆单位、十进制）。七月，设置文部省（教育部）。八月公布男子断发令。废止贱民称呼。十一月，岩仓具视使节团赴欧美。
5	1872	39	二月，出版《劝学》初编。以后数年陆续发表续编。开放妇女自由进出神社、寺院。四月，规定僧侣可吃肉、娶妻、蓄发，法事以外可穿着便服。十二月，采用太阳历。明治五年十二月三日改为明治六年一月一日。
6	1873	40	八月，在森有礼的号召下，与加藤弘之、西周、津田真道、箕作秋坪、中村正直等人成立"明六社"。
7	1874	41	四月，日本出兵攻打台湾。七月，东京银座出现红砖洋式建筑街。十二月，瓦斯灯点灯。

续 表

年号	公历	虚岁	事 历
明治8	1875	42	三月,出版《劝学》十四编。出版《文明论之概略》。
10	1877	44	二月,发生西南战争,九月战争结束,西乡隆盛自杀。五月,明治政府的中心人物大久保利通被暗杀。
12	1879	46	一月十五日,当选东京学士会院(今日本学士院)第一任会长。七月,起草"国会论",以藤田茂吉、箕浦胜人之名刊载于邮便报知新闻。
14	1881	48	九月,出版《时事小言》。
15	1882	49	三月一日,创办《时事新报》。五月出版《时事大势论》、《帝室论》。十一月出版《德育如何》、《兵论》。
16	1883	50	二月出版《学问之独立》。
17	1884	51	一月出版《全国征兵论》。六月出版《通俗外交论》。
20	1887	54	生平第一次看戏,地点是新富座。
22	1889	56	明治政府颁布大日本帝国宪法(明治宪法)。
23	1890	57	一月二十七日,创设庆应义塾大学部。
26	1893	60	五月出版《实业论》。
28	1895	62	四月,清廷与日本签署《马关条约》,台湾割让给日本。
30	1897	64	出版《福翁百话》。
31	1898	65	出版《福泽全集》全五卷。
32	1899	66	六月出版《福翁自传》。
34	1901	68	二月三日下午十点五十分,因脑溢血去世。葬于东京港区元麻布之麻布山善福寺。